リスクテイクの経済学

気鋭の学者と現場で探る、賢いリスクの選び方

AN
ECONO
WALKS
A BROTHEL

Allison Schrager

UNEX
PLACES TO
UNDERSTAND
RISK

アリソン・シュレーガー 著　中口 秀忠 訳

AN ECONOMIST WALKS INTO A BROTHEL
And Other Unexpected Places to Understand Risk
by Allison Schrager

This edition published by arrangement with Portfolio, an imprint of Penguin Publishing Group, a division of Penguin Random House LLC through Tuttle-Mori Agency, Inc., Tokyo

目次

第1章

リスクの紹介――その性質と変わった場所のリスク

INTRODUCING RISK: The What and Unusual Where of It

リスクコントロールとは、現代と過去の境界を定めるための画期的な考え方である。すなわち、未来は神々の気まぐれだけで決まるわけではなく、人類は自然をただ受け入れるだけの存在ではない、という考えだ。

――ピーター・バーンスタイン〔『リスク――神々への反逆』著者〕

ネバダの明るい日差しとは対照的に部屋の中は暗く、空気はよどんでいた。テレビには『アイ・ラブ・ルーシー』〔一九五〇年代のアメリカのコメディ番組。繰り返し再放送されている〕の再放送がぼんやりと音声なしで映っている。ベルが鳴り、特徴のないずんぐりとした男が入ってきた。その直後、一〇人以上の女が迷路のような長い廊下から走り出て私の前を風のように通り抜け、男のいるロビーの中央に整列した。女たちは両手を後ろに組み、一人ずつ前に出て自分の名前を言った。男は左から二番目の女、赤いTバックとレースのブラジャーを身に着けたグラマーなプラチナブロンドを指さした。女は男の手を取り、自分の部屋に連れていった。

〈ムーンライト・バニーランチ〉〔ネバダ州にある公認の売春宿〕へ、ようこそ。公認売春宿に「老後生活のファイナンシャルプランニング」を専門とするエコノミストがいるのは意外に思われるだろう。私はリスク中毒になった変り種のエコノミストなのだ。リスクに対する理解を深めるべくリスクを追いかけている。かといって、アドレナリンが吹き出すような場面を追い求めているわけではない。バンジージャンプをしたこともなければ、スキーもしない。反対に、道路を横断するときに信号を守るニューヨーカーなんて私だけかもしれない。つまり私は、困難に立ち向かうのが好きで危険な状況を求めているのではない。リスクとそれを管理する方法を学ぶことができそうな風変わりな場所を探しているのだ。

私の専門は公共的な問題について政策を練り、財界のリーダー達に助言し、あるいは大学で研究論文を書くことだ。その私が、ネバダ州の片隅にある、ビニール製の衣装をまとったようなカラフルな外観の家で赤いベルベットのソファーに座っていたのは、セックス産業のような特殊な業界がまさしくリスクの上に成り立っているからだ。私たちは、リスクを測り、リスクを削減するためのより良い方法を常に考え出している。だから私は、人々がリスクに立ち向かっているところであればどこへでも行く。株式市場が急上昇するのか、それともクラッシュするのか、あるいは自分はどれくらい長生きをするのか。そうしたことがわからないような状況で老後の資金を確保するには、結局のところリスクというものを究めておく必要がある。

セックス産業はリスクの大きな業界だ。私はこの業界がどのようにしてリスクを切り分け、値付けしているのかを理解するために、ネバダへと足を運んだ。大半のセックスワーカーとその顧客は逮捕される可能性があり、また暴行を受ける可能性もある。客を路上でつかまえるセックスワーカーは殺害されるリスクが一般人に比べて一三倍高く、セックスワーカー殺害の三五パーセントは連続殺人犯によるものだという。また、売春した方も買春した方も、それが公になれば不名誉な烙印を押される。捕まれば、セックスワーカーも客側も、社会的、職業的、法的に不都合な結果になるのは免れない。このリスクを回避するためには何が必要なのか、そのことを知るために私は売春宿に行ってみた。

リスクとは?

「リスク」という言葉を聞いてまず頭に浮かぶのは、自分の仕事や、財産、配偶者などを失うといった、何か恐ろしいことが起こる最悪のシナリオだろう。

しかし、自分の生活をより良くするためにはリスクを取る必要がある。欲しいものを手に入れるには、たとえ損をする可能性がともなうとしても賭けに出なければならない。すばらしい関係を望むのであれば、失恋するリスクを冒さなければならないし、仕事で成功したければ、失敗に終わるかもしれないプロジェクトにも志願する必要がある。リスクを避けていては人生において前進することは難しい。専門的に見れば、「リスク」とは起こりうるすべてのこと（良いことも悪いことも）と、それぞれがどれくらい起こりやすいかを示す言葉である。「リスク」という言葉の歴史にも、私たちが「リスク」という概念に対して抱く複雑な感情が表れている。これは、古代ギリシャの船乗りたちのあいだで「危険な冒険」を意味して使われていた言葉「rhizikón」に由来している。この言葉は長いあいだに少しずつ進化したものの、常に何か危険なことを意味してきた。しかし、新世界の探検が始まり、人々がリスクをコントロール可能なものとして考えるようになった一六世紀ごろから、その意味は変わってきた。中高ドイツ語（一一〇〇～一三五〇年頃の高地ドイツ語）の「rysigo」は、「勇気を持って行う、引き受ける、事業、経済的成功の希求」などを意味していた。

自覚しているかどうかにかかわらず、人は人生のあらゆる局面で大なり小なりさまざまなリスクを取っている。幸いなことに、もはやすべてを運に任せて最善を祈る必要はない。本書を読めば、リスクを慎重に取り、最悪の事態が起こる可能性を最小限に抑えるにはどうすればよいかがわかるはずだ。

私たちはよく、意志決定をするときは「Xという行動をとれば、Yという結果が得られる」と考えるように教えられるが、現実に意思決定をするときはいつも、すばらしいYからひどいYまで、広い幅のYが起こりうる。いったんこのことがわかれば、起こりうるYの範囲を修正するために手を打つことができる。良い結果になると保証することはできないが、リスクをもっと戦略的に考えれば、ものごとがうまく運ぶ確率を引き上げることができる。そうしたアプローチを指して「計算されたリスクを取る」と表現することもあるが、リスクにも科学と呼べるものがあって、どのようなリスクなら取る価値があり、実際にリスクを取るときはどのようにすれば成功確率を最大にできるか、といったことを理解する際の手助けとなる。

私が話しているリスクの科学は、金融経済学に由来している。というと、お金を儲けようとしている（あるいは、あなたからお金を巻き上げようとしている）、高級なスーツに身を固めたオールバックの男が頭に浮かぶかもしれない。しかし、金融市場で起こっていることの大半は単なるリスクの売買だ。金融においてリスクとは、資産に対して起こりうるすべてのこと（たとえば株価が二パーセントまたは二〇パーセント上昇する、あるいは六〇パーセント下落するといったこと）を推定したものだ。いったんリスクが計測されれば、それを売買できるし、人々は自分の好みに応じてリスクを増やす、あるいは減らすといったことを選択することもできる。金融経済学は金融市場におけるリスクを研究するものだが、その知識は、他のあらゆる市場や、私たちが生活の中で下すあらゆる意思決定に応用できる。

たとえば、私は他のリスク学者と同様に、ニューヨーク市の市内横断バスには決して乗らない。所用時間がまったく予測できないからだ。バスでマンハッタン島を横断すると平均で三〇分かかるが、日によって、あるいは時間帯によって一時間以上かかることもあれば、一五分ほどですむこともある。歩けば例外なく三五分で横断できる。徒歩の場合、渋滞が発生しようが、あるいは乗客の乗り降りのために頻繁に停車しようが、そんなことに気を揉む必要はない。徒歩による横断はほぼ完全に予測可能であり、所要時間もバスに乗るのとほぼ同じぐらいだ。このことを金融経済学的に表現すれば、「似たような投資利回りを期待できる二つのポートフォリオがあるときは、リスクの少ないものを選択せよ」ということになる。

こうした金融経済学上の知識は、リスクをともなう決断を下す必要があるときはいつでも役に立つのだが、私たちにそれを学ぶ機会はほとんどない。私は経済学の博士号を持っているが、金融については大学院を修了するまであまり学ばなかった。金融経済学は単に株で儲けて金持ちになる方法を研究するだけだと思っていたのだ。しかし、それも研究の一部ではあるが、すべてではない。なぜなら、リスクを増やせばもっと儲かる可能性が出てくるからだ。金融経済学とは、リスクの研究をする学問なのだ。

金融経済学をより深く学ぶにつれ、市場のリスクに関する研究成果は、より広い世界を理解するための新しい方法としても活用できることに気づきはじめた。これらのツールの使い方を知っていれば、たとえば、学校に戻ってさらに教育を受けた方がよいかとか、起業して間もないスタートアップ企業に就職してよいか、プロジェクトにどれくらいの時間を割くべきか、あるいは理想の家のためにどれくらいのお金を払ってよいものかなどといった、複雑でリスクをともなう日々の意思決定をより適切に下せるようになる。

リスクの経済学はいたるところに存在する。本書を書くにあたって、私は経済学者がめったにやらないことをやってみた。自宅の机に座り、ただ単にデータを分析するのではなく、ウォール街とは縁のないところで経済学者ではない人たちと何時間も過ごし、彼らが自分たちの生活や仕事においてどのようにリスクに対処しているかを尋ねてみたのだ。

私がインタビューした人たちは皆、経済が急速に変化するなかでリスクを認識し、それに対処する賢い方法を発見していた。彼らの話を聞く方が、従来の株式市場に関するどんな話を聞くよりも、金融経済学の最も重要な原則を理解しやすい。

売春宿の経済学

私が訪問したころ、ムーンライト・バニーランチのオーナーはデニス・ホフだった。彼は七〇代の頭の禿げた大柄な男で、少し猫背だが堂々としていた。ボウリングシャツとカーキ色のズボンという服装をよくしていた。そして、ホフの気を引こうと張り合っている若いブロンドの女たちを引き連れて、売春宿の廊下を歩き回っていた。ホフは二〇一八年一〇月に七二歳で亡くなった。売春宿にある彼専用の特別室で、ポルノ俳優のロン・ジェレミーに発見されたのだ。

アリゾナ州生まれのホフは、一人っ子として愛されて育った。高校生になるとガソリンスタンドで働いていたが、ガールフレンドを妊娠させ、彼女と結婚した。その後すぐにガソリンスタンドを買収しはじめ、一九七〇年代の石油危機の際にガソリンの違法販売でちょっとした財産を築いた。だが、度重なるホフの浮気が原因で結婚生活は崩壊した。ホフはサンディエゴに移り、タイムシェア物件の販売を始め、ポルノ業界の人たちと親しくなった。また、ネバダ州の公認売春宿の常連客となった。

アメリカ合衆国では、合法的に売春ができるのはネバダ州内の一握りの郡に限られている。これらの郡でも業界は厳しく規制されている。セックスワーカーは認可のある売春宿で働き、性感染症について定期的に検査を受け、広範囲にわたる身元調査を受けなければならない。

一九八〇年代にホフと彼の友人たちが頻繁に通っていたころ、ほとんどの売春宿は砂漠のなかのトレーラーハウスにすぎず、薄汚く惨めな場所だった。女性たちは店が設定した価格で、客が望むあらゆる性的な行為をすることになっていた。女性たちは一度に何日も店を離れることは許されていなかった。

ホフは、一九九三年にカーソンシティのすぐ外の小さな町にある売春宿〈ムーンライト〉を買収し、タイムシェア物件を売っていたときと同じ方法でセックス産業に取り組むことにした。定価を廃止し、どのようなサービスを誰に提供するかは女性たち自身に決めさせた。売春宿の女性全員を独立した個人事業主として扱ったのだ。自由に出入りをさせ、取引条件は自分で交渉させた【1】。これが女性たちの自律性を高め、もっとお金がもらえるように努力するインセンティブとなった。死ぬまでのあいだに、ホフはネバダでさらに六軒の売春宿を買収した。私はそのうちの四軒を訪問した。

多くの点で売春宿も他の職場と変わらない。毎週スタッフミーティングがあり（企業のミーティングと違うのは、変った帽子を被りお茶を飲んでいる女性が多いこと）、ファイナンシャルアドバイザーを利用でき、成績に応じたボーナスがある。そして、社宅まで完備していた（ホフは近郊にアパートも所有していて、多くの従業員が住んでいた）。ホフの売春宿のうち最も有名なムーンライト・バニーランチにいたっては、『キャットハウス』というきわどい内容のリアリティー番組で紹介された（ＨＢＯのドキュメンタリー番組。最初のシリーズは一一のエピソードで構成され二〇〇五年に放映された）。

しかし、ホフが提供した付加価値とは、セックスの買い手と売り手、双方のリスクを減らしたことだった。

供給

ネバダ州に滞在中、私は何十人ものセックスワーカーと会ったが、売春をする理由はそれぞれ異なっていた。切ない内容の物語もあれば、売春の仕事と収入が気に入っているという女性もいた。ＭＢＡ（経営学修士号）や博士号を持つ女性にも会った。そしてシェルビー・スターほどやり手の実業家は、私が経済学や金融論を研究していたころに出会った人々のなかにはいなかった。

スターは、ホフの七つの売春宿の中でもトップの業績を上げている女性の一人だった【2】。彼女は四〇代半ばで、曲線的なスタイルと流れるような金髪の、暖かいしゃがれ声のテキサス訛りで話す女性だ。スターには夫と三人の子供がいて、変った職業についていることを除けば、ごくありふれた生活を送っている。彼女は一日中、売春宿で働き、ほぼ毎晩家族のもとに戻ってくる。私はスターと彼女の寝室で面談し、彼女の仕事について話を聞いた。

売春宿に来るまで、スターは二重生活を送っていた。昼間はマーケティング担当の幹部社員として、そして副業のストリッパーとして。あるいは、彼女は「会議イベントの巡業をする」高給ストリッパーで、副業に会社勤めもしていたと言った方が正確なのかもしれない。「ストリッパーに会議イベントの巡業があるの？」と私は尋ねてみた。

「公式なものはない」とスターは答えた。しかし彼女は、ある種の会議イベントが町で開催されているときはストリッパーの仕事が増えることに気づいた。彼女はさまざまな会議イベントの開催場所を調査し、全国各地のストリップクラブと関係を築き、最も稼ぎの良いイベント（ＩＴ系の払いが最も良かった）を追いかけて、その開催都市で出稼ぎできるようにした。

当然のことだが、会社の仕事よりもストリップの方がスターの稼ぎは良かった。彼女は信仰深い家庭で育ったこともあって、ストリッパーという職業についてまわる悪い評判を避けることだけが目的で昼間の仕事を続けていたのだと言う。また、狭い地域社会で生活し子育てをするには、普通の仕事に就いている方が楽だった。彼女は一五年以上にわたって両方の仕事を続けた。しかし、会社勤めと〈フラッシュダンス〉〔一九八三年公開の映画。昼間は製鉄所、夜はキャバレーでダンスをしながらプロのダンサーを目指す女性が主人公〕を掛け持ちしているのは「かなりバレバレだった」と彼女は認めた。「髪がプラチナブロンドで、人工的な日焼けやオッパイをしてたから、気づいてない人なんていなかったはずよ」

三〇代後半になるころには、踊りを続けるには歳をとりすぎたとスターは感じていた。会社の仕事は嫌いだったし、会社から転勤するよう要請されていた。そして彼女の夫が失業してしまった。何か新しいことを試すときだった。合法的な売春は稼ぎが良いと聞いていたことや、リアリティー番組で見てよく知っていたことから、バニーランチのマネジャーをしていたマダム・スゼットに連絡をとったところ、自費でネバダに来て、試しに二週間働いてみないかと誘いを受けた。

この最初の旅というのは大きな賭けであり、売春宿の女性たちが直面する最大のリスクのひとつだ。彼女たちは自身自身で旅費を工面し、それらしい服装とメイクをまとい、売春の許可を取得し、そして徹底的な健康診断を受けなければならない。これらの初期費用は約一五〇〇ドルに達することもあり、大半の女性（特に、二週間の長期休暇を認めるぐらいなら首にする方を選ぶような雇い主のもとで、低賃金労働をしている若い女性）にとっては、ちょっとした大金だ。そして、いったん公認のセックスワーカーとして免許を取得すると、たとえそれがどんなに短期間であったとしても、その履歴は将来の身元調査で必ず発見されることになる。

こうした心配ごとに加え、売春宿で採用してもらえず初期費用を回収できないとか、あるいは売春宿が性に合わないといった可能性もある。スターにとっては、大勢の女性が狭い空間にいて同じ客の気を引こうと競い合う売春宿の中の人間関係が心配だった。しかし潜在的なチャンスの方も大きく、それまで以上にお金を稼げる可能性があった。

スターは最初の二週間ですばらしい成績を上げた。彼女はすぐに家族の荷造りをし、ネバダに移住させた。いまや家族でただ一人の稼ぎ手として、年間六〇万ドル以上の収入を得ている。彼女は自分の生き方について誰にも、自分の子供たちに対してすら、隠してはいない。

しかし費用もかかる。スターはセックスを合法的に売るために、自身の売り上げのうちどれくらいなら売春宿に支払うつもりがあるのだろう。一〇パーセントか、それとも二〇パーセントか？

スターが売り上げの半分を売春宿に渡していると知って、私は倒れそうになった。なぜなのか？その最大の理由はセックスワークにともなうリスクを減らすためだ。しかし、売春宿で働く女性たちの費用はこれだけにとどまらない。ネバダ州へ来る旅費、寝室の使用料、医者に支払う病気の検査費用、衣装、化粧品、コンドーム、それに大人のおもちゃも工面しなければならない【3】。女性たちは独立した個人事業主として、すべての所得に対し税金を支払う必要もあり、これは経費控除後の所得の三〇パーセントから四〇パーセントになる。彼女たちのうち何人かが、大人のおもちゃやポルノを経費で落とせたと自慢げに語ってくれたのも、もっともな話ではある。

私はホフが所有する売春宿のうち四軒で二三名の女性を相手に、直近の顧客五名、あるいは彼女たちが覚えている最近の顧客全員について調査をし、合計一一〇件の取引を分析した【4】。女性により、またサービスの内容により大きな幅があるが、一時間当たりの料金は平均一四〇〇ドルで、最低は一時間三六〇ドル（新人の女性）、最高は一時間一万二〇〇〇ドルだった。

これだけのお金になると、女性たちは非公認で営業をし、売り上げをすべて自分のものにしようという気にならないのだろうか。実はほとんどのセックスワーカーは非公認で営業をしている。インターネットは違法なセックスワークの市場に変革をもたらした。セックスワーカーがインターネットで宣伝し幅広い顧客層に直接自分を売り込めるようになったことから、もはや売り上げを代理店やポン引きに渡す必要はなくなったのだ。しかし、違法セックスの料金相場は一時間あたり一四〇〇ドルをはるかに下回っている。

私は、セックスワーク取引の詳細なレビューを掲載する雑誌エロティック・レビューのウェブサイトで四年分（二〇一三年から二〇一七年）のデータをかき集め、違法なセックス取引の価格を推定することができた【5】。全米の都市およびネバダ州北部の高級コールガールの現行料金は平均で一時間三五〇ドルだ。ニューヨークやラスベガスのような大都市では少し高くなり、一時間四〇〇ドルほどである。

合法的なサービスになると価格が三〇〇パーセントも上乗せされることに私は驚いた【6】。しかし、公認のセックスワーカーが稼ぐ一時間あたり一四〇〇ドルという金額も、必要経費を考えれば、それほどの大儲けでもないということがわかる。売春宿に五〇パーセント、税務署に三〇～四〇パーセントを渡し、言うまでもないが、衣装や、医療費、商売道具といった固定費も別途発生する。手取りの時給は非公認のセックスワーカーと似たような水準になるか、それを下回ることもある。さらに、ネバダまでの旅費や転居のための費用がかかり、売春宿内部の人間関係や内部事情に対処する必要もある。金銭面では、売春宿を離れた方が良いように見える。

女性たちに「独立しようと思ったことはないのか」と尋ねたところ、何人かは「たまに考えることはあるし、そうでないと言う人は嘘をついている」と答えた。しかし、彼女たちの全員が同じ理由で「絶対に独立はしない」と語った。スターの言葉を借りれば、「売春宿から出るのは危険すぎる。ここなら安全だとわかっている」からだ。

公認の売春宿で働く女性にとって、顧客が殺人癖のある狂人ではないか、あるいはおとり捜査中の警官ではないかなどといった心配は無用だ。個人で違法な営業をしたことがある女性数人とも話したが、全員が少なくとも一度は悪い経験をしていた。

売春宿は警備員を雇っており、どの部屋にも緊急用の通報ボタンがある。女性のプライベートな生活について質問しすぎたり、本名と住所を突き止めようとしたりするなど、一線を超えてしまった何人かの顧客の話を彼女たちから聞かせてもらった。ホフの売春宿では、こうした行為は一切許容されていない。

公認の売春宿は、女性たちが自分では確保できないもの、すなわち安全を、売り上げの一部と引き換えに提供する。売春宿のこの機能は金融ではヘッジとして知られている。ヘッジとは、リスクを減らすのと引き換えに、潜在的な収入の一部を放棄することだ。ヘッジの費用がこれほど高額だということは、リスクの軽減がネバダ州で働くセックスワーカーにとってどれほどの価値があることなのか物語っている。さらに、性的な出会いの価格を調べると、追加のリスクに対してセックスワーカーがどれくらいの対価を要求するかもわかる。経済学者たちの推定によると、メキシコのセックスワーカーがコンドームを使用しない顧客に請求する金額は二三パーセント高くなる。経済学者は、この二三パーセントは増加したリスクに対する補償だと考えている。

需要

さらに驚いたのは、顧客が違法取引の三倍もの金額を払って公認売春宿にくることだ。

希少生物、銃器、セックス、他人のIDなどを違法に取引する市場の価格が合法的な商品の価格よりも高くなるのか安くなるのかは、買い手と売り手のどちらに市場支配力があるかによって決まる。市場支配力とは通常は供給の問題である。たとえば、たばこはドラッグストアやガソリンスタンドで合法的に購入できるので、よほど大きな割引でもないかぎりブラックマーケットで買うことはない。大金を節約できるのでなければ、逮捕や罰金というリスクを冒してまで違法な取引に手を出す人は少ないだろう。しかし、ほとんどの違法取引の市場はちがう。通常は手に入りにくいもの（希少生物、無名の通貨）または取引が制限されているもの（銃器、セックス、麻薬）が取引の対象となっているので、売り手は割増し価格を要求するのだ。

私は、合法的なセックスワーク取引は希少なものを対象とする違法取引市場のパターンに近いだろうと考えていた。合法的なセックスを購入するのは難しく、大半のアメリカ人にとっては飛行機と車を乗り継いで何時間もかけて移動しなければたどり着けないような、ネバダ州の片隅でしか入手できないのだ。対照的に、違法なセックスは比較的購入しやすく、ほぼどこの都市でもオンラインで入手できる。利便性の点だけをとっても、違法なセックスワーカーの方がより高額の対価を要求できると思うだろう。だが、違法なセックス取引にはリスクがともなうので、顧客はそのリスクを減らせるなら喜んでその対価を払うのだ。

リスクが需要を牽引しているもうひとつの良い例がガールフレンド・エクスペリエンス、業界用語で〈GFE〉と呼ばれる、最も人気があり最も高価なサービスだ。これには、セックスだけでなく恋愛関係にともなう典型的なやりとり、すなわちキスや、抱擁、おしゃべり、夕食や映画の同伴などが含まれる。GFEは違法取引市場でも提供されていて、合法市場と同様に、標準的なセックスよりも高値で取引されている。

このサービスは究極の「リスクフリー（リスクなし）」の出会いを提供してくれるため、男たちはより多くの料金を支払う。そこで得られるのは、相手から拒絶されるリスクもなければ、コミットメントを求められるリスクもない、かりそめの親密さだ。ポルノ雑誌に登場するような一九歳の女の子ではなく、居心地の良さや親密さを提供できるスターのような中年女性のほうが売春宿での売り上げがいいのも同じ理由からだ。年長の女性たちの高度な対人スキルは、顧客を開拓し、彼らのニーズに応え、安全快適な気分にさせるうえで有利に働く。「たいていの男は孤独なのよ」と女性たちのひとりが語ってくれた。「セックスさえしたがらない男も結構いるわ」

バニーランチの常連客は、売春やデートにさえともなうリスクがここにはないということをよく知っている。発生するおそれのあるリスクをあらゆる段階で取り除くように努めているからだ。

たとえば、顧客がクレジットカードで支払いをすれば、カード明細書の支払い先には、あたりさわりのない店名が記載される。合法的なセックスの買い手は、合法的なセックスの安全性を非常に重視していることから、長い距離を移動し多額のプレミアムを支払うこともいとわない。その結果、公認の売春宿には市場支配力が生まれ、提供するサービスに対して多額の割増金を要求できるのだ。

ホフは私に、彼が提供したいと考える顧客体験について次のように説明してくれた。「逮捕されたり自分の妻に知られてしまうのでないかとか、その店の女性に脅迫されるのでないかなどと心配する必要はない。女性は全員が毎週検査を受けていて、病気の心配をする必要もない」

伝統的な売春斡旋業者とは異なり、ホフは若い女性に危険な行為を強制することで金持ちになったのではない。まったく逆だ。彼はセックスワーカーとその顧客が安全に取引できるようにすることでお金を儲けた。ホフが提供する安全には女も男も喜んでお金を支払い、それがホフの儲けとなったのだ。

金融――リスクの科学

売り上げの五〇パーセントが、セックスワーカーがリスクを除去するために支払う価格だ。顧客の方は三〇〇パーセントの割増金を支払う。これは高すぎるのか、それとも安すぎるのか。それはあなた次第だ。セックスの市場は極端な例であり、私たちのほとんどは参加することもないだろう。割増金は、セックス市場が危険なセックスにつけた価格を表している。特殊な市場がリスクの評価や売買の方法について最も明瞭な洞察を提供してくれることはよくある。セックスワークのような市場においては何ごとも隠しだてされず、どんな市場でも存在するデリケートなことがらでさえ明け透けにされている。これこそが、経済の周縁部で行われているビジネス活動を研究すれば最も多くのことが学べ、その知識をより一般的な経済取引にも適用できる理由である。

私たちがどれくらい頻繁に対価を払ってリスクを減らすオプションを与えられているか、考えてみてほしい。新しく買った電化製品には延長保証を付けられるし、飛行機のチケットにはさまざまなクラスの運賃があって、それによって座席上方の手荷物収納スペースの確保のしやすさも変わってくる。また、ローンを借りるときは変動金利にするか、あるいは固定金利にするかを選択することができる。いずれの場合も、私たちは何かを諦めてリスクを減らすか、より少ないコストでより多くのものを得ようとギャンブルをしているのだ。売春宿ではリスクの価格は最重要テーマであり、セックスワーカーも顧客も彼らが支払っているものは何なのか正確に理解している。これに対して、より日常的な取引では、リスクの価格は細かい活字の中に隠されていたり、他のサービスと抱き合わせになっていたりする可能性がある。

金融科学は、価格のうちのリスクに対応する部分を取り出して評価することを目的とする。リスクに対する価格が明確になれば、私たちの周囲にあるリスクを特定し、リスクを取り、あるいは削減するための最善の方法を、もっと容易に見つけ出せるようになる。本書の各章はさまざまな市場を金融経済学の視点から分析しているので、リスクを評価し、改善し、あるいは削減する方法について、より深く理解する手助けになるはずだ。変わった、他とはまったく異なる市場でリスクが果たしている役割を理解するための枠組みとなってくれる。

経済学のほとんどの分野において、価値の源泉とされているのは希少性だ。金融経済学は少し違った考え方をする。リスクも価値の極めて重要な要素として捉えるのだ。リスクが軽減される商品の価格は高くなる傾向がある。この極めて重要な知識があれば、日々の意思決定において選択肢を評価する方法が革命的に変わり、情報に基づいて、より良い選択ができるようになる。

航空運賃の価格設定を例に、この原理がどのように働くか調べてみよう。あなたは気づいていないかもしれないが、最も安いチケットを買った人は、航空会社がオーバーブッキングした場合に搭乗を断られる候補者のリストの最上段に載せられる。細かい活字で記載された約款内容をチェックしてみるとよい。安いチケットには予定の便に乗せてもらえなくなるリスクがあるのだ。より高価なチケットを購入すれば、このリスクは削減される。

リスクをともなう意思決定を上手に下すには、透明性を確保し、リスクに対してどのような支払いをしているのか見つけ出す必要がある。適切に機能していない市場では、このリスクに対する対価を識別することができない。たとえば、犯罪的な事業活動（インターネット普及以前の非公認の売春を想定してほしい）などの地下市場では市場価格が不透明なことから、価格に基づくリスクの割り当てができない。リスクをほとんど取らない売春斡旋業者がお金の大半をせしめるなど、伝統的なセックスワークのリスク配分に欠陥があったのは、価格の不透明さに原因がある。犯罪は極端な例だが、価格に透明性がない場合は、私たちは払いすぎているか、あるいは思っている以上に多くのリスクを負わされていることが多い。航空券は安ければ安いほど、オーバーブッキングのときに搭乗を拒否されるリスクが高くなると覚えておくとよい。

一部の市場では、リスクに対して理にかなった対価が与えられていない。通常は原因として何か、たとえば情報が不足しているとか、リスクの計測が困難であるとか、あるいはリスクの買い手または売り手のあいだの競争が制約されているなど、その市場が適切に機能することを妨げる事情が存在する。後の章で、出来の悪いハリウッド映画（第4章）や遅い競走馬（第8章）が生み出される背景にリスク市場の機能不全があるということを説明する。

取引からリスクを切り離し、それがどのように評価されているか判断できれば、より良い意思決定をすることができる。金融ではリスクを特定し、評価し、売却するために多くの専門的なツールを使用するが、そうしたツールの背後にある基本的な考え方を理解するのは簡単で、あらゆる市場や問題に適用できる。これらのツールを一度習得しておけば、レストランや健康保険、あるいは延長保証の選択をするときに躊躇することは二度とないだろう。

リスクのルール

政策立案者や、ジャーナリスト、学者は、人々がリスクを理解できないことにしばしば苦言を呈する。実際、私たちには、直面しているリスクを歪めるような行動をとる傾向があって、これが原因で最善ではない選択をすることがある。だからといって、リスクを理解しコントロールするための巧みな戦略を立てることが私たちにできないわけではない。おそらくあなたも、空港に時間どおりに到着する確実な方法や、家族全員が気に入る新しいレストランを選ぶためのコツ、などといったリスク戦略をすでにいくつかお持ちなのではなかろうか。ほとんどの人は、人生のある分野では賢明かつ高度なリスク判断をするが、同じ思考方法を別の分野（たとえば老後の生活設計）には適用しない。私たち全員が優れたリスクの戦略家になる能力を持っているのに、意思決定の際のリスク分析のしかたを教えられた人はほとんどいない。

いったん金融経済学の背後にあるいくつかの重要な原則を学べば、あるリスク判断が別のリスク判断よりも容易である理由がより明確になり、人生のあらゆる分野に最善のリスク戦略を適用できるようになる。

本書では、あなたの生活においてリスクの評価とリスクの活用をより上手に行うための以下五つの原則を説明する。各原則は、金融経済学におけるそれぞれ別のリスク原則を表しており、その限界に挑む人々や場所を通して考え方の説明をしたあと、その原則をどのように日常生活に適用するか説明したい。

ノーリスク、ノーリターン

より多くを得るには、私たちはその対価として損失を被る危険を冒す必要がある。ただし、成功する確率を最大にする方法はある。本書では金融経済学の高度な戦略をいくつか説明するが、リスクをとった結果が報われる確率を向上させるのに最も効果的な方法はかなり単純だ。それは、自分にとって何がリスクで、その見返りとして何を期待するのか、これを明確にすることだ。リスクを取るときに人が犯す最大の過ちは、明確な目標を設定していないことだ。ずいぶん単純に聞こえるかもしれないが、私たちはしばしば何を得ようとしているのかよく考えず、ただ何か変化が欲しい、現状を変えたいというだけで大きなリスクを負ってしまう。しかし、リスクに対する見返りを明確にしないままリスクを取った場合は、これがうまくいくことはめったにない。自分が求めるものを明確にするのは難しい場合もあるが、あらゆるリスク判断を下すにあたって、まず自分が求めるものを特定し定義して、そのうえで取るべきリスクの量を算定するという戦略を説明しようと思う。直感的には違和感を覚えるかもしれないが、リスクに対する見返りを定義する最良の方法は、リスクの対極にあるもの、すなわち「リスクフリー」というものを定義するところから始まる。

次に、リスクを計測する方法を見つけよう。私たちは過去に起こったことに基づいてリスクを計測することが多いが、過去が未来について何か教えてくれるのだろうか。もし教えてくれるのであれば、過去のどの部分が最も重要なのだろう。過去が未来への指針として役立つのであれば、再び起こる可能性が最も高いのは過去のどのような出来事なのだろうか。私たちが今日取るリスクを計測する際の過去の活用のしかたについて説明したい。

最後に、私たちの誰もが直面するさまざまな種類のリスクを議論し、通常は対処が容易な一過性の出来事と、対処が困難な構造的な出来事との違いを発見する方法について議論する。

二　自分の非合理性を知れ

私たちは、リスクをともなう決断を下すときに経済モデルや金融モデルが予測するような行動を常にとるとは限らない。私たちには損失を回避したがる傾向があり、それが原因で必要以上に、あるいは私たちが思っている以上に過大なリスクを取ることがある。これはよく自覚しておくことが重要なので、大勝負に臨む場合であっても理性を保つ方法について説明する。

私たちのリスク認識は客観的な確率に基づいていないことがよくある。むしろ、どのようにリスクが提示されているかによって認識のしかたが変わり、不確実なことを確実だ、あるいは、起こりそうもないことを起こりそうだと思い込むことがある。リスクの捉え方を変え、リスクがどのように提示されようと自分を見失わないようにする方法を説明する。

三　取ったリスクに対して最大の見返りを得よ

潜在的な利益が大きければ大きいほど、より大きなリスクを取らなければならない。しかし、リスクが大きければ、その見返りとしての利益が必ず大きくなるというわけではない。二つの選択肢があり期待される利益は同じだが、片方がもう片方よりもリスクが高いことがある。必要以上にリスクを取るのは非効率的だ。リスクを分散させることで、より多くの利益を獲得する可能性は維持しつつ、不必要なリスクを減らす方法を教えたい。

四　自分の領域を支配せよ

次にリスク管理、つまり利益が増える可能性を高め、利益が減る可能性を減らす方法に入る。不要なリスクを取り除いた後も、残っているリスクをさらに削減することができる。

リスクを最小限に抑えるための戦略のひとつがヘッジだ。ヘッジは、売春宿の女性たちが実践しているように、自分を損失から守るため反対の効果を持つ行動をとって、リスクと安全性のバランスをとることだ。言い換えれば、ヘッジは、片方で損をすれば、もう片方で利益が出るような二つの賭けを同時にすることである。その結果、得られたかもしれない利益の一部を諦めることになるが、その代わりに損失が発生する確率を引き下げることができる。

リスクを軽減するもうひとつの方法は保険だ。対価を支払うことで、あなたの「ダウンサイドリスク」（想定以上の損失や不利益を被るリスク）を第三者が引き受けてくれる。ヘッジとは異なり、保険料を支払った後はすべての「アップサイド」（想定を超える利益など）を享受することが可能だ。

リスク管理は最悪の事態が起こる可能性を減少させるが、それはまた新たな課題も生み出す。リスクを軽減するツールはすべて、リスクの拡大に使用することもできる。落下防止ネットは落下する人を捕まえてくれるが、人を高く跳ねあげるために使うこともできる。ヘッジと保険についても同じことが言える。それだけではなく、リスクを削減することでさらにリスクを取る余裕が生まれれば、これを足場にしてさらに大きなリスクを取ろうという気になる可能性すらある。

五　想定外のことも起こりうる

最高のリスク分析であっても、起こりうることのすべてを網羅することはできない。リスクには、発生する可能性があると私たちが考えることすべてが含まれているが、私たちが発生をまったく予期できない出来事も多く存在する。リスク（発生を想定できること）と不確実なこと（まったく想定外のこと）は異なる。想定外の出来事はいつも発生しており、これに備えることも可能だ。想定外の事態から自分を守る方法も説明しよう。

私たちを取り巻くリスクは増えていくが対処は可能だ

リスクの観点からは、生きていくうえで現在ほど良い時代は未だかつてなかった。人類は歴史のほぼ全てにおいて、飢饉や伝染病など真に壊滅的なリスクに繰り返し見舞われてきた。たとえば、別の町に住む友人に会いに行くといったことは、今日では深く考えるようなことがらではないし、誰でも簡単に決めることができるが、昔は旅に出ることで自分自身や家族を恐ろしい致命的な病気にさらしてしまう可能性があった。豊かで安定した国に住んでいるかぎり、いまやそうしたリスクは極めて想定しにくい。

しかし現代の私たちは、私たちの生活様式を脅かす、より深刻なリスクに直面している。経済が大きな転換期を迎え、雇用は以前のように安定確実なものではなくなった。最近までは、雇用者側が年金を提供し私たちの老後資金のリスクを負担することで、私たちのリスクの大部分を吸収していた。雇用者たちは、安定した給与と規則的で予測可能な勤務時間を保証することで、賃金リスクから私たちを守り、安定した雇用を提供し、私たちを保護していた。二一世紀に入り、これらの恩恵は急速に希少なものとなりつつある。

私たちにはこれまでにないほど多くの、データとアルゴリズムによって生み出された、リスクを計測し削減するために使用できるツールがある。データが多ければ多いほど、より正確にリスクを計測することが可能になり、テクノロジーのおかげでそのデータを瞬時に分析し迅速な決定を下すことが可能になる。携帯電話でこれらを実行できることも多い。ウェイズ〔イスラエル企業が開発したルート情報と渋滞情報を提供する携帯電話向けGPSナビゲーションアプリ〕を使えば交通渋滞に巻き込まれるリスクを最小化できる。ネットフリックス〔動画のストリーミング配信サービス〕なら好みに合う映画を見つけられる確率が上がる。旅行のウェブサイトでは、航空券の価格が上がるか下がるかを予測することができる。データとテクノロジーにより競争は激化するかもしれないが、それと同時にこれまで秘密のベールに包まれ、手に入れることができなかった「リスク分析」というものが一般人にも手の届くものとなった。

金融業界でこれまでに起きた大規模な経営破綻の例を見てもわかるように、金融経済学のツールはその使い方を知らなければ役に立たないし、ときとして有害でさえある。私たち自身が抱えている大小のリスクについても同様のことが言える。グーグル・マップで今日の職場までの所要時間は一五分と出るかもしれないが、ご承知のとおりこれは非常におおまかな見積もりにすぎない。「交通状態により一五分プラスマイナス五分」とすればより正確だと言えよう。この「五分」が推定されるリスクの量である【7】。この余分な時間も考慮に入れておかないと遅刻することになるかもしれない。

金融経済学から得られたツールは、正しく使用すれば相反するトレードオフの関係にあることがらや将来待ち受けているかもしれない危険を私たちが理解するのに役立つ。私たちがより良い選択をし、リスクを減らす助けとなる。金融モデルは、私たちが人生において決断を下す際の道路地図を提供してくれる。旅行の計画をする際に地図を使用すれば、目的地への行き方と他の場所との相対的な位置関係を知ることができる。地図があれば目的地に到着する確率は上がるし、そうなれば旅に出かけたくもなるだろう。

しかし、地図を使用したとしても安全な旅が保証されるわけではない。運転中にテキストメッセージを送っていたがために木に衝突してしまったとしても、その木が地図に載っていることは多分ないだろう。安全運転をしているのに、向こうから一方的に突っ込んで来る大型トラックも地図には載っていない。

だからといって地図がいらないということにはならない。地図があれば旅が成功する確率はやはり高くなるし、特に地図の読み方を習得している場合はそうだ。以下の章では、セックスワーカーから、兵士や、サーファー、馬のブリーダーまで、経済のさまざまな分野でリスクを取っている人たちの話を紹介する。彼ら全員に共通しているのはただひとつ、リスクを取っているということだ。誰ひとりウォール街で働いた経験はないが、彼ら全員が金融機関と同じようなリスク管理戦略を使っている。彼らの物語は、私たちが現代経済を生き抜いていくうえで金融経済学の知識がどのように役立つか、わかりやすく説明してくれる。

【1】割り当てられた時間帯は売春宿にいなければならない。

【2】スターは、今はホフの系列とは異なる公認売春宿のひとつ〈マスタング・ランチ〉で働いている。

【3】ネバダ州出身ではない女性もいる。

【4】ホフの系列店とは別の売春宿で働いている女性も何人かインタビューしたが、彼女たちも価格は似た水準にあると主張していた。

【5】データは三〇万件のセックス取引から成り、性行為の種類、所要時間、および価格などの情報を含む。

【6】売春斡旋業者を通すことで価格は上乗せになるのだろうか。二〇〇三年に、経済学者スティーブン・レビットと社会学者スディール・ベンカテッシュは、斡旋業者を通して働く売春婦は独立して働く同業者より収入が約五〇パーセント多いと推定した。斡旋業者の方が路上で顧客を探す女性よりも顧客を多く見つける能力があり、これが上乗せの要因であると彼らは推測したが、彼らの研究は売春業界がインターネット広告へ移行するより前に行われたものだ。インターネットやソーシャルメディアの時代には、顧客開拓で斡旋業者が果たす役割は以前ほど大きくはない。エロティック・レビュー誌のデータによると、インターネット広告を出している高級コールガールの収入は、エージェントと提携しているか否かにかかわらず、同様の水準であった。

【7】グーグルはこのデータを開示していない。

ルール1　ノーリスク、ノーリターン
NO RISK, NO REWARD

「ノーリスク、ノーリターン」と聞くと自動的に、大金を賭けたラスベガスのギャンブルが頭に浮かぶかもしれないが、これはネバダ州限定のルールというわけではない。この表現はパンチが効いている一方で誤解も多く、ほとんどの人がここで誤りを犯す。彼らは「リスク」の部分に焦点を当て、決断に際し、直面するすべてのリスクを考えることしかしないのだ。しかし本当は、最も重要なのは「リターン（リスクに対する見返り）」の部分だ。得ようとしているものが本当に欲しいものであれば、リスクをとってうまくいく可能性も高くなる。わかりきったことのように聞こえるかもしれないが、単に変化を求めるがゆえにリスクをとってしまうこともよくあるのだ。そのような場合は、リスクをとった結果がどうであれ、「損をする」ことが多い。

このルールの趣旨は、リスクという高速車線に入る前に行き先をはっきりさせておけということだ。第2章では、求めるリターンの定義を明確にすると、どのようにして成功確率が上昇するのかを説明する。そして多くの場合リスクではないこと、すなわち「リスクフリー（リスクなし）」とは何かという観点からリターンの定義をする必要がある。リスクフリーは金融経済学において最も強力な概念のひとつだ。第3章では、金融上の意思決定の基礎として、リスクフリー概念をどのように使用するか説明する。

第4章では、リスクの計測方法と、注意を払うべきリスクを判断する方法について説明する。そして第5章では、私たちを取り巻くさまざまな種類のリスクについて説明する。対処が容易なリスクと難しいリスクがあり、その違いを知っておけば役に立つだろう。

第2章

リスクに対する見返り——欲しいものを手に入れるには、何が欲しいかを知る必要がある

REWARD: Getting What You Want Takes Knowing What You Want

どこへ行こうとしているのかわかっていなければ、おそらく目的地にはたどり着かない。

——ヨギ・ベラ（数々の名言で知られる元ニューヨーク・ヤンキースの選手）

目標なしでリスクを取るのは、どこかすばらしい場所へ行くつもりで車に乗り込み、あてもなく走り回るようなものだ。素敵な場所に着くかもしれないが、どこか行きたくもない場所にたどり着く可能性もある。

誰にでも、仕事を辞め、既存の人間関係を捨てて、すべてやり直したいと思うときがある。ほとんどの人はこれを行動に移した人に心当たりがあるはずだ。そして多くの場合、彼らの賭けは

思うようにいかず、結局以前と同じような仕事や人間関係上の問題を抱えてしまっている。より良い仕事を得るには、自分が職業に求めているのは何なのか知る必要がある。より良い関係を築くためには、パートナーに何を求めているのか明確にする必要があるのだ。

目的地が頭に浮かんでいれば、当然ながらそこに到達する可能性ははるかに高くなる。しかし、私たちには目的が不明確なままリスクをとってしまうことがよくある。

リスクのためにリスクを取ることは、現実の政治戦略にさえなりうる。私たちが既存政治家の無為や内輪もめに失望すると、「変革」や「現状の打破」を唱える候補者が出現することがよくある。現状の延長線上に期待が持てないとき、私たちはこうした新鮮なメッセージに惹かれてしまう。彼らの政策内容や具体的に何が変わるのかはわからなくても、「変化」というメッセージが勝利につながる可能性もあるのだ。当然のことながら、リスクを取ること自体を目的にしてよくわからないリスクを取るというのは誤ったリスク戦略であり、失望する結果に終わることが多い。具体的な成果を約束しないまま、単に不確実性を生み出すだけだ。

簡単なように聞こえるかもしれないが、欲しいものが何かを知るのはリスク管理で最も難しい部分かもしれない。人々は自分が人生に何を求めているか理解するために、セラピストやライフコーチ〔人生全般についてのアドバイザー〕に何千ドルものお金を支払う。金融経済学にはセラピストの代わりはできないが、目標を明確にする方法を提供することはできる。これは、あなたがより良い結果を得る確率を向上させるうえで、他の何よりも有効な方法である。以下の三段階からなるプロセスによって、ものごとを明確にし、目標達成のためにどれだけのリスクを取ればよいかを検討できる。

一　あなたの究極の目標は何か。達成したときの姿とはどのようなものか。
二　リスクフリーで、あるいは極力少ないリスクで目標を達成するにはどうしたらよいか。別の言葉で言うと、確実に目標を達成するにはどうしたらよいか。
三　そのリスクフリーの選択肢は可能か、あるいは望ましいか。もし不可能、あるいは望ましくないものである場合、望むものを得るためにはどれだけのリスクを取る必要があるか。

このプロセスでは、金融専門の経済学者が日常的に使用している概念、すなわち「リスクフリー」という概念を使用する。リスクフリーの選択肢とは、あなたの望むものが一〇〇パーセント確実に手に入る選択肢だ。たとえば今夜何をするか決める場合、あなたの目標が楽しい夜を過ごすことであれば、リスクフリーの選択肢とは家のソファーでネットフリックスの動画を見ることかもしれない。なぜなら、その結果は完全に予見可能だからだ。リスクがあるのは外出の方だ。何が起こるかわからない。生涯のパートナーと出会うかもしれないが、車に轢かれるかもしれない。

何がリスクフリーなのかは人によって異なっている。それゆえ、あなた自身のリスク評価に役立つのは、何があなたにとってのリスクフリーなのかを明確にすることだ。欲しいものを明確にして、それを目標として設定することは、非常に強力なツールである。私たちはしばしば、リスクを取るのが好きな人をもてはやすが、成功者と失敗者を分けるのは、どれだけ多くリスクをとったかではなく、どれだけ賢明なリスク、すなわち明確な目的を持ったリスクをとったかである。キャット・コールを例にとってみよう。彼女は貧しい家庭の出身だが、三〇歳そこそこで数十億ドル規模の企業を率いるまでになった。そこに至るまでに、彼女は次から次へと大きなリスクをとったように見える。しかし、それらのほとんどがうまくいったのは、コールには自分の欲しいものは何か、どのリスクが取る価値のあるリスクなのか、正確にわかっていたからだ。

ミニボン

キャット・コールは幸運な星のもとに生まれたように見えるかもしれない。〈フォーカス・ブランズ〉社のCOO（最高執行責任者）として、彼女は〈シナボン〉や〈アンティ・アンズのプレッツェル〉といった有名なブランドを切り盛りしている。エレガントで話し方は上品。世界を飛び回っていないときは、アトランタとニューヨークのいずれかの自宅で過ごしている。コールの過去や、現在の成功にたどり着くまでに彼女がどのようなことを克服しなければならなかったのか想像できる人はほとんどいないだろう。

コールは、シナボンのトレードマーク商品である砂糖入りのバターシナモンロールを小型化したことで名を上げた。愛すべきオリジナルのパンは八八〇キロカロリーで人の顔と同じぐらいの大きさがあり、文句なしの美味しさだ。二〇一〇年にシナボンに入社したとき、コールは三二歳だった。当時、シナボンの売り上げは六年連続で減少していた。景気後退でショッピングモールや空港を訪れる人が減り、消費者の好みもより健康志向となっていた。シナボンは現状を打開する必要があった。そしてプロジェクト５９９が始まった。

プロジェクト５９９は、伝統的な〈シナボン〉のカロリーを抑えた商品で六〇〇キロカロリー以下に削減することを目標としていた。調査・研究によれば、低カロリーの代替品を提供すれば売り上げが増加すると期待されたものの、カロリーを削減するためには大量の人工甘味料と安定剤を使用する必要があった。コールは当時、シナボンの社長になってまだ一年も経っていなかったが、この案を却下した。新しいロールはそれほど美味しくなかったからだ。代わりに、オリジナルのレシピは守り、すべてのフランチャイズオーナーに三五〇キロカロリーの〈ミニボン〉の販売を義務付けた。この小型のロールは以前から存在してはいたが、取り扱っているシナボンストアは一五パーセントに達していなかった。

フランチャイズオーナーの側は懐疑的だった。〈シナボン〉はサイズが大きいことで有名だった。ミニバージョンを販売するなら、価格も三・六〇ドルから二・五〇ドルへ引き下げざるをえない。既存顧客の多くがオリジナルではなくミニを選んだ場合、利益が減少することになる。また、新しいパン焼き装置の導入には投資が必要となる。コールの方は、小さいサイズのロールであれば、顔と同じぐらい大きいシナモンロールだと買いたくなかった顧客層を新しく開拓できるため、売り上げは増加すると考えていた。彼女は売上増の方に賭け、リスクを取るようフランチャイズのオーナーたちを説得した。そして彼女がとったリスクは結果を出した。オリジナルの売り上げはほとんど減少せず、全体としての売り上げは六パーセント増加したのだ。増収の大部分は〈ミニボン〉の貢献によるものだった。同じようなファストフード企業が低迷し、あるいは破綻する一方で、シナボンは繁盛した。

コールの目標は明確だった。売り上げの増加だ。何が問題かについては、シナボンにいた全員の考えが、「健康志向の高まりが原因で、高カロリーのオリジナルロールは売れなくなっている」ということで一致していた。コールはまず、シナボンがカロリーを減らそうとしているのはなぜなのか尋ねた。経営陣は「低カロリーの代替品で売り上げが上がったという調査結果があるからだ」と説明した。しかし、「これらの調査はポテトチップスなど消費頻度の高いスナック菓子のものでした。シナモンロールを毎日食べる人はいません」とコールは説明する。「私たちの商品の消費モデルとは違っていました。私たちの商品は、ショッピングモールや空港のように、毎日のようには行かない場所で消費されます。たまに、羽目を外してやりたいことをやる、そういうときに食べるものです。人工甘味料を使ったロールだと美味しさが足りず、それでいて五九九キロカロリーもあったので問題でした」

どういうわけか、売上増加ではなく低カロリー化が目的となっていた。コールは核心を突く質問をすることで599に取り組んでいる人たちを納得させた。「あなたたち自身は五九九キロカロリーの美味しくないロールを買うのかと聞いたところ、答えは全員ノーでした」

人は何かを変える必要があるときに、「リスクのためのリスクを取る」ことが多いとコールは言う。それは、めったにうまくいかない。

〈シナボン〉という商品の退廃的な性格に対して賭金を倍に引き上げるのはコールにとって大胆な選択のように見えた。彼女はほとんどの同僚より若く、新参者で、ファストフード業界の経験もなかった。一方、ファストフード業界のライバルたちは、依然として低カロリーで「健康的な」メニューの開発を続けていた。当時、カロリー密度の高い、あるいは高カロリーの商品に賭けるのはリスクが大きいと思われたが、コールはこれに彼女の職を賭けたのだ。

コールの意思決定プロセスにおいて、リスクフリーの概念が機能していることが見てとれる。まず彼女は目標を特定した。それは、変化している市場で売り上げを増やすことだ。競合他社が拘泥していた選択肢を彼女がどのようにして回避したか注目してほしい。何もしなければリスクもないように思えるかもしれないが、売り上げが減少しつづけるため、彼女の目標は達成できない。

次に、コールは売り上げを伸ばすと思われる選択肢で最もリスクの低いものを見つけた。業界中が自社製品の低カロリーバージョンを提供していたことから、彼女の同僚たちはダイエット版の菓子パンが問題に対する回答だと考えていた。しかしコールは、新製品が売り上げの増加につながるという保証はなく、品質の高さと背徳的な美味しさがすべてと言ってもよい〈シナボン〉

のブランド価値そのものを毀損しかねないため、この選択肢はリスクが大きいと考えた。

新製品が解決策でないのなら、「カロリーを減らす唯一の方法は、より小さくするか、異なる原料を使うことでした」と彼女は説明する。小型のロールはすでに市場に出回っていて、フランチャイズのいくつかで一〇年間近く販売されていた。愛される商品のレシピは変更せず既存製品をベースにするこの選択肢は、とりわけフランチャイズ側で小型のロールが売れているという実績がすでにあったこともあり、また会社の評判を落とす恐れもなかったことから、実際のリスクは思ったよりも低かった。目標が売り上げの増加であれば、データによるかぎり、小型のシナモンロールを追加するのが最もリスクの少ない方法であったし、それがうまく行った。数年で売り上げは倍になり、〈シナボン〉は一〇億ドルのブランドとなった。

コールは人生の早い時期に、型にはまらない選択をすることによってリスク管理を学んだ。父親がアルコール依存症で、彼女の子供時代は混沌としたものだった。彼女の父親はホワイトカラーで良い仕事についていたため、まともな生計を立てていた。親戚は父方と母方のいずれの側も皆トレーラーハウスか掘っ立て小屋に住んでいたことからすれば、これは異例のことだった。コールの母親は夫以外からの収入はなかったにもかかわらず、娘を連れて夫のもとを離れるという厳しい決断をした。彼女は仕事を掛け持ちし、四人家族の食費を週一〇ドルと定め、最年長だが当時まだ九歳だった若いコールに頼った。コールはやらなければならないことのリストを手に家事の切り盛りに奮闘したが、その過程で、リスクを取るには、成果を出すため、しばしば「がむしゃらに働く」必要があるということを学んだ。「当時は、それが貴重なビジネス上の教訓になるとは知りませんでした。人気のない、型どおりではない選択をしても、結果を出せるという信念です」

コールは安定したキャリアを選び、ノースフロリダ大学で工学を専攻し、企業弁護士になりたいと考えていた。学生生活を支えるため、彼女は〈フーターズ〉でウエートレスとして働いた。ウエートレスが着ているぴっちりしたシャツとオレンジ色の超ミニスカートの制服で有名なレストランチェーンだ。

コールはすばらしいウエートレスだった。息子の病気でバーテンダーが欠勤すればコールがバーを担当した。シェフが残業をしないからと厨房のスタッフが辞めてしまったときは、コールが手羽先を揚げた。フーターズの本部が店長に店で最高の従業員は誰か尋ねたところ、店長はコールだと答えた。フーターズは、オーストラリアへ赴任し、そこで新しくできた店舗の従業員を教育してくれる人材を必要としていたため、コールに打診した。「オーストラリア行きの話にイエスと答えました。パスポートは持っていませんでした。飛行機に乗ったこともなければ、国外に出たこともなかったのです。それでもイエスと答え、そして身を粉にして働きました」

コールは立派に役目を果たし、まもなくフーターズは世界中の国々に彼女を送り込み、新しいフランチャイズの立ち上げを手伝わせるようになった。しかし、これが学業に影響し、彼女は単位を落としはじめた。コールは選択する必要に迫られた。大学を中退し企業弁護士になることを諦めるか、それともフータースのために世界中を飛び回るのを止めるか。

ビル・ゲイツやマーク・ザッカーバーグも大学を中退して億万長者になったが、コールが中退するのはハーバード大学ではなく、能力や有力者にコネのある友人がいたわけでも、また裕福な実家があってこれを当てにできたわけでもなかった。大学中退を名誉の印と考えるような人たちがいるシリコンバレーに行くわけでもなかった。彼女の住む世界では、大学を出ることが成功と安定を手にいれる最も確実な方法であり、それをフータースで時給をもらうために諦めることになる。これは危険な決断のように見えるかもしれない。だが、コールの目標は「いつか良い仕事について、子供時代には恵まれなかった安心と安定を得ること」だった。最初はそれを「企業弁護士になること」だと考えていたのだが、弁護士になるのは最終的な目標ではなく手段のひとつにすぎないことに彼女は気づいた。そして、たとえそれが一般的な方法ではなかったとしても、究極の望みをかなえる方法を彼女は提供されたのだ。彼女は中退することを選んだ。万人にとって明白な判断というわけではなかっただろう。私たちの多くにとって、それはリスクのある選択に見えるだろう。

大学の中退が正しい選択だと判断できたのは、それが正しいとコールが感じたからだ。そして、大学中退は彼女の目的達成のためにはリスクの低い選択肢だったと判明した。「それほど難しい決断だったわけではなくて、他にもっとやりたい選択肢があったので、それほどリスクが高いとも思いませんでした」と、彼女は言う。「時間をかけて悩んだわけではなくて……うーん……私に大学は向いてないかも……何か他のことをしよう、と。私は世界中を飛び回っていたし、それが自分に合っていました。自分が好きなことをしていて、それを続ける機会もありました。ただ何も保証はありませんでした。契約もなく、時給で雇われているだけでした。とりわけ誰かに、これがあなたのキャリアパスだ、安心してくれ、と言われたわけではありません。ただ、とてもしっくりきたのです」

コールは非常に長時間働いたため、一年で四万五〇〇〇ドルも稼いだ。やがてフーターズの本社に給与二万二〇〇〇ドルで正社員として採用したいとオファーされると、会社幹部に出世する機会と考え、コールもこれを受け入れた。コールは出世の階段を登りつづけ、二六歳で執行役副社長に就任した。彼女は大学中退者だったが、いまや通常はアイビーリーグの卒業生しか雇わないような会社が、プライベートエクイティや経営幹部などといった高給の職種で彼女に誘いをかけるようになっていた。「名刺を誰かに渡すたびに恥ずかしい思いをした」が、彼女はフーターズを辞めなかった。

大学の学部を卒業していなかったものの、コールは最終的にMBAを取得した〔実務経験に加え、テッド・ターナーなど一〇人のCEO（最高経営責任者）の推薦状もあり、ジョージア州立大学がビジネススクール入学を許可した〕。二〇一〇年、すでに外食産業のスターになっていたコールは、断るには余りにも良すぎるオファー、すなわちシナボンの経営者となるチャンスを手にした。

コールの初期の選択は、その当時の部外者にはリスクが高く見えたかもしれないが、彼女が成功したのはリスクのとり方が賢明だったからだ。彼女が成功したのは、自分の目標とそれを達成するために最もリスクの少ない方法を見つけ出すのが上手だったということにつきる。彼女は迷わず大学を中退し、プロジェクト599にストップをかけた。これらは、私たちのほとんどにとっては難しい選択だ。

自分が欲しいものを知ることは、とりわけ自分が変化を欲しがっていると知っているときは難しい。金融経済学における最初のステップは、自分の目標を明確にし、これにリスクフリーをベースにした価格を付けることだ。投資の世界にはリスクフリー資産と呼ばれるものがあり、他の資産では不可能なもの、すなわち予測可能性を提供する。金融でいうリスクフリーとは、何が起ころうとある一定の結果を保証するものだ。市場が崩壊しても、あなたが得るものは変わらない。市場が高騰しても、最初に約束されたものが支払われるだけだ。このリスクフリー資産の価格はあらゆる投資判断、あなたが直面するあらゆる意思決定において最も重要な情報である。

リスクフリー資産の価格

たとえば、来年の夏、家族で休暇をとるために三〇〇〇ドル必要だとしよう。近い将来三〇〇〇ドルが必要な場合、その休暇資金は一銭も失いたくはないだろうから、安全な場所に投資する必要がある。単純な普通預金口座でも、短期財務省証券でもよい。いずれも特定の期間に対し一定の利息を支払ってくれる。夏が巡ってくるころに約三〇〇〇ドルを手にするには、利率が年一パーセントであれば、二九七〇ドルを投資する必要がある。

この場合、それ以外のすべて、すなわち長期債や、株式、金、ビットコインなどにはリスクがある。いずれも予想利益率がはるかに高く、二九七〇ドルの投資が六カ月で六〇〇〇ドルになる可能性もあるかもしれない。しかし、市場が暴落し家族の休暇に五〇〇ドルしか残らない可能性もある。

目標が三〇〇〇ドルを来年の休暇のために準備することであれば、リスクフリーの選択肢は一パーセントの利息を払う普通預金口座だ。投資をする前にリスクフリー資産の価格を確認するのは、二つの意味で重要である。

まず、目標を達成するにはどれだけのリスクを取る必要があるか見極めることができる。たとえば、一年であなたのお金が確実に二倍になる投資を誰かに持ちかけられたとしよう（現実であれば、遠くへ逃げて友人や家族の全員にこの人物に近寄らないよう警告すべきだが、議論を進めるため、この投資が合法的なものだと仮定しよう）。この投資が本当に存在するのであれば、株式市場で損をするかもしれないようなリスクを取る必要はなく、家族の休暇用に一五〇〇ドルを貯蓄するだけでよい。リスクフリー資産の価格は、あなたが欲しいものを確実に手に入れるために必要なコストである。一五〇〇ドルしか持っていないのであれば、（実際には）リスクフリーで三〇〇〇ドルかかる休暇を手に入れることはできないので、もっとリスクを取るか、あるいは休暇をもっと安くあげる必要がある。

そして、もっと重要なことは、リスクフリーを定義することで目標を明確にできることだ。リスクフリーとは何かを定義するためには、欲しいものは何か、それを手に入れたときに何が起こるのか、よく考えてみる必要がある。一パーセントの利回りは、一年後にお金がいくらになるかを示している。今日二〇〇〇ドルを持っているなら、それは来年二〇二〇ドルになっている。二九七〇ドルを持っているなら、休暇のために十分だとわかる。

しかし、リスクフリー資産というものは、ただひとつ普遍的に存在しているわけではなく、目標によって異なってくるため、リスクフリーの選択肢を見出すのは簡単ではない。私たちのほとんどにとっては、大学を中退するのはリスクがあるだろう。しかしコールにとっては、大学を中退する方が、企業弁護士になるために借金をして何年も学校に通うより、リスクが低い選択だった。彼女の目標は明確で、それは企業の幹部になることであり、十九歳の時点でそこへ至る道を提供されたのだ。目標を明確にし、それにリスクフリーの価格をつけることが、上手にリスクを取るための第一歩である。

リスクフリーとは目標が何かによって変わってくるため、その人ごとに異なっている。金融においても同じことが言える。

私にはリスクフリーだが、あなたにとってはリスク

たとえば、二〇年後に引退するとき、パートナーを連れて人生で最高の旅行に行きたいと考えたとしよう。費用の見積もり額は三万ドルだ。

二〇年後の三万ドルをリスクフリーで確保するとなると、話はより複雑になる。市場でお金を失うことがないようにしつつ、貯めたお金が物価の上昇と同じスピードで増えるようにする必要がある。二〇年間の物価上昇率が年平均二パーセントであるとすると、今日の三万ドルは、その旅行に行くときには約二万ドルの価値しかなくなっている【1】。来年の家族旅行の資金を貯めるために使用した銀行口座は、支払われる利息の利率が物価の上昇率に多分追いつけないため、二〇年間の投資対象としてはリスクフリーにならない。引退旅行のためのリスクフリー金融資産は、投資利回りが物価上昇率を下回らないことが確実な二〇年債である。

リスクフリーを前提に目標を定義することで、さまざまな人生上の決定をする際に、明晰な検討をする助けとなる。私たちの周囲には結婚願望が強くて、仮に自分は相手を好きではなくても、自分を愛してくれる最初の人と結婚することが一番安全だと考えている友人たちが必ずいるものだ。実はこの人たちが安全と感じるのは、相手は決して自分を見捨てない、だから自分が傷つくことも決してないだろうと想定しているためだ。しかし彼らのような結婚には強い相互の結びつ

きが欠けていることも多く、人生の雨風を耐え抜くことができずに離婚に至る。単に結婚することが目標であれば、自分を愛してくれる最初の人と結婚するのがリスクフリーの選択肢だ。しかし、結婚を続けることが目標であれば、妥協で結婚するのはリスクの高い選択だ。

人生における決断をもうひとつ見てみよう。たとえば、不動産市場が過熱するなか、理想の家を見つけたとしよう。あなたの目標がその特定の家を手に入れることであれば、リスクフリーの選択肢は、その家を確実に入手するために高額（多分売り手の言い値よりは高く、自分が支払える範囲で払ってもいいと思う最大の金額）で入札することだ。そうすることで払いすぎにはなるかもしれないが、他の誰かにその家を持っていかれるリスクを排除することができる。それがあなたの気に入る唯一の家で、生涯住みつづけるつもりであれば、過払い分はあなたが入札競争で確実に勝つために支払う対価である。

しかし、良い条件で買ってその投資で儲けるつもりだとか、あるいは近い将来に売却することを考えているというのであれば、目標は異なるし、リスクフリーの選択肢も変わってくる。目標がその完璧な家を手に入れることではなくて、できるだけ安く手に入れることであれば、その家の推定価値よりも低い金額で入札して、入札競争で負けるリスクは甘受するべきだ。さもなければ、買値が高すぎて売却するときに損が出るリスクを負ってしまう。

この二つの目標を混同してしまい、本当に欲しい家なのに、低く入札して競り負けてしまったり、不動産市場の狂乱に巻き込まれ、五年後に売る予定の家を高値掴みしてしまったりする人が多い。

たとえば、あなたが転職を考えているとしよう。現在の仕事は楽だ。上司は理解のある人で、家に帰る必要があれば早めに退社させてくれる。仕事に必要なスキルは習得済だ。もしあなたの目標がキャリアアップし、あるいはもっと稼ぐことであれば、現在の仕事を続けても望むものは得られないし、転職するよりもリスクが高いかもしれない。仕事を変えることで、ネットワークを広げ、新しいスキルを習得せざるをえなくなる。結果的に自分のキャリアを向上させ、収入を増やし、将来の転職の機会も広がることになる。しかし、もしワークライフバランスがあなたの目標だとしたら、新しい上司があなたの私生活上のニーズに理解を示さない可能性があり、転職はリスクをともなう。新しいスキルや社内政治を習得するために、より長時間働かなければならない。何がリスクのある選択肢なのかは、あなたの目標が何であるかによって変わってくるのだ。

気に入る家を手ごろな価格で手にいれるとか、昇進も狙える安定した仕事で仕事と生活のバランスをとるなど、私たちには競合する目標のあいだでバランスをとらなければならないことが多い。しかし、そうした場合も、まず初めに自分が何を求めているのかリスクフリーを前提によく考えることで、自分の目標をより明確にし、そのために自分はどれくらいのリスクを取れるのかを確認するのに役立つ。

誰でもリスクを取ることはできる。しかし、明確な目標を持ってリスクを取るためには、確信を持ち重要なことに焦点を当てることが必要だ。そのためには自分が欲しいものは何か正確に知る必要があるが、私たちのほとんどはそれを知らない。コールのお気に入りのキャッチフレーズのひとつが、「十分小さくて変更が可能で、十分大きな意義のあること」に焦点を当てよ、というものだ。言い換えれば、目標を達成する手段のうちで、最もリスクが低いものを選べということだ。

あらゆるリスク問題の分析において、何が欲しいかを把握しリスクフリーを前提に表現することが、最初のステップとなるべきだ。しかし、ときとして、おそらくはほとんどの場合、低リスクの選択肢がわかっても、それは私たちの望むものではない、あるいは私たちの手が届かないものである。理想の家の例でいえば、余分なお金を払う余裕がなければ、入札競争で負けてしまうリスクを取らざるをえない。続く章では、次のステップとして、どのようなときにより大きいリスクを取るべきか検討する。

【1】インフレ率にもリスクがある。二パーセントより高くも低くもなりうる。

第3章

リスクを取る——どのようなときに安全を捨て打って出るべきか

TAKING A RISK: When to Reject Safety and Go for More

人生には無数の危険があるが、そのひとつが安全だ。　——ゲーテ

目標を明確にし、これをリスクフリーで達成する選択肢の価格を見つけられるようになることが、あらゆる優れたリスク戦略の基礎となる。しかし、リスクフリーの選択肢を選びたくない場合はどうなるのだろう。たとえば、リスクフリーの選択肢があまりに高価であるとか、もっとリスクをとって潜在的な利益を増やしたいという場合だ。私たちにはリスクを取るかとらないかの二者択一的で捉える傾向がある。しかし賢いリスクの取り方は、より多くを求めつつ、目標を達成するために本当に必要な、または自分で許容可能なリスクだけを取ることだ。次のステップはリスクを適切な量に調整することだが、まず初めに目標を定義し、リスクフリーで達成する場合の価格を設定していなければ、自ら失敗を求めることになる。

私自身、この間違いを犯し、かなり痛い思いをした。老後生活の資金計画を専門とする経済学者のほとんどは用心深く、リスクを取りたがらない公務員や大学教授たちであり、売春宿で研究したりはしない。私は最初からこの道にたどり着くつもりだったわけではない。明確な目標や私にとって何がリスクフリーの選択肢か理解することもなく、職業人生の初めの段階で大きなリスクをとった、その結果として今ここにいるのだ。

経済学者ですらリスクフリーを取り違えることがある

二〇〇六年の初め、私はハイヒールの入ったビニール袋を手に、お堅いスーツを身につけスノーブーツを履いて、ボストンのコプリー・プレイス〔高級ショッピングモール〕の中を急いでいた。すると「バーニーズ（あの高級デパート）の面接はこちら」という下に矢印のついた看板が見えた。

ふと思いついて矢印をたどってみると部屋があり、身だしなみのよい女性が机に座っていた。「あの、経済学教授の採用面接に来たのですが」と私は言った。そして声を低くして言った。「でもここだけの話ですが、自分には向いていない気がするんです。バーニーズの面接を受けてもいいですか？」

彼女がぽかんとして私を見ていると、面接を待っていたもう一人の身なりの良い女性が憤慨した口調で言った。「通りからフラッと入って来て面接を受けたいなんて、ありえないわ。私はこのために何週間も前に履歴書を送ったのよ」

意気消沈して私はその場を立ち去り、約束していた面接に向かったが、その仕事も手に入らなかった。

経済学で博士号を取ろうというのは、これまでに私が取ったなかでは最も大きいリスクのひとつで、私にとって最初の大失敗になりそうだった。ボストンのこの日の出来事から数カ月後、六年ものあいだ研究に精を出したあげく、仕事も将来の予定もないまま私は大学院を修了することになった。

人生には、若く健康で、就職先もないままアイビーリーグを卒業することよりももっと悪いことだってあるだろう。しかし私の分野で、学位はあるが仕事がないというのは一大事だった。そして何年も大学院で過ごしたことで、私の視野は狭くなっていた。経済も自分の人生もコントロールできると信じ、何を説明するにも経済学に頼るようになっていた。経済学が混沌とした世界にモデルを当てはめて作り出す秩序が私は大好きだった。モデルの多くがXをするならYが起こると仮定する。減税をすれば経済は成長する。利下げをすれば失業率が下がる。これが私にとっての宗教となった。一所懸命研究に励めば仕事が手に入るはずだった。就職が叶わなかったとき、私は打ちのめされていた。

そもそも私が経済学に惹かれたのは、貧困の多い地域で育ったからだ。経済学は、私が探し求めていた失業や不平等の問題に対する解答を与えてくれることから、大学院に入学したとき、経済学に対し私はあふれるような情熱を持っていた。しかし、数学がベースとなる分野で博士号を取得するには、その基礎がまったくできていなかった。少なくとも学部の段階で数学を専攻しないまま、数理的な分野で博士号を取得しようと夢見る人はほとんどいないだろうが、私はその道を選択したのだった。

一年目は悪戦苦闘で、単に課題を終わらせるためだけでも寝る間もなくあらゆる数学の教科書に取り組まなければならず、ほとんど脱落しかけた。この苦労のなかで私は賭金を倍にする気になった。単に学位を取得するだけでなく、研究分野に関しては第一人者になろうと考えたのだ。考えつくなかで最も安全で最も就職がしやすい研究テーマ、すなわち老後資金に関する経済学を選んだ。

二三歳であれば、普通はもっと格好の良いテーマを選ぶのだろうが、私は老後の概念に魅了されていた。私にとって、それはすべての経済問題の中で最も純粋で最も美しいものだった。資産を未来へ移すためには何が最善の方法か。今貯蓄する金額と将来貯蓄する金額をどのように決めたらいいのか。

これは、最も単純でありながら最も複雑な、経済学者、いや誰もが答えなければならない問いだ。私はそれをひとつの洗練された数学的な問題として抽象化し、ある一定のリスク環境のもとで、人は正確にいくら貯蓄すればいいのか説明した。ほとんどの経済学の論文では、これほど難しい数学は扱わないのだが、私はまだ数学に対する苦手意識を克服できていなかった。もし努力してこの非常に困難な問題を解決できれば、成功が保証されるだろう。少なくともそれが私の考えたことだった。難しい数学の問題を解くこと、それが私のリスク戦略となった。何が私にとって「成功」を意味するのか、まだわかっていなかったのだが。

私は図書館に閉じこもり、そのただひとつの数学の問題を解こうと、二十代の大半を人と交わらずに過ごした。五年後に実際にその問題を解いたとき、私は何かすばらしいことが起こると期待していたが、逆にすべてが崩壊してしまった。指導教官との関係は悪化し、親しい友人が突然亡くなったことで精神的にも打ちのめされた。しかし、私の最大の敵は、私自身にためらいがあったことだ。

博士号の候補者はそのほとんどが学問の道を目指している。これが「成功」を測る標準的な目標だ。馬鹿げているかもしれないが、この長い歳月のあいだ、経済学教授の採用面接に行き、自分の心の中で幾度となく「逃げろ」と叫ぶ声を聞くようになるまで、その目標に疑問を持ったことは一度もなかった。

そして驚くなかれ、私は採用面接をすべてぶち壊しにした。それとともに、既定路線だった人生設計も。大学院でリスクフリーの選択肢として私の頭の中に叩き込まれていたのは、終身の地位を得られる大学教員になることだった。やる価値のある選択肢は他にはありえず、一度学問の世界を離れると二度と戻ることはできないはずだった。就職の問題はもちろんだが、大人になってから唯一知っていた世界に別れを告げるのは天文学的に大きな一歩だった。

世の中が好景気にわくなか、挫折して理系大学院を出ることになった私は、ジャーナリズムの世界に入るという一見常識とは異なる決断をした。当時ジャーナリズム業界は低迷していたし、控え目に表現しても、私に書けるのは学術的な文章ぐらいだったのだが。しかし今度は、私には明確な目標があった。数学から遠ざかり、楽しいことをし、そして他の人たちと一緒に過ごすのだ。これらの目標にとってはジャーナリズムがリスクフリーの選択肢だった。多くの出版物がちょうど二〇〇六年にインターネット版の発行に乗り出していたことから、執筆者の選別はそれほど厳しくなかった。エコノミスト誌が無報酬で記事を書くチャンスをくれたので、やってみることにした。その結果どうなるのか、あるいはいつまで無給で働きつづけられるかわからなかった（常に将来の資金繰りを考えている年金専門家としては妙な選択だ）が、いちかばちかやってみて、うまくいくことを願った。

一方、私の友人が、老後資金の複雑な数学問題を扱った私の論文を、ノーベル賞を受賞した金融経済学者であるロバート・C・マートンに紹介してくれた。それから間もなくして、マートンが私に仕事を提供してくれた。私たちは、共同で老後資金作りを目的とした投資に役立つ戦略を開発した。彼は私にとって最高の師となり、私に金融を教えてくれた。彼と一緒に仕事をしたことで、私の経済学に対する考え方や人生における意思決定の方法が大きく変わることになった。私はリスクを計算する際に自分が犯していた過ちを認識できるようになったのだ。

自分が何を求めているのか知らないまま取得が困難で時間もかかる学位を目指す道に飛び込んだことで、明確な目標のないまま私はリスクを取っていた。私にとってのリスクフリーとは何なのか、私はまったく理解していなかった。できるだけ多く教育を受け、それが難しければ難しいほどよいと考えていたが、特に上級の専門的な学位の場合は、それが必ずしも正しいわけではなかった。私が投資したリスクフリーの資産は学術的な仕事だった。

どれだけのリスクを取りたいのか、私は考えていなかった。私は自分の職業人生にもっと多くのことを求めており、そのためにはもっとリスクを取っても構わなかった。リスクフリーの選択肢は私の望むものではなかったのだ。私はバーニーズで面接を受けようとするまではこのことに気づいていなかった。しかし大きな疑問がわき自分の選択に確信を持てなくなったため、前に進むことができなくなった。

私は大学院に行ったことを後悔してはいない。そのおかげで、すばらしい機会をいくつか手にすることができたし、最終的には私の望む仕事を手に入れることもできた。しかし、最初から誤ったリスクフリー目標を追いかけていると知っていれば、自分のリスクにもっと上手に対処し、人とは違う職業に就く可能性についても準備をしていたはずだ。大学院には進学しただろうが、学者以外の道を初めから念頭に置いていただろう。アプローチを変え、政府や大学以外の場所でインターンシップを経験しただろう。自分の安全地帯の外に出てインターンシップの経験を積み、どれくらいのリスクに対処できるか試してみたはずだ。私に明確な考えや確信がなかったため、最初の仕事に就くまで苦労することになった。私が知っていたのは、定められた安全な道をたどるか、暗い未知の場所に足を踏み入れるか、その二つの選択肢があるということだけだった。最初から学者の道は自分に合わないと正直に認めていれば、取るリスクの量を調整して、自分や面接をしてくれた人たちの多大な時間を浪費せずにすんだはずだ。

間違った目標を追いかけてリスクを取るとうまくいかない可能性が高い。人がリスクフリーの選択肢を最も取り違えやすいのは、人生のどのような課題についてだろうか？　それは私の初恋の相手、すなわち老後資金の問題だ。マートンと一緒に仕事をするようになるころには、私はすでに何年ものあいだこのテーマを研究しており、かなりよく理解していると思っていた。しかし彼は、老後におけるリスクフリーとは何を意味するのか、そのことからリスクをどう管理するべきなのか私に詳しく説明し、私が今まで考えたこともないような観点から老後資金問題を再構成してくれた。その結果、私のものの見方は大きく変わった。

リスクフリーの老後資金

ファイナンシャルプランナーのところに行くと、彼女は「あなたのリスク許容度を教えてください」と尋ねる。通常、彼女が聞きたがっているのは、あなたが許容できる損失額のことだ。しかしこれは質問が間違っている。あなたの貯蓄の目標、すなわち「引退生活を送れるようになる」という目標に、この質問では対処できないからだ。あなたの目標をリスクフリーの観点から理解するためには、「引退後の生活には最低でどれくらいの収入が必要ですか、そして、できればどれくらいの収入が欲しいと思いますか」と聞くのが、より良い質問であろう。

金融業界は主として信託基金や多額の寄付基金などの価値を維持し増やすことを目的としてきた。雇用者側が私たちの年金を提供する制度から被雇用者側が自身の老後資金を貯蓄する制度へ切り替わったとき、金融業界は単にこの信託基金の投資戦略を採用し、これをそのまま一般人に提供したが、万人に同じ戦略が提供されたことで、私たちの資産計画は迷走することになった。

思い出してほしい。何がリスクフリーか理解するためには、まず目標から始めなければならない。平均的な人々と信託基金の運用者では目標が違う。信託基金運用者の目的は、何世代も続くような財産を築くことだ。私たちの目標はというと、若いときにお金を貯め、年をとってから使うことだ。この問題には、世代を超えて財産を維持し成長させるのとはまったく異なる解決方法が必要であり、さらに悪いことに、その解決ははるかに難しい。どれくらいの期間お金を保たせる必要があるのかわからないし、お金を使いすぎてしまうと、人生で最も脆弱になるころに貧困に陥る可能性がある。

金融業界における伝統的な常識によれば、できるかぎり多くの富を築き（信託基金戦略）、そして引退後は毎年一定の割合、たとえば四パーセントを使うことになる。しかし年間四パーセントというのは確定した数字ではない。実際に受け取れる金額は株式市場次第なのだ。ここがこの戦略の問題点だ。現役時に得ていた給与のように、予測可能な給与を受け取ることがあなたの退職基金の目標であるべきだ。ほとんどの労働者は株価によって変動する給料など受け取りたくないだろう。それは退職者とて同じだ。

金融業界におけるリスクフリーの定義が間違っているため、あなたが老後に抱えるリスクは自分で考えているよりも大きい。あなたは、リスクフリーの老後とは資金を短期国債や現金で保有することだと考えているかもしれない。なぜならば、第2章で議論した夏休みの資金として普通預金にお金を預ける場合と同様に、これらの投資であれば損をすることはないから。そして、あなたの老後資金の口座は「ターゲット・デート・ファンド」という戦略で運用されている可能性が高い。この戦略では、あなたが歳を取るにつれ、あなたのポートフォリオに含まれている株式を売却し、その資金を短期債券に投資していく。短期債券の価格はかなり安定しており予測可能なため、あなたの投資残高はそれほど変動しない。この戦略では、退職日にどれだけのお金が貯まっているか、ある程度確実にわかる。

しかしこの戦略では、あなたがどれくらい長生きするか、また引退後、貯蓄残高が市場の動きにどう影響されるのか予測ができないため、あなたが毎年実際に使える金額が定かではない。そうした確実性を手に入れるのであれば、保険会社から定額年金または普通年金を購入すればよい。

自分の貯蓄を保険会社に引き渡すかわりに、退職後は自分とパートナーが生きているあいだ、毎年決まった金額を支払ってくれる【1】。退職するまでに貯めたお金を退職日に一時金で受け取り、その後は自分で管理しなければならないのとは違い、これは最もリスクフリーに近い老後資金であり、「生きているあいだは毎年予見可能な収入を受け取る」という目標を達成することができる。

年金の「保有」というリスクフリーの選択肢に関して留意しておくべき重要な点は、年金の「購入」は必ずしもリスクフリーではないということだ。年金価格は長期金利に基づいており、金利が低ければ保険会社から得られる収入が少なくなる。たとえば退職日に銀行口座の残高を一〇〇万ドルにすることだけを唯一の目標として現役時代を過ごしたとしよう。一〇年物の実質金利が四・四パーセントだった二〇〇〇年のころは、一〇〇万ドルで年七万五〇〇〇ドルのインフレ調整型年金を二〇年分購入できただろう。二〇一七年になると一〇年物の実質金利は〇・四三パーセントで、一〇〇万ドルで購入できる年金は年五万二〇〇〇ドルにすぎなかった。年金購入時の実質金利次第で、老後に素敵なレストランでスズキを食べられるか、それともツナ缶で我慢しなければならないか、大きな違いが発生しうるが、いつ年金を購入するのが最適なのか知ることは不可能だ。これに代わる方法としては、リスクフリー資産として長期債に投資する方法がある。将来の収入を確保する目的で低リスク投資をするのであれば、ポートフォリオ戦略を短期債券から長期債券へ変更し、資産の価値が年金の価格と歩調を合わせて変動するようにする必要がある。一般的な常識では、短期債券投資は資産価値の変化を抑えることができるので低リスクということになっているのだが、実は老後の収入確保が目的の場合はリスクがある。年金価格の変化と短期債券の価格の変化は一致しないからだ【2】。

年金の保険料がリスクフリーの老後資金の価格だ。そうすると、決めなければならないことが二つある。リスクフリーの選択肢を望むのか。そして望むとして、それを手に入れる余裕はあるのか。残念ながら私たちのほとんどはリスクフリーの老後資金を手に入れられるほど貯蓄をする余裕はない。年金は高価であり年金価格の変動をヘッジするための債券は利払いが少ない。ほとんどの人はもっとリスクをとり株にも投資をする必要がある。

年金の購入はすべての人には向いていないかもしれないが、年金の価格は非常に貴重なデータを提供してくれる。アメリカでは現在多くの401（k）〔アメリカの確定拠出型個人年金〕の残高報告が年金価格を使用し、収入の観点から年金資産の残高を表示している。これはリスクフリーの老後資金の価格であり、あなたがリスクなしでいくら支出できるかを教えてくれる。たとえば銀行に一〇〇万ドルの預金残高があることよりも、毎年五万二〇〇〇ドルを生活資金として受け取れるとわかっていることの方が意味はある。自分の財産をもとに購入できるリスクフリーの収入額は、年金を購入するかどうかにかかわらず、あらゆる支出計画の基礎となる。たとえば年五万二〇〇〇ドルの年金を購入できる貯蓄しかないが年七万ドルを使いたいというのであれば、望む収入を得るためには、ある程度リスクを取る必要があるとわかる。

年金の価格は、あなたがどれだけのリスクを負うことができるか、またはどれだけのリスクを市場で取る必要があるか判断するときに有用だ。仮にその七万ドルのうち、あなたの見積もりでは車や家などの基礎支出に年五万ドル、旅行や外食のような裁量の余地がより大きい支出に年二万ドルが必要だとした場合、裁量的な支出二万ドルを調達するために老後資金の約三〇パーセントをリスク資産に投資し、残りを長期債や年金などリスクフリー資産に投資するというのは理にかなっているといえよう。そうした戦略によって、市場で何が起ころうと必要な経費については確実に手当てをするとともに、リスクをとれる範囲で相応の見返りを期待することができる。

老後に関してファイナンシャルプランナーと議論すべきなのは、あなたがリスクをどう思っているかではなく、収入のうちどれだけをギャンブルの対象にできるのかということだ。そうした議論は老後の計画を立てる際に役立つだけではなく、あなたの投資のしかたやリスクに対するアプローチを変えてくれるだろう。

【1】インフレに連動させることができる。

【2】年金を購入しないなら、長期債に投資することで年金に近い水準の予測可能性を手に入れることができる。

第4章

リスクの計測
――ハリウッドの終わりのない確実性探求の旅

RISK MEASUREMENT: Hollywood's Never-Ending Quest for Certainty

すべてが不確実かどうか確実なことはわからない。――ブレーズ・パスカル『パンセ』

リスクフリーとは、予見可能な単一の結果である。リスクはその反対で、起こりうるあらゆることと、それらのことが起こる確率を意味する。完璧な世界においては、起こりうるすべての事象とそれらが発生する正確な確率を網羅したリスクの見積もりが可能だろう。しかし世界は不確実性に満ちており、私たちにはうまくいく（あるいはうまく行かない）可能性のあることすべてをあらかじめ想定できるほどの想像力はない。私たちにできるのは将来を当てにいくことだけであり、多くの場合その最も科学的なやり方はリスクの推定をすることだ。すなわち過去のデータを分析し、将来起こりうるさまざまなことがらと、その発生確率を生成するのである。

正確な見積もりが簡単にできる場合もあるし、リスクの計測がほとんど不可能な場合もある。リスク計測の難しさという点でいえば、映画業界以上の適例は思いつかない。何世代ものあいだリスクモデルの専門家の手に負えなかった最も難しいリスク計測問題のひとつが、映画がヒットする可能性を数字で表すことだ。

壊れたリスクモデルの国

ハリウッドはしばしば「壊れた夢の国」と呼ばれる。これほど大きな失敗がこれほど頻繁に発生する場所というのは、私たちリスクを探求する者にとっては肥沃な大地である。若く希望に燃え、才能あふれる人々が、成功を夢見て毎日ハリウッドにやって来る。しかしほとんどの者は夢を実現できず、苦い思いと後悔を胸に去っていく。ハリウッドはまた、「壊れたリスクモデルの国」と呼ぶこともできる。銀行や、ヘッジファンド、保険会社など、科学やデータの力で市場を手なずけられると信じてやってきた投資家の多くが涙や訴訟で終わった長い歴史がハリウッドにはある。ハリウッドの金融界には、「大金を稼ぐ秘訣は、その三倍の金を持ってくること」という格言がある。

最近の犠牲者は、エクセルの複雑なスプレッドシート上に構築されたモンテカルロシミュレーションでハリウッドを魅了し、不可能な予測を可能にすると約束したロサンゼルス出身のライアン・カバノーだ。彼は、自分のモデルを使えば、どの映画が成功しどの映画が失敗するか予測できると主張した【1】。それは魅惑的な口説き文句だった。

ハリウッドというところは、先を読むのがあまりにも困難なため、予見可能性の話は魅力的なのだ。過去の実績で将来成功するかどうかを判断するのであれば、投資家はハリウッドには近寄らないはずなのだが、ハリウッドにいる人たちは海のように広がる偶然のなかから次のヒット作を見つけ出そうとしている。カバノーのモデルも、結局は過去の例と同じように失敗したのだが、それは大勢の投資家が彼の話に乗ってしまった後のことだった。

映画業界の人間は、大ヒット作や失敗作を予想するのは不可能だと語る。個々の映画は何百もの不確定要素を抱えた中小企業のようなもので、このリスクに対処する唯一の方法はたくさんの映画を作ることだ、大半は金にならないが、いくつかが大当たりし失敗作の埋め合わせをするのだと。これはビジネスの運営のしかたとしてはリスクの高いやり方であり、似かよったひどい内容のストーリーで、出来も興行成績も悪い映画がなぜ多く制作されるのか、その理由もわかる。毎年、数億ドルの制作費をかけた悪名高いポンコツ映画が世に出るとともに、優れた脚本の映画がたった一〇〇〇万ドルで自主制作され、三億ドルの興行収入をあげている

この「すべてに賭金を置く」戦略は資金と才能の巨大な浪費だ。劇場を出た途端忘れ去られるような失敗作に数十億ドルが浪費される一方で、多くのすばらしい映画が制作されずに終わる。

勝者を予測するのはリスク問題のなかでもとりわけ難しいものだ。ほとんどの業界では意思決定をする者は、将来利益を生む、より価値のある投資を選別するため、過去のデータを活用することができる。リスクの推定を適切に行うには、以下二つの要件を満たすデータが必要となる。

一　将来においても有効な、過去の教訓を明らかにすること
二　過去に起きたある種の結果が他の結果よりも起こりやすいと予測すること

映画制作のビジネスデータには、この両方の性質が本質的に欠けている。

さらに悪いことに、映画制作はとりわけリスクの高い事業であり、巨額の先行投資を必要とし、仮に成功する場合であっても利益が上がるまでに何年もかかる。映画会社はリスクを分担させるため外部からの資金集めに奔走し、財務リスクを引き下げようとする。投資家を惹きつけるため、最近の流行に便乗し、大スターを起用し、あるいは関連商品販売の道を探る。こうした戦略は利益が上がる確率を引き上げることが狙いなのだが、必ずしもそれでその映画が良くなる、あるいは、その映画で儲かる確率が高くなるわけではない【2】。

映画に資金を供給する投資家は、通常はその出資者となる。つまり作家、俳優、監督、制作クルー、編集者に報酬を支払った後で、残った利益の分け前にあずかるのだ【3】。大半の映画は利益の期待値がマイナスであることから、投資家はほぼ何の見返りも期待できないまま大半の財務

リスクを負担することになる。このリスクを相殺するため、一度に十数本の映画をひとまとめにした「投資リスト」単位で取引をすることが多いのだが、リストに含まれる映画を投資家が選択することはできない場合が多い。

そのような条件を受け入れる人たちがいるというのは不可解な気もするが、映画制作に投資するのは刺激的で格好良いことだ。映画スターと交流し、映画のプレミア試写会へ行くこともできる。〈プライスウォーターハウスクーパース〉の幹部であるマシュー・リーバーマンは、映画に関わりたがっている顧客には洗練された投資家も多く、映画賞の表彰式出席や有名人との交友といったハリウッドの華やかさに目が眩み、他の市場では考えられないような投資をすると語る。

誰か科学的に勝者を選別する方法を思いつくことができれば、映画制作市場が有効に機能するようになる。そこでライアン・カバノーの登場となる。

彼はロサンゼルスの恵まれた家庭で育った。大学卒業後、父親と一緒にベンチャーキャピタルのファンドを立ち上げ、一九九〇年代にはハリウッドで最大の投資家たちから資金を調達し、スタートアップ企業に投資した。その会社は二〇〇〇年のＩＴバブル崩壊後に破綻し、カバノーは他の投資家から訴訟を起こされた。

彼はほんの数年で再起し、二〇〇四年、三〇歳になる前に〈レラティビティ・メディア〉を共同で設立した。数理分析のチームで周囲を固め、ハリウッドと彼の投資家たちが渇望していた予測可能性を提供できるジーンズ姿の数学の天才として自分を売り込んだ。二〇〇〇年代の半ばは映画会社が新たな資金源を必要としていたところで、タイミングとしては最高だった。映画会社は、投資家を惹きつけ映画制作にともなう多額の財務リスクの一部を彼らに負担させるべく、何年にもわたってドイツの税制を利用した租税回避スキームを活用していた。しかし、二〇〇五年にアンジェラ・メルケルが政権に就くと、その連立政権がこのスキームを使えなくしたのだ。

投資家と映画会社は、ドイツの租税回避スキームを活用することで映画に投資する金融上のインセンティブを得ていたのだが、これを失ったことで映画会社は資金調達手段に窮することとなった。一方、ヘッジファンドは高い投資利回りが期待できるリスク資産を探していた。この二つは完璧な組み合わせだった。とりわけ、金融業者であるヘッジファンドはリスクを取るためにはそのリスクを数値化する必要があったことから、カバノーはこのチャンスに飛びついた。彼は投資家が望む二つのものを提供した。まず、彼らが渇望する華やかさだ。カバノーと働いたことがあるエンターテインメント業界専門の弁護士は、二〇一二年にニューヨーカー誌にこう語った。

「ライアンは人々をハリウッドの魅力に引き込む術を知っている。あなたが銀行家で、退屈な人生を送っていたとしよう。ところが、突然映画スターとの付き合いが始まるんだ。そして思うのさ。俺は今、ジェラルド・バトラー〔スコットランド出身。映画「オペラ座の怪人」の主演俳優〕と一緒にビーチを散歩しているんだぞって。そして自分でも気づかないうちに、その投資をする理由を探しはじめているんだ」

そして最も重要なことは、カバノーがリスクを信頼できる数値で表すことができると主張したことだ。機関投資家が顧客の資金を映画制作につぎ込む前に知りたがるのはまさにこの点だった。カバノーはニューヨークへ行き銀行やヘッジファンドを訪問して金融の話をし、そしてホワイトボードに方程式を書きながら、ある映画が儲かるかどうかを明確な確率で示すのだった。

これはヘッジファンドのマネジャーにとって必要なことだった。なぜなら、金融ではリスクを計測することになっているからだ。彼らは成功確率を数値化することで安心するのだ。私たちも皆そうだ。

データをリスクに翻訳する――「通常起こりうること」とは

決定しなければならないことが重要なものであれ、あるいは日常的なものであれ、どのような種類のものであっても、リスクを計測する最も簡単な方法は、過去に起こったことを検討し、似たようなことが将来起きると仮定することだ。そうすることで、起こりうる出来事の範囲を、信頼性をもって推定することができる。

月に一度同じ空港に車で行くのであれば、毎回正確に三三分で到着する確率は低い。交通量や天候にもよるが、おそらく通常は二〇分から四〇分かかるだろう。この時間の幅には、ひどい事故で一時間の遅れが発生するような異常な事態は含まれていない。一般的に、私たちは通常起こりうる範囲の出来事に基づいて判断を下す。慎重であれば空港まで四〇分かかると想定するだろう。少しのリスクは許容できるというのであれば、三〇分しか所要時間を想定しないかもしれない。

リスクとは、将来がどうなるかについての私たちの推測だ。より正確には、起こりうることがらの範囲とそれぞれのことがらが発生する確率のことだ。たとえば、映画が二億ドルを稼ぐといった単一の結果を正確に推測するのは、ほぼ不可能だ（カバノーですら、そのような約束はしなかった）が、どのような範囲のことがらが起こりうるか推測することは可能だ。夏の大ヒット作のアメリカにおける興行収入は一〇〇万ドルから四〇億ドルのあいだになる可能性が非常に高い。四〇億ドルはありうるものの可能性としては低く、夏にリリースされる作品はほぼ確実に一〇〇万ドル以上を稼ぐため、良いリスク評価を行うためには可能性の幅を狭める必要がある。

リスクをともなう決定がどのようなものであれ、現実的な範囲を想定する必要がある。空港へ向かうときに、いつも三〇〇台の玉突き事故を想定するとなると、必ず三時間前に出発し、ほぼ毎回、他に誰もいないターミナルの周辺で貴重な時間を浪費することになる。

難しいのは、何が妥当な範囲なのか知ることだ。二〇～四〇分で十分なのか、それとも交通量があまりに予測困難なことから五〇分、あるいは三時間必要なのか。

金融経済学では、理想的な範囲の決定はもう少し体系的に行われる。データを使用して発生する可能性がある範囲を見積もることを「リスクの計測」と呼ぶ。私たちが知っているようなリスクの計測は最近発明されたものだ。ルネサンス期が終わるころ、啓蒙時代が始まるころまで、ほとんどの人は不確実なことは神の力で決定され、計測することはできないと考えていた。しかし一七世紀に数学者ブレーズ・パスカルとピエール・ド・フェルマーがサイコロを使ったゲームの確率を計測しはじめた。彼らの洞察は学者たちのリスクの見方を変えた。学者たちはリスクを、計測し制御することが可能なものとして捉えはじめたのだ。

約六年後、数学者のヤコブ・ベルヌーイは彼らの貢献をさらに推し進め、それまでの研究が対象としていた確率を正確に定量化できる「制約された状況」から離れ、新しく生まれつつあった知見を「現実の世界」に適用した。彼は過去に起こったことがらのその範囲が、将来起こりうることがらの確率の予測に利用できると仮定した。彼の大きな貢献のひとつが「大数の法則」で、実験を十分大きな回数繰り返すことで、将来起こりうることがらの確率を正確に推定することができるというものだ。

これら先駆的な統計学者たちが、過去の出来事に基づいたリスク計測の方法を研究する現代統計学の基盤を作った。たとえば、株価がある月から翌月にかけていくら上下したかを考えてみよう。図4-1は、一九五〇年から二〇一八年のあいだに株価、すなわちS&P500指数が毎月いくら上下したかを示したものだ。八二四回空港に行ったと考えてもらえばよい。違いはこのグラフが毎月のストック・リターン（株式収益率）〔当月の株価と前月の株価の差を前月の株価で割ったもの〕を表しているという点だけだ。未来が過去のようになると仮定すると、このグラフは、今後六九年間に株式市場に起こりうるすべてのことと、それが起こる確率を表している。

図 4-1　株式収益率の分布

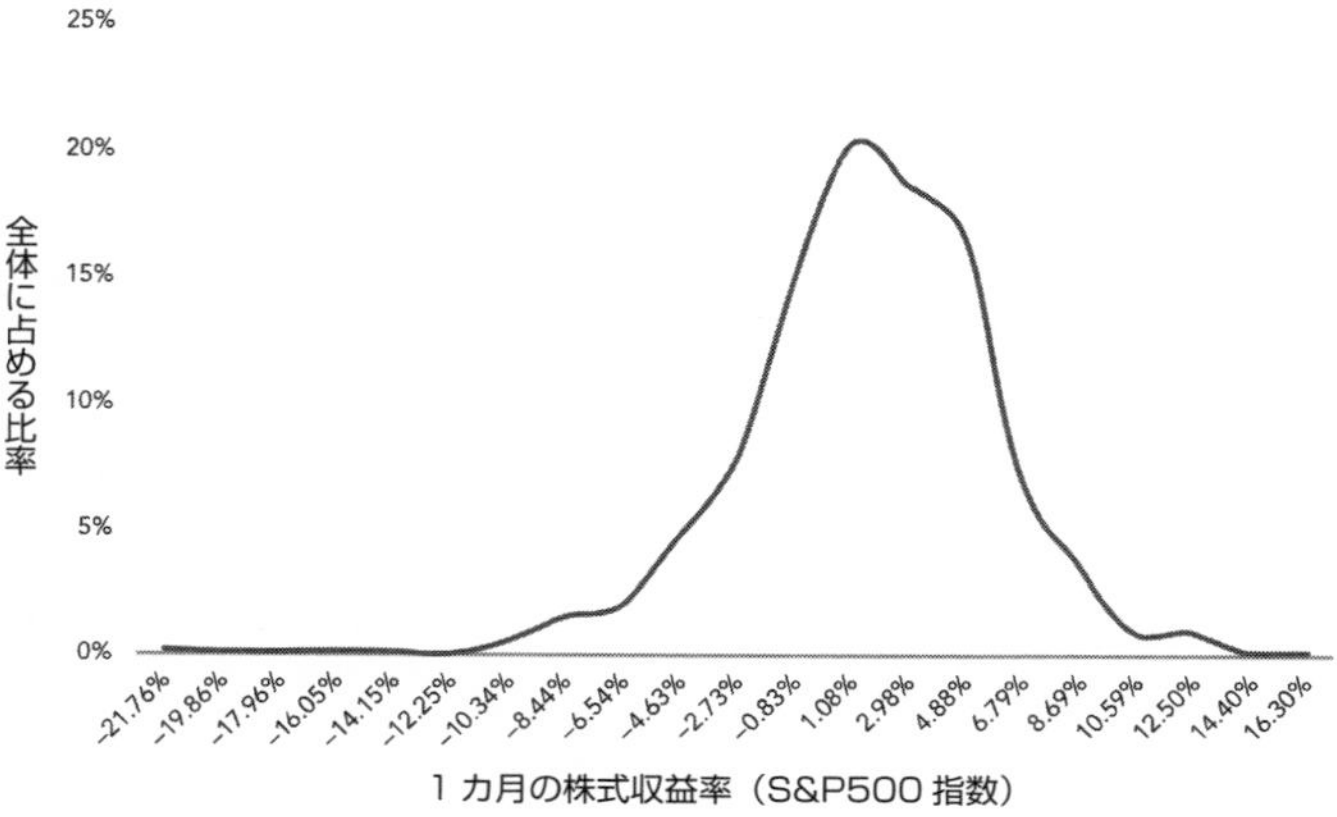

このグラフの形と株式収益率のほとんどが中央に向かって固まって分布している点に注目してほしい。ほとんどの月において、市場の株式収益率はマイナス一一パーセントからプラス一三パーセントのあいだで推移する。株式収益率がプラス一六パーセントになるのは非常にまれなことだ。

金融経済学では、株式収益率の過去の実績は「正規分布」または「ベル曲線」と呼ばれる特定の形状に従うと仮定することが多い。それは滑らかな左右対称の形をしており、そしてデータの大部分は中央に集まっている。図４-２のような形状だ。

発生する可能性があることがらの分布が正規分布をしていると信じるなら、すぐにリスクの大きさを計測することができる。これは「標準偏差」または「ボラティリティ」と呼ばれる。ボラティリティは、株式収益率がおおよその範囲に収ま

図4-2　正規分布

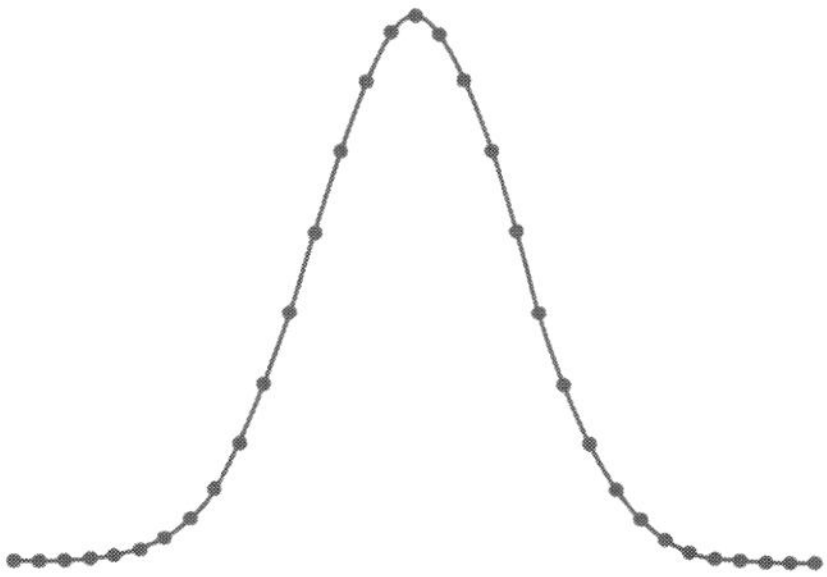

るかを示してくれる。正確にいえば、アメリカの株式市場の一カ月間の株式収益率は、六八パーセントの確率で、三パーセントの下落から五パーセントの上昇のあいだのいずれかの値をとる。この範囲が大きければ大きいほど株式ポートフォリオ（またはあらゆる種類のリスク）のリスクは高くなる。よりさまざまなことがらが通常の範囲で起こりうると予想できるからだ。新興市場の株に投資するのは、アメリカの株に投資するよりもリスクが高い。価格の変動幅は、おそらく下は八パーセントの下落、上は九パーセントの上昇となるだろう。

もし、あなたが空港に着くことについて超がつくほど神経質なら、同じ手法を使うことができる。たとえば、車で空港に九〇〇回行き、空港移動のボラティリティを推定したとする。この移動に要する時間の幅は、通常は二〇分から四〇分のあいだだ。また、大規模な交通事故で空港行きに三時間かかるのはかなり稀なことだとわかる。全体の一～二パーセント程度しか発生しない。三時間を要するような移動は非常に稀で正規分布の尻尾（テール）の部分に位置することから、交通事故は「テールリスク」と呼ばれる。

これらの計測のしかたが、金融の世界でリスクを定義する方法だ。そこではしばしば正規分布を仮定し、リスクの標準的な計測値としてボラティリティを使用する。ミューチュアルファンドの報告書を見れば、多分ボラティリティの推定値が載っているに違いない。その数値が示しているのは、ミューチュアルファンドの価格が、おおまかに言ってどれくらい上下する可能性があるかということだ。そこで想定されているのは、ほぼ正規分布に近い分布だ。しかしこの想定ではテールリスクのことがよくわからない。テールリスクは発生する可能性は低いが、もし発生すれば、株式市場が四〇パーセント下落するといった壊滅的な事態になりかねない。

正規性の仮定には議論があり、株式収益率が正規分布に従わないことを示唆する証拠が多く存在する。株式収益率が正規分布しないのであれば、ボラティリティに基づいて変動の範囲を推定するとリスクを過小評価することになる。私たちの空港への移動の例では、所要時間二〇〜四〇分で到着できるのは全体の五〇パーセントにすぎないのかもしれない。テールリスクについていえば、車両三〇〇台の玉突き事故が発生する確率が全体の五パーセントに達し、悪夢の三時間移動を経験する確率は思ったより高いのかもしれない。

ハリウッドの映画制作は交通渋滞のようなものだ。そこに正規性など存在しない。

図 4-3　映画の収益性の分布

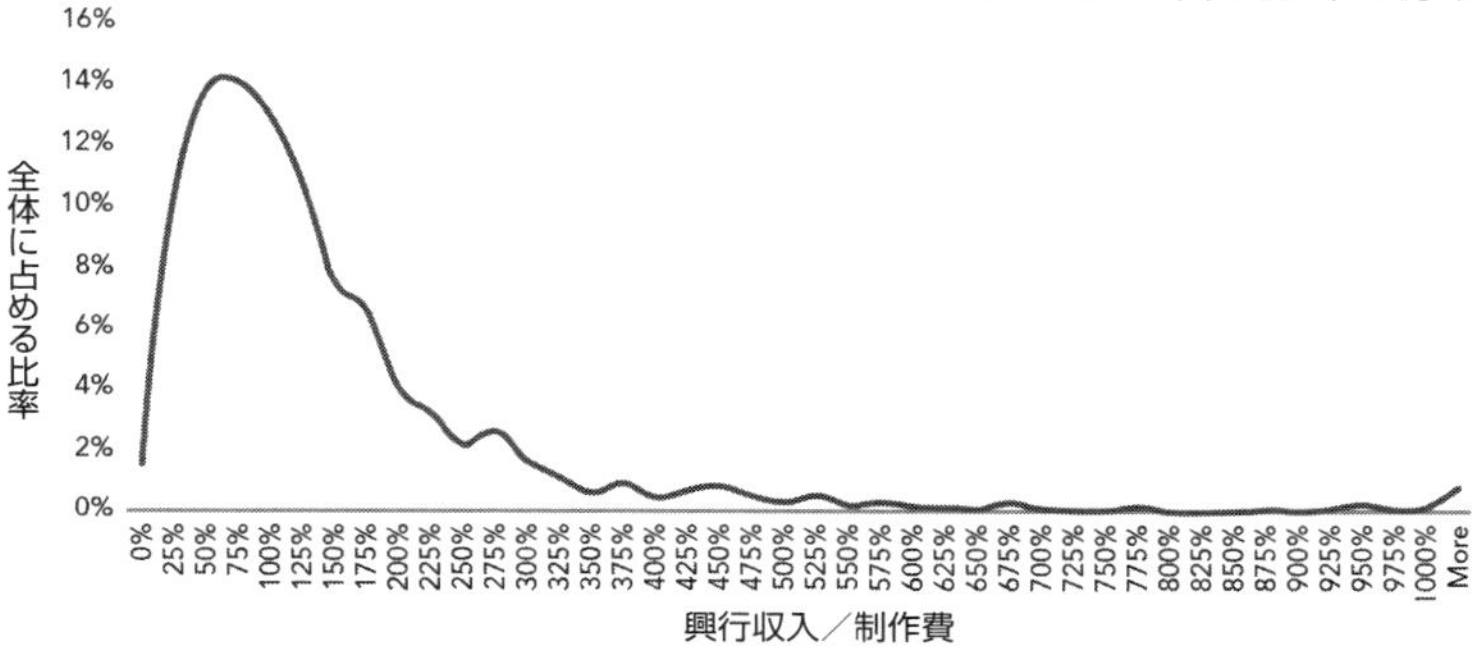

映画産業の歪んだ世界

通常、映画業界のリスクを計測するのは、合理的な損益率の範囲を確定することがほぼ不可能なため困難である。映画は、一〇分かかるのかそれとも二時間かかるのか、所要時間がまったくわからない空港への移動のようなものだ。過去の映画があげた利益をグラフ化すると、金融で想定されている正規分布とはまったく異なったものに見える。

図４‐３のグラフは、二〇〇八年から二〇一七年までのあいだにアメリカの一〇〇以上の映画館で上映されたすべての映画の、興行収入（アメリカ内外とも）と制作費の比率を表している。一〇〇パーセント未満の数値は、チケット収入で制作費をまかなえなかったことを意味する。マーケティング費や制作に直接関係しない他の費用もまかない、映画が利益をあげるためには、経験則上、制作費の二倍の売り上げが必要だ【4】。

IMAX〔カナダ〈IMAX〉社が開発した動画フィルムの規格とその映写システム。通常の映画フィルムよりも大きなサイズの映像を記録・上映できる〕のような革新技術の導入や、ストリーミングテレビや品質が向上したテレビとの競争があったにもかかわらず、興行収入のリスク特性は何十年ものあいだ変わらなかった。経済学者アーサー・デ・バニーとW・デビッド・ウォールズが一九八五年から一九九六年のあいだの、二〇一五本の映画の興行収入を検証したところ、ほぼ同じ形状を描いた。

この形状は、「歪曲分布」として知られるものだ。この歪みが映画業界を映画業界たらしめているものだ。また、私たちが日々直面する意思決定の多くも同様の性質を持っている。

この左右非対称な形が、映画業界がどれほど高リスクで予測が困難であるかを示している。これが正規分布で中心が損益ゼロであれば、利益を生む映画と損失を出す映画が同数ずつ存在し、ほとんどの映画は損益ゼロ周辺に集まる。上記の映画業界を表した図のように正の歪度をもった分布では、発生する可能性のあることがらはその範囲が広い。損失が出る映画の損失水準の幅より、利益を出す映画の利益水準の幅の方がはるかに広い。右側の長い尻尾（ロングテール）に注目してほしい。これは潜在的に発生する可能性がある利益の幅を表している。利益を出す映画には、ほとんど利益ゼロのものから一〇〇〇パーセント以上の利益を出すものまである。それぞれの利益水準に対応する確率はみな低い。分布が、左側にある幅の狭い、損失が出る部分に集中していることから、ほとんどの映画は損失に終わる可能性が高い。上映された映画の五三パーセントは興行収入が制作費を下回っている。それは多くの映画館で上映されたと仮定してだ（ほとんどの映画はそうではない）。そして、たとえ興行収入が制作費を上回ったとしても、最終的に利益が出る確率は、極めて少数の者だけが大儲けできるギャンブルのようなものだ。

「歪度」はリスクを計測する上で問題となる。「通常の場合」に何が起こるかをボラティリティで判断するためには、左右対称の正規分布が前提となる。もし分布が偏っているとボラティリティではリスクが過小評価されることから、三〇～四〇パーセントの場合しかカバーされないかもしれない。「ロングテール」にはさまざまな可能性が含まれている。すべての出来事がほぼ似たような確率で、かつ発生する可能性は低い。映画会社は、ほとんどの映画が赤字となり、いくつかロングテールの右端に来る作品が失敗作の損失を穴埋めすることは知っているが、どの映画がヒットするか、それがほどほどのヒットなのか、それとも大ヒットとなるのかとなると彼らにもまったくわからない。

リスクが偏って分布するのはよくあることだ。左右対称の分布は正規分布と呼ばれるが、必ずしも一般的な分布ではない（正規分布を、英語では「ノーマル」ディストリビューションと呼ぶことから、「正常」「普通」のイメージを伴う）。映画スターを目指してハリウッドにやってくる人々を待ち受ける未来は偏った分布をしている。成功しないまま終わる可能性の方が高いが、端役で映画によく出演する俳優から大スターまでレベルはさまざまだが、俳優としてやっていけるようになる可能性も、少ないながら存在する。

たとえばあなたが、安定した給料の良い今の仕事を辞め、新しいテクノロジー系のスタートアップ企業に移ることを検討しているとしよう。現在の仕事より給料は減るが、貴重なストックオプションが手に入る。起こりうるさまざまな悪いことを考えてみてほしい。そのスタートアップ企業は破綻するかもしれないし、少ない給料で数年間働いた後、結局辞めることになるかもしれない。反対に、色々と良いことも起こりうる。スタートアップ企業が次の〈グーグル〉に成長し、あなたもお金持ちになれるかもしれない。あるいは会社が買収され、思いがけず大金を手にするが、他の仕事を探すことになるかもしれない。あるいは、スタートアップ企業が大きな会社に成長し、今と同じような収入を得るようになるが、責任が重くなっているかもしれない。良い結果の方が悪い結果より多いように見えるかもしれないが、ほとんどのスタートアップ企業は失敗することから、悪い結果となる可能性が高い。起こりうることの範囲をグラフ化すると、正規分布ではなく偏った分布になるだろう。分布の大部分は損失側にあるが、起こりそうにないが極めて大きな成功へ向かって伸びるロングテールがある。

実際、スタートアップ企業に投資するベンチャーキャピタル会社の投資戦略は、映画会社の投資戦略と似ている。投資の多くは損失に終わるが、数少ないユニコーン〔大企業に成長したスタートアップ企業のこと。幻獣ユニコーンのように希少な存在であることから〕が失敗企業の損失を穴埋めしてくれる。ベンチャーキャピタル業界の経験があったことは、後にカバノーが人々に大博打を勧める際に役立った。この業界で、明らかに出来の悪い紛い物のテクノロジー企業に何百万ドルもの資金が注ぎ込まれる背景には、損益分布の歪みがある。

カバノーは、彼のモデルは信頼できるリスク値を計測することが可能で、歪曲分布の呪いを克服できると主張した。

その方法とは？　彼は映画の属性（俳優、監督、ジャンル、予算、封切り日、年齢指定区分など）をいくつか選択し、過去の映画の同じ属性のデータを分析することで、将来どのような属性の組み合わせがヒット作を生み出すか推定したのだ。このモデルは、これらの属性が過去にどのような結果を生んだかに基づいて、潜在的な利益の幅を計算した。このような戦略に基づきリスクを算定することで、より信頼できる分布を得ることができるため、一定の属性に基づいて投資する映画を選択すれば、リスクを減らすことができる。

たとえば、アクション映画は制作費が高いため投資対象としてはリスクが高い。二〇〇八年から二〇一六年までの期間のアクション映画の平均制作費はおよそ一億四〇〇万ドルで、これに対しホラー映画の制作費は一九〇〇万ドルとより控え目だった。興行収入が制作費を上回った映画の割合は、ホラー映画が六七パーセントであったのに対し、アクション映画は約三五パーセントにすぎなかった。それならハリウッドはホラー映画の方をたくさん制作するはずだが、実際は違う。二〇〇七年から二〇一六年までのあいだに、ホラー映画の二倍以上のアクション映画が制作されている（二一六対一〇三）。

図４‐４は、アクション映画とホラー映画の両方の損益分布を表している。多くの理由で、ア

図 4-4　映画の収益性の分布（アクション／ホラー）

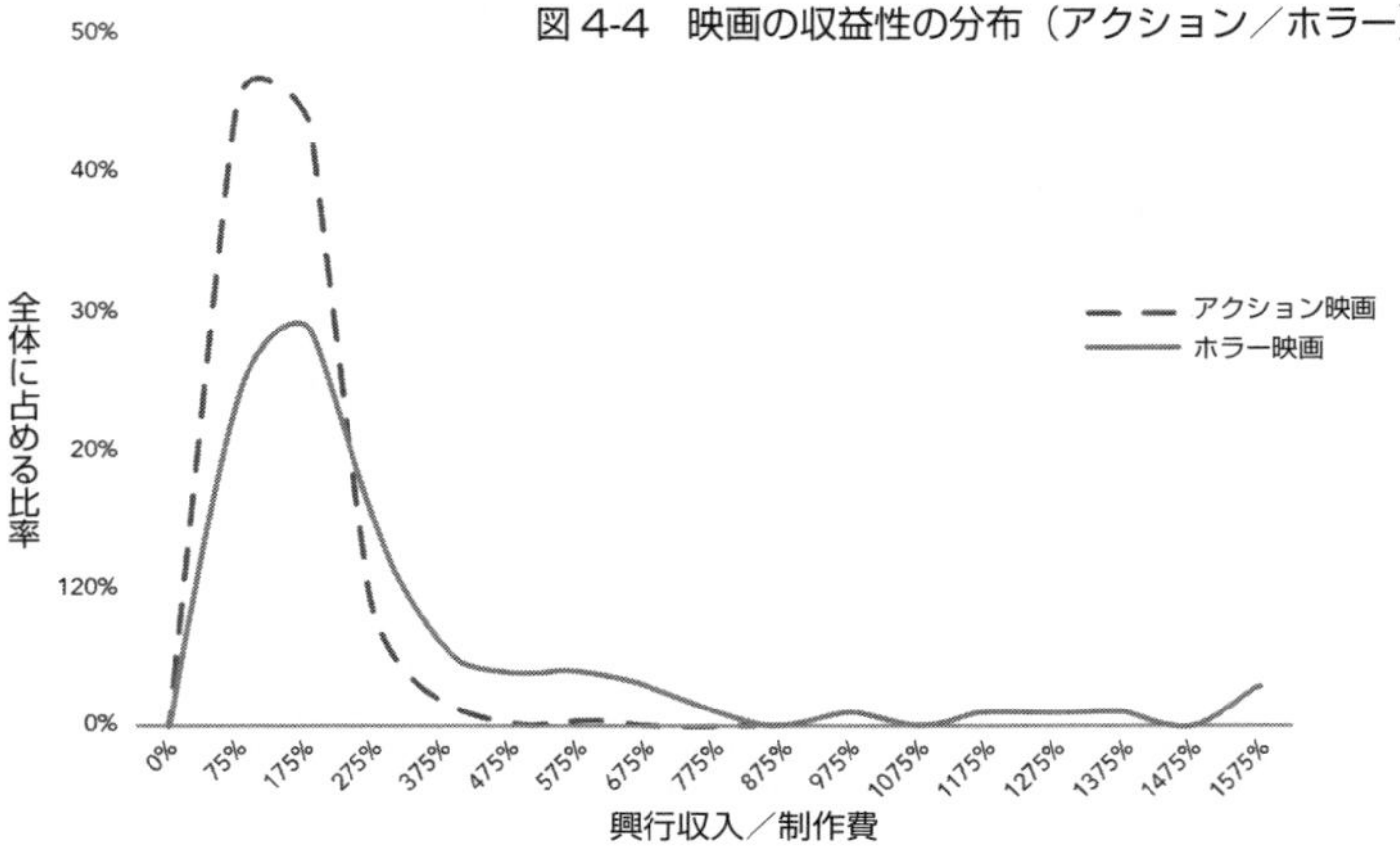

クション映画の方が多く制作されている。アクション映画の方が海外での売り上げが良い傾向にある。続編のシリーズ化や関連商品販売の可能性があり、また収益性の分布に歪みが少ないことから結果が予測しやすくなり、投資対象としてのリスクが低くなる。一方ホラー映画の収益性の分布には非常に長い尻尾がある。多くの作品で損失が発生する一方で、ヒット作のもたらす利益水準には大きな幅がある。たとえアクション映画よりも利益を上げることが多いとしても、予測が困難なため、ある意味でリスクが高いのだ。

　カバノーは、特定の属性を選択することで予測力が高くなり、信頼できる潜在的な損益のシナリオを生成できるため、自分のモデルを使用することで利益をあげられる確率が向上すると主張した〔モンテカルロシミュレーションでは起こりうる状態（シナリオ）を乱数を使い多数生成し、その結果を分析する〕

【5】。そして、これら損益シナリオのうち七〇パーセント以上で十分な利益を期待できる場合、カバノーはその映画を自身が選ぶ投資リストに加え投資家に投資を勧めた。映画会社はカバノーのアプローチで新たな資金調達の道が開ける可能性に夢中となり、事業収支に関連する詳細なデータをカバノーに提供した。カバノーはこのデータをハリウッドの「聖杯」と呼んだ。

聖杯のデータはカバノーのエクセルのスプレッドシートに入力され、誰もが探し求め、しかし手にすることは叶わなかった、さらにすばらしいものへと変換された。それはヘッジファンドや銀行が投資にゴーサインを出す際に必要となる、信頼のできるリスクの推定値だ。彼らはカバノーが選んだ映画に何億ドルものお金をつぎ込んだ。二〇〇五年と二〇〇六年に、カバノーは〈ユニバーサル〉および〈ソニー〉の映画三六本に資金を提供し、投資家に儲けさせた。カバノーの最初のころの投資リストに投資することで、ヘッジファンドの投資家は一億五〇〇〇万ドル、収益率にして一三パーセントないし一八パーセントの儲けを出した。カバノーは映画一件に対し数百万ドルを手にし、制作に関与していないにもかかわらず、映画のエンドロールにプロデューサーとして名を連ねた。

しかし、カバノーはその後強欲になった。運用資産二一〇億ドルのヘッジファンドである〈エリオット・マネジメント〉が、二〇〇八年に六七〇〇万ドルでレラティビティの株の四九・五パーセントを取得した。カバノーは金遣いをコントロールできなくなった。専用トイレのトイレットペーパーにはオバマ大統領の姿が描かれていた。希少動物を連れて出社し、そして贅沢な内装を施した空港の格納庫で仕事をするようになった。さらに悪いことに、彼の魔法のモデルが機能しなくなり、「決闘の大地で」（制作費四二〇〇万ドル、アメリカ国内の興行収入五七〇万ドル）のような失敗作を選んだ。「マシンガン・プリーチャー」のアメリカ国内の興行収入はわずか五三万九〇〇〇ドルだった。エリオット・マネジメントは二〇一〇年に手を引いた。カヴァノーは他の資金提供者を見つけることはできたものの、彼の金遣いは悪化し、さらに多くの駄作を選んだ。レラティビティは二〇一六年までに経営破綻した。

またしても、リスクモデルはハリウッドに敗れたのだ。

過去で未来を予測するのはお粗末なやり方

ハリウッドでリスクを計測するのが危険なもうひとつの理由は、データが陳腐化する速度が速いことだ。カバノーの悪名高いモンテカルロシミュレーションは未来を予測したのだが、入力情報は過去のデータに依存していた。

そして、しばらくのあいだはそれで機能した。投資家は必要な数字を手に入れて安心し、投資も順調だった。カバノーのシミュレーションモデルは他のモデルでは不可能なことができると思われた。しかし、そこに過去に基づいて未来を予測することの問題点が潜んでいる。初めのうちは機能するかもしれないが、市場（特に映画市場）は変化を続け、古いデータに基づいた予測では何もわからなくなっていく。難しいのは、データの更新が必要な時期を知ることだ。世界が変わってしまったのに、長いあいだ気づかないのはよくあることだ。

この一〇年だけをとってみても、DVDは売れなくなり、中国市場の規模が拡大し、漫画のキャラクターに基づいた連作映画の収益性が高くなっている。ストリーミング配信とより高性能なテレビが普及したことで人々は以前ほど映画館に行きたがらなくなった。高度に練られたマーケティング計画も〈ロッテン・トマト〉のようなインターネットの映画評論サイトに台無しにされかねない。こうした変化を踏まえ、ウォール・ストリート・ジャーナルの記者ベン・フリッツなど映画業界の専門家は、「映画市場が根本的、不可逆的に変わった」と主張するようになった。これは、もはや一五年前のデータでは今日の映画市場について語れなくなったということだろう。映画会社は今後、映画の制作本数を減らし、漫画のキャラクターの映画化に注力することになるだろうとフリッツは主張する。

陳腐化したデータは、興行記録を更新する映画を予測するにはむしろ有害である。オバマとロムニーが戦った大統領選における投票パターンはトランプ対クリントンの大統領選とは関連性が低く、選挙予想を誤る結果となった。テクノロジーの進化と取引のグローバル化がこれまでの経済構造に変化をもたらし、過去のデータの有効性は減少する。

JPモルガンのメディア担当役員デビッド・シャヒーンは、カバノーのモデルを「ゴミを入れて、ゴミが出てくる」（入力するデータの信頼性を顧みずコンピュータの算出結果を盲信することに対する古くからの警句・批判」と表現した。彼は、レラティビティ・メディアは不適切なデータ、不適切な方法を使用したと主張する。データがこれほど急速に変化するようになると、正確で、どの映画が勝者となるか判断が可能となるようなデータ群を維持するのは不可能ではないとしても困難である。シャヒーンと彼の同僚は、現在は漫画を原作とした映画が大本命のようだが、市場はいずれ飽和状態となり、他の流行がやってくると推測する。ハリウッドが予測不可能なのは、ある日急に流行が始まり、次の日には完全に捨て去られてしまうところにある。

データ分析はひどい方法だが最善の選択肢であり、もっと身近になっていく

完璧なリスクの推定値など存在しえないため、カバノーは出来ない約束をしていた。リスクは不確実性の尺度であり、不可知である未来を秩序立てて理解するために人間が作った概念だ。リスクとは自分がどのようなことに直面しているのかを理解し、良いことであれ悪いことであれ、今後起こりうることに対し予め対応を検討する際にその手助けとなるものだ。また、さまざまな選択肢を比較検討し、どの選択肢であれば目標に近づけるか判断するのにも役立つ。私たちは日々の判断に際してデータを使用している。たとえば、あるシェフの料理が良かったので同じシェフの新しいレストランを試してみるとか、去年休暇を過ごして気に入ったのでまた同じリゾートへ行くなどだ。リゾートの経営陣が変わるとか、シェフの新しいレストランがそれほど良くないな

ど、これらの予測が期待外れとなることもある。

データを使用して未来を予測するのはひどい方法かもしれないが、他に選択肢はないため、私たちにとってはそれが最善の方法である。急速に変化し、過去のデータが瞬時に役に立たなくなる時代においては、データに限界があるのは、ある意味で自明になりつつある。同時に、データはリスクを計測するための、より強力なツールになりつつある。現代は、より豊富でより優れたデータとより大きな計算力を手に入れ、かつてないリスク計算が可能となっており、パスカルや、フェルマー、ベルヌーイのアイデアをさらに推し進めている。私たちが何を買い、何を見て、何を知っているか、そのデータは限りなく存在する。私たちはそうしたデータに基づいて、携帯電話のアプリでフライトの遅延や、紹介されて初めて会う異性との相性、株式市場の方向性などを予測することができる。

より大量のデータと機械学習のような推定技術の進歩によって、より確度の高いリスク予測が可能となる。映画の成功確率のようなかつては計測不能だったことがもうすぐ可能となるかもしれない。

ネットフリックスは、あなたと同じ人口統計学的な属性を持つ他の人たちがどのような映画を視聴し終わったかというデータに基づいて、見るべき映画を推薦してくれる。過去に自分が見に行った経験に基づいて大まかな予想をし、リスクの高い選択をするかわりに、他の何百万もの人が経験した結果に基づいて判断することができる。ベルヌーイが示したように、データが多ければば多いほどより正確になる。データにも限界があることは認識しておく必要があるが、より詳細な情報に基づいた判断が可能になる。

データで答えを出せない疑問がまだ残っている。それは、ハリウッドから多くの駄作が生まれるのは、急速に変化するデータと歪んだ損益分布が原因でリスクを計測することが困難だからなのか、それとも最大のリスク負担者である映画制作に資金を提供する人々が、投資収益を追求するのではなくハリウッドの華やかさが目当てで単に資金をバラまいているため市場が機能せず、市場規律を欠いていることが原因で分布の歪みを生んでしまっているのか、という疑問だ。

その答えはすぐにわかるだろう。

家庭で映像コンテンツをストリーミング再生する人たちが増えていることから、テクノロジーが映画市場を再び変えつつある。アマゾンとネットフリックスはいまや映画制作事業にも携わっていて、誰が何を見ているか、そして最後まで見終えるかどうか、正確なデータを保有している。これまで映画予算のほぼ半分はマーケティング費だった。誰かにアピールできるだろうという漠然とした期待から、映画の宣伝がすべての人を対象としていたからだ。いまや映画会社が視聴パターンに関するデータを保有するようになり、ターゲットとする視聴者にどの映画ならアピールするかを判断し、より安価なコストでより効果的なマーケティングが行えるようマーケティング戦略を組み立てることができるようになった。これによって、発生しうる結果の分布をさらに狭め、より予測可能にできると期待される。

その結果、制作される映画の種類が変わり、分布の歪みが減少し、場合によっては映画の質まで向上しはじめるかもしれない。

【1】金融業界で一般的に使用されている数値シミュレーション手法。将来発生しうる一連の結果を生成する。

【2】機械学習を使用して脚本の改善を行うコンサルティング会社〈エパゴギクス〉のＣＥＯ（最高経営責任者）であるニック・ミーニーによると、スターを登用しても収益性が高まるわけではなく、高い出演料に見合う見返りを得ることはめったにない。

【3】小規模の独立系映画制作会社を利用すればリスクを削減できる余地がある。映画会社はこれらの会社に自社の財務的なリスクの一部を転嫁できる。

【4】マーケティング費用およびＤＶＤの販売、ストリーミング配信、およびテレビからの収益は含まれない。この数値は、興行収入で回収できた制作費の割合のみを示している。

【5】レラティビティは予算規模の小さい映画を選好したことから、通常は同社の投資リストにアクションヨン映画が載ることはなかった。

第5章

さまざまな種類のリスク――パパラッチの秘密の生活

DIFFERENT TYPES OF RISK: The Secret Lives of the Paparazzi

夢を見て、多角化し、そして可能性を見逃さないこと。――ウォルト・ディズニー

ウォール街の人々はリスクを重視し、高速なコンピューターと高度な数学を駆使してさまざまな種類のリスクを認識し、リスクから利益を生み出そうとしている。しかし、ほんの数キロメートル離れたところでニューヨークを拠点とする一人のパパラッチに会ったとき、ウォール街と同じぐらい奥の深いリスク調査を彼が実践していると知った。自分に関係するリスクを把握することに彼の生活のすべてがかかっていた。自分が立ち向かわなければならないリスクを分離し管理するために彼がとった戦略は、ローテクではあったが、金融の専門家が採用しているものと同じ種類のものだった。しかし彼の最善のリスク戦略ですら、常に仲間うちでお互いを欺こうとするインセンティブが存在していたため、うまく機能しないことが多かった。

ニューヨークで最もトレンディーな地区の通りのひとつに、モデルのジジ・ハディッドを使用した巨大な看板が設置されている。看板に描かれたジジは、彼女がボーイフレンドと隠れて実際に暮らしているアパートを見下ろしている。路上では、大きなカメラを持った中年男性が数人集まっている。私たちは、ジジの最新の行動についてやりとりをする。「昨日は、彼女は母親と妹と夕食を食べた。それからケンダル・ジェンナー〔ジジ同様、アメリカのトップモデルのひとり〕がやって来た」と彼らの一人が言う。「彼女は今、ゼイン〔ゼイン・マリック。イギリス出身の歌手。ボーイズ・バンド〈ワン・ダイレクション〉の元メンバー〕と一緒だ。ずいぶん時間が経ったが、何をしていると思う?」

二二歳の女の子の日常のスケジュールを、いい歳の男たちと議論するのは妙な感じだ。しかし、彼らパパラッチにとっては、ジジのスケジュールを知ることがお金になるのだ。単にジジがアパートから出て来る写真は、比較的少額、おそらく一〇ドル程度の収入にしかならない。しかし彼女の周囲には有名人が多く、彼らと一緒にいるところを写真に撮れば数百ドルの価値がある。そして誰かが何か異常なことをすれば、かなりの金額になりうる。「パリで起こったように誰かが彼女に掴みかかれば、おそらく一〇万ドルぐらいにはなる」と別の男が私に説明する。

ジジのその特別な瞬間を捉えるのは予測が難しい。カメラマンとしての優れた技術もたしかに役には立つのだが、結局のところ運に左右される部分が大きい。大事なその瞬間に、その場所にいなければならない。これは不可能ではないにしても、コントロールすることが難しいリスクだ。ジジの画像は商品であり、その価値は上がっている。数カ月前までパパラッチたちの主なターゲットはジジの友人であるケンダル・ジェンナーの方だった。しかし、彼女の商品価値は下がったとカメラマンの一人は語る。「ケンダルは終わり。今はジジだよ」

パパラッチの黄金律

ジジのアパートの外で私はサンティアゴ・バエズに会う。彼は一九九〇年代初頭からパパラッチをしていて、最近のニューヨークの文化史にとって、ゼリグ〔ウッディ・アレン監督・脚本・主演の映画「カメレオンマン」で姿を変えいたるところに出没する主人公レナード・ゼリグ〕のような存在だ。カメラを手に彼は不倫の顛末、新しい命、死、新しい恋愛、そしてニューヨークで最も有名な住人たちの破局を目撃してきた。そして彼は自分の仕事にのめり込んでいる。かつてナオミ・ワッツ〔英国出身の女優〕とリーブ・シュレイバー〔アメリカの俳優〕が一緒に暮らしていた、そのアパートの外で、この二人の破局について私が尋ねると、彼は嘆くのだった。「あれは大変だった。本当に驚いた。何年もあの二人を追いかけていたんだ。いい人たちで、良い家族だった」

ジジのアパートの外で会った数日後、アレック・ボールドウィン〔アメリカの俳優。映画「レッド・オクトーバーを追え」のジャック・ライアン役〕と彼の妻ヒラリアを見つけるため、再度私たちは落ち合った。バエズは、夫妻が結婚の再宣誓をするためにハンプトンズへ向かう予定だという情報を得ていた。バエズの説明では、有名人のニュース価値のある写真の方が、スターが散歩に出かける写真よりもお金になる。

バエズの妻は彼よりずっと若くて、名前は聞けなかったのだが（バエズは「良き妻」と呼んでいた）、撮影の仕事のパートナーを務めている。彼女もベビーカーに乗せた息子と一緒に現場に来ていた。ボールドウィンのアパートの外で張り込んでいると、アイスクリーム店の女性がバエズの息子にコーン入りのアイスクリームを持って急いで出て来る。バエズによると、トイレを借りるため、有名人の家の周辺の店で働く人たちと人間関係を築いておくことは重要だ。パパラッチは狙った写真が撮れるまで数時間、ときには数週間かけて待つこともある。

バエズはドミニカ共和国出身で、一九八一年にニューヨークへ来た。彼は皮革品製造業で働き、それからウエイター助手をした。彼は辞書を使って新聞を読み独学で英語の勉強をした。お金は乏しかったが、彼が最初に買ったもののひとつが予約販売で買った三〇〇ドルのカメラだ。ずっとなりたかったのは建築家だったが、勉強するにはお金がかかりすぎるので、代わりに写真の世界を目指した。彼は、まだ英語のわからないウエイター助手だったころ理容師に「いつかプロの写真家になる」と言ったところ、「頭がおかしいと思われた」ことを覚えている。

数年するとバエズはもっと収入の良い仕事に就いていた。その一方で、彼は写真を撮って地元紙に売るため、カメラを手に有名人が登場する記念イベントに行くようになった。すると一九九一年にある表彰式のイベント会場の外で、ヨーク公爵夫人〔当時〕セーラ・ファーガソンの卑猥な写真を売って一儲けした年上のフランス人パパラッチに出会った。彼はバエズに、日中の仕事は辞めてフルタイムのパパラッチになるべきだと語った。そして自分の写真エージェンシーや写真をグラビア誌に仲介してくれる業者に紹介し、バエズの面倒をみてくれた。また自分が立つ位置や、被写体の狙い方、身の隠し方、レンズの選び方などプロの手ほどきをし、パパラッチの黄金律を教えた。

一　相手に見られるな

二　もし見られたら、相手から話しかけられないかぎり話をするな

ボールドウィンのアパートの外で、バエズはこれらのスキルのいくつか、すなわちボールドウィンがアパートを出て来たときに立つべき正確な位置と、カメラを構える正しい角度を実際にやって見せてくれた。ボールドウィンと顔を合わせたくなかったので、パパラッチ写真の第一原則に従いゴミ箱の後ろや角を曲がった場所などに隠れる場所を探した。有名人がカメラを見てしまうと幻想が打ち砕かれてしまう。最高の写真は、有名人が撮影されていると気づいていないものだ。障害物がなく、ボールドウィンの顔が写り、他の人間が写り込んでいないものでなければならない。完璧な瞬間を捉えられるのは、ほんの数秒しかないかもしれない。

バエズには、有名人がニューヨークのどこに住んでいるか百科事典のような詳しい知識が備わっているほか、有名人を近くで見かけると連絡して教えてくれる、店やレストランの従業員や、運

転手のネットワークがある。しばしば、ソーシャルメディアを介して有名人自身がヒントをくれることもある。フォロワーを増やすため彼らが自分たちの行動を一般人（主に写真家向け）に公開するのだ。また、写真エージェンシーが特定の場所にいるように指示してくることもある。有名人が写真に撮られたい場合、その広報担当者から写真エージェンシーに連絡があり、バエズが派遣される。

特定の有名人を専門にするパパラッチもいる。たとえばバエズは、一九九〇年代はイザベラ・ロッセリーニ〔イタリア出身の女優。ロベルト・ロッセリーニ監督と女優イングリッド・バーグマンの娘〕とジョン・F・ケネディ・ジュニア〔故ケネディ大統領の長男。一九九九年に飛行機事故で死去〕を追いかけていた。特定の被写体に特化することで、被写体の行動スケジュールがわかるようになり、良い写真を撮れる確率も高くなるため、戦略としては優れているかもしれない。またその有名人の写真の供給を調整し、市場にあふれないようにすることもできる。しかしパリス・ヒルトン〔ヒルトンホテル創業者の曽孫娘〕のようにその有名人の写真市場が消滅してしまうこともあり、そうするとその行動スケジュールに関する知識も価値がなくなってしまう。

ほとんどの写真はあまりお金にならないが、生まれたての赤ちゃんや、新しい恋人にキスをする有名人、あるいは結婚式をとらえたすばらしい一枚が、一瞬のうちに大金をもたらすこともある。ほとんどの場合、これは適切なタイミングで適切な場所にいるということに尽きる。この運とタイミングの要素は変化しやすく予想も困難なため、パパラッチの収入は非常にリスクが高い。

彼らのリスクは、ある日はまったく写真が撮れず、またある日は新しい恋人と朝食を食べる有名人に出くわす、といった類のものだ。パパラッチたちはさまざまな方法でこれらのリスクに対処しているが、その最高の戦略ですら内輪もめや業界の変化が原因で十分には機能しない。

最高の一枚を撮れるかどうかは適切なタイミングで適切な場所にいるかどうかにかかっているため、パパラッチたちはその場に自分もいる可能性を増やす目的で、チームや提携関係を作り情報や場合によっては写真の売り上げを分け合うことが多い。バエズは二〇〇三年に、「パパラッチ」と「仲間」(英語でカンパニー)という言葉を組み合わせて、「ジーンズのような」PACOという名のグループを設立した。

PACOは経験豊富な写真家一〇人で構成されていた。彼らは、特定の有名人がいつどこにやって来るか情報を交換した。たとえば、バエズが流行の最先端をいくレストランで昼食をとっている有名人を見つけたとすれば、彼はPACOの他のメンバーに連絡するのだ。「当時俺たちが現れると、他の連中は『やれやれ、PACOのご登場だ』と言ったものだ。俺たちが最高のパパラッチだったからね」とバエズは誇らしげに語る。

しかし、とりわけ良い情報は仲間とも共有しないでおこうとか、写真の代金を均等に分配しないでおこうといった、つい仲間を裏切りたくなるような誘惑があったため、この提携は有名人同士の結婚と同じぐらい脆い関係でもあった。結局、他の誰も持っていない写真を撮れば収入が増えるのだ。もしあるパパラッチが人生を変えてくれそうな一枚を撮る機会に恵まれ、これを独占できそうな場合に、彼または彼女が提携関係にある仲間を裏切りたくなるのは当然で、このことがパパラッチたちの関係をとげとげしいものにした。ＰＡＣＯは一〇年間存続したが、これはパパラッチの世界では非常に長い期間だ【1】。

「パパラッチには忠誠心がない」とバエズは不満を漏らす。彼は仲間うちの裏切りが原因で多くの友人を失ってしまったことを、今でも残念に思っている。

お互いに協力して、大切な一枚をあと一歩で逃してしまうリスクを減らし、その一枚が撮れる瞬間に自分も居合わせる確率を上げようというパパラッチたちの努力も、内輪もめや、つい仲間を裏切りたくなるようなインセンティブが働くことが原因で、うまくいかないことが多かった。そして最近になって、さらに対処が難しい別のリスクにパパラッチたちは直面している。

パパラッチ・ゴールドラッシュ

パパラッチ写真の価格は、二〇〇三年から二〇一七年まで〈ＵＳウィークリー〉の写真編集者を務めたピーター・グロスマンのようなごく少数の人々によって決定される。グロスマンがパパラッチたちと直接やりとりすることはなかった。代わりに、バエズのような写真家は、グロスマンのような写真編集者と取引関係のあるエージェンシーに写真を売る。パパラッチが受け取るのは写真使用料の二〇パーセントから七〇パーセントのあいだだが、その水準はパパラッチが誰であるか、そしてパパラッチとエージェンシーのあいだの交渉の結果によって決まる。ランクが高く熟練し、才能のあるパパラッチほどより良い条件を手に入れることができる。取引では写真をひとつのエージェンシーにのみ独占的に販売することが条件として含まれていることが多い。しかし、別の名前で写真を販売することで不正を働くパパラッチたちがいるため、この専属条件はしばしば破られる。

グロスマンと私はブルックリンの小さなレストランで数回会って、パパラッチ業界について議論した。私たちの会話はしばしば本題から外れた。有名人写真の背後にある業界の経済的な仕組みも興味深かったのだが、長年にわたって最前線にいた彼のゴシップ混じりの話に興味が尽きることはなかった。

グロスマンによると彼の最大のヒットのひとつは、俳優のロバート・パティンソン〔映画「トワイライト」シリーズのバンパイア役などで有名〕と当時付き合っていた女優のクリステン・スチュワートを、彼女が主演を務めた映画「スノーホワイト」の監督であったルパート・サンダースが情熱的に抱擁している一連の写真だった。二〇一二年のある日、パパラッチのグループがロサンゼルスでジムから出て来る彼女の写真を撮った。これらはあまり価値のない普通の写真だった。彼女が自分の車に乗り込んだところで彼らも去って行ったが、パパラッチの一人が彼女を尾行することにした。彼は、彼女が家に帰らずに、とある駐車場に向かい、ボーイフレンドとは違う男と会っていることに気づいた。その写真を撮ったとき、彼は金鉱を掘り当てたと知った。彼のエージェンシーは興奮のあまり、真夜中であるにもかかわらずグロスマンを叩き起こした。彼は電話で、自分のそれまでの商売で最高の品を手に入れたとグロスマンに告げた。グロスマンは、これらの写真に「六桁台半ばの金額」〔日本円で五〇〇〇万円前後〕を支払ったと言う。そのような写真は「数十年に一度」しか登場しないという。

グロスマンは「ジャスト・ライク・アス」（みんな同じ）というジャンルの写真が流行するきっかけを作った立役者だった。二〇〇二年四月一日に、USウィークリーは「私たちと同じ生活をするスターたち」シリーズを初めて世に出し、コーヒーを買い、ガソリンを給油するといったありふれた日常生活を送る有名人の写真を毎週取り上げた。それ以前は日常生活をとらえた写真にあまり価値はなかったが、USウィークリーはそれほど華やかに見えない姿を見せることで、有名人に人間味を持たせた。これが人気を呼び、すぐに多くの業者が同様の写真を発行しはじめ、業界で「ゴールドラッシュの時代」と呼ばれる現象が始まった。パリス・ヒルトン、ブリトニー・スピアーズ〔アメリカのポップシンガー〕、リンジー・ローハン〔アメリカのアイドル女優〕の全盛期とちょうど一致している。

グロスマンによれば、ゴールドラッシュ時代に彼が写真に支払った金額は、有名人が何をしていたか、それが「特ダネ」かどうか、すなわち、その写真はその有名人がその行為をしているところを捉えた唯一の写真であるかどうかで決まった。ゴールドラッシュのピーク時には、独占的な「ジャスト・ライク・アス」写真は通常五〇〇〇ドルから一万五〇〇〇ドルになった。

ゴールドラッシュの時代はゴールドラッシュの精神を生んだ。多くの写真家が新たに業界へと押し寄せて、平気で違法行為を働き、その行きすぎた行動で有名人だけでなく、その幼い子供たちさえも犠牲になったことから、パパラッチの評判はさらに悪化した。グロスマンは我慢の限界に達し、映画「ゴッドファーザー」のような夕食会を開いた。ただ、招集されたのはマフィアのボスたちではなく、主要な編集者、写真エージェンシーの責任者、トップクラスの写真家たちだった。彼は、皆で協調して一歩下がり、写真を買う価格を引き下げ、法律を守り、写真のために自分や他人を危険にさらしたりしないよう要請したが、うまくはいかなかった。協調路線はパパラッチ業界では必ず失敗に終わるため、業界のリスク削減もうまくはいかないのだ。

大不況とオンラインメディアの台頭によって、ようやくゴールドラッシュは終りを告げた。デジタルメディアは有名人の写真に対する需要を増やしたものの、メディア企業が写真に支払う価格は下がった。写真エージェンシーの統合や廃業が始まり、残る企業もビジネスモデルを変更した。雑誌に写真ごとの使用料を請求する代わりに、定額料金サービスを提供するようになった。より安価な写真に対する、より大きな需要を満たすため、出版社は好きなだけ写真を使用できた。その結果、パパラッチたちには定額サービス料金のうち、ほんの一部が支払われることになった。その割合は、彼らの写真が毎月どれくらい使用されたかで決まる。「ジャスト・ライク・アス」の特ダネ写真は、以前は五〇〇〇ドルから一万五〇〇〇ドルになっただろうが、いまや五ドルか一〇ドルにしかならない。

パパラッチの生活は厳しいものだが、ますます厳しくなりつつある。パパラッチの多くが六桁台の収入〔日本で一〇〇〇万円以上〕を期待できた時代は過ぎ去った。いまや、あの白鯨〔メルビルの小説『白鯨』から。狂信的に追い求めて奇跡的に手に入れる獲物〕、すなわちクリステン・スチュワートのスキャンダル写真のような一枚を手に入れなければ、大金を稼ぐことはできない。

固有リスクとシステマティックリスク

正直に言うと、パパラッチたちと一緒に有名人を見張るのはとても楽しかった。私とバエズは何度か一緒に出動し、私も彼の仕事を少し手伝わされた。誰が来るか建物の角で張り込みをし、彼が女優の卵の写真を撮る手伝いをした。任務遂行中のスパイのような気分だった。有名人に遭遇するときは、大慌てでだ。偶然そうなることが多いためだが、まさにそれこそが、バエズの収入が非常に不安定な理由のひとつである。当然のことながら、金融市場で使用されているものと同様のリスク戦略を、バエズも自分の仕事に採用している。

金融経済学者は、リスクを大きく二つのカテゴリーに分類する。ひとつ目は「固有リスク」、すなわち特定の資産に固有のリスクだ。たとえば〈フェイスブック〉の経営陣が変わると想定してみてほしい。会社の将来は不透明となり、他の株式には影響しないフェイスブックに固有の事情で、その株価が下落する可能性がある。

パパラッチたちは多くの固有リスクに直面している。ジジが今日何をするか、すなわちAリストの友人と過ごすか、それともDリストの友人と過ごすのか（有名人にはランキングがあり、Aリストが最高でDリストは最低ランク）、もしレストランの裏口あるいは玄関から出て来たとしたら彼女を捕捉できるか、彼女が着ているのは小さな黒いドレスか、それともスウェットか、そういったことで、彼らのその週の収入は変わってくる。ジジが世間の関心を引かなくなるか、人気がなくなれば、これらの写真の価値も下がる。ジジの写真は株のようなものだ。その価値は、ジジ固有の要因と、パパラッチが適切なタイミングで適切な写真を撮れるかどうかによって変わる。

二つ目の種類のリスクは「システマティックリスク」、すなわち、個々の資産ではなく、より大きなシステム全体に影響を与えるリスクだ。システマティックリスクは、二〇〇八年に起きたように、市場全体が急上昇し、あるいは崩壊することで、すべての株が一緒に上昇し、または下落するリスクだ。システマティックリスクは、景気後退など経済上の混乱や選挙の結果が企業の業績に影響すると人々が考えるときに発生する。システマティックリスクは固有リスクよりも対処が難しく、危険度も高い。もし株式市場全体が暴落すると、仕事も投資したポートフォリオも同時に失ってしまうリスクがある。

ゴールドラッシュでブームが起こり、不況で五ドルの写真週刊誌を人が買わなくなり崩壊したように、パパラッチもシステマティックリスクに影響される。システマティックなパパラッチリスクの負の側面は、この一〇年間でより深刻になった。誰もがお金を稼ぐのは難しくなり、多くのパパラッチが仕事を辞めた。三〇年近く有名人の写真を撮りつづけたバエズだが、新しい仕事を探すため二〇一八年の夏、妻と息子とともにドミニカ共和国へ戻った。

実際のところ、パパラッチは他の仕事と比べ、どちらの種類のリスクもさらされるリスクの量が多い。パパラッチの例は極端だが、だからこそ固有リスクとシステマティックリスクを認識し管理する方法に関する貴重な実例となる。私たちは皆、仕事や人間関係、食事の選択ですら種類の異なるリスクに対処しなければならない。

たとえば、新しく近所にできた寿司屋を試すことにしたとしよう。固有リスクは、この特定の寿司屋が仕入れた魚の状態が悪く、食べて病気になることだ。システマティックリスクは、いたるところでマグロに広まっている寄生虫だ。

こうした違いを見つける能力は重要だ。なぜなら最善のリスク戦略が何かは、どちらのリスクであるかによって決まるからだ（この点については後の章で説明する）。たとえば家の購入を検討するときに、価格は固有リスク（キッチンのコンクリート製のカウンタートップのような新しい流行を取り入れた仕様）に影響される場合もあれば、システマティックリスク（住宅市場全体の過熱が原因で価格が上昇）に影響されることもある。さまざまな種類のリスクを見極めることで、自分が払いすぎていないか、あるいは今が購入するタイミングとして最適かを知ることができる。

違いを知れば役に立つ

金融において固有リスクに対処する方法は大量の株を購入することだ。多くの企業の株を保有すればリスクが多くの企業に分散するため、株を保有する企業のひとつが経営に失敗し倒産したとしてもほとんど気づかないだろう。固有リスクが大きくなるので、自分の勤務先の株は保有すべきではない。たとえば〈エンロン〉（アメリカのエネルギー企業で、巨額の不正会計が明るみに出て、二〇〇一年一二月に破綻）で働いていてその株も保有していた場合、同社が巨額の粉飾決算が原因で倒産したとき、仕事、収入、退職資金のすべてを一度に失ったことだろう。

パパラッチも、他のパパラッチたちとリスクを共有することで、固有リスクに対処している。提携関係やチームの構築はそれが狙いだった。一人一人のパパラッチは、新しい恋人と外出している有名人を見つけられるか、あるいは流行りのレストランの裏口から有名人が出てくるときに、たまたまそこに居合わせることができるかなど、その日の運に左右され、多くのリスクを負っている。パパラッチ同盟は彼らの運をプールし、彼らの固有リスクを減少させる。そうすることで、良い写真を撮れる可能性が高くなり、より安定した収入につながる。しかし、お互いを欺こうとするインセンティブが常に存在していたため、パパラッチの固有リスクを減らす努力にも限界があった。バエズはいずれ裏切られると知りながら、彼のパパラッチ人生をとおして常に新しい提携関係の構築につとめた。それが、彼が抱える途方もない固有リスクを減らす唯一の方法だったからだ。そして、その価値はあったのだ。

システマティックリスクへの対処はさらに困難だ。システマティックリスクを計測するため、金融の専門家は過去の株価データを使用して、ある株の株価が、その株を除いた残りの市場全体の価格とどれだけ一緒の方向に動くかを調べる。この相関関係に基づいて、「市場ベータ」と呼ばれる単一の数値が算出される。

一九六〇年代に、経済学者のウィリアム・シャープとジョン・リントナーが、ある株の投資利回りが別の株の投資利回りより高くなる理由を、市場ベータで説明できるという理論を構築した〔現代ポートフォリオ理論のひとつで、資本資産価格モデル（CAPM）と呼ばれる〕。固有リスクは多くの異なる株を保有することで簡単に減少することができる。これは異なる株であればどんな株でも良い。しかしシステマティックリスクを減らすことができる株はとりわけ貴重だ。そのような株はより希少で、ポートフォリオ全体のリスクを減らす力があるからだ。市場と異なる方向に動くか、市場全体と比較して動きが少ない株はベータが低く、そのことによりシステマティックリスクが削減され、より安全になり、期待できる投資利回りは低くなる。逆に、市場が五パーセントしか上昇しないときに一五パーセント上昇するような、市場の動きに敏感な株のベータは高い。その株を保有することで投資ポートフォリオのシステマティックリスクが増幅されるため、増加する分のリスクに対し適切な見返りがある場合にのみその株を購入することになる。その株は、はるかに高い投資利回りを提供しなければならない。ポートフォリオのリスクを削減したければ、ベータの低い株が必要だ。分散できないリスク〔システマティックリスク〕を多く保有することが気にならず、より高い投資利回りを望むのであれば、高ベータ株が必要だ。

私たちの生活には、高ベータでリスクの高い意思決定が多い。たとえば、あなたが最も早く帰宅できる方法を決めようとしていて、選択肢は裏道と主要幹線道路のいずれかであるとしよう。裏道には、前方を運転の遅い車に塞がれお手上げとなる固有リスクがある。主要幹線道路の方が多分速く移動できるが、ラッシュアワーなど混雑時には渋滞に巻き込まれる可能性があり、システマティックリスクが高くなる。あるいは、建設業界の仕事を紹介されているとしよう。建設業界は経済が活況を呈しているときは儲かるが、景気後退期に入ると真っ先に職を失うため、ベータ値の高い職業だ。

「ジャスト・ライク・アス」写真の損益は、市場の動向にとりわけ敏感であることから、より多くのシステマティックリスクをもたらす。有名人写真の市場が活況を呈していたころは、各種メディアはこの種の写真に喜んで数千ドル支払った。しかし、不況で市場が崩壊し、電子的な媒体が印刷物に取って代わりはじめると、その価値はわずか数ドルにまで急落した。とはいえ、これらの写真は、ほとんどの場合有名人も実際に私たちと同じ生活をしているため比較的安価で入手がしやすく、依然として人気がある。これらの写真を撮るために必要となる時間や労力に対する相対的な利回りは、他の種類のより市場の動向に左右されにくい写真に比べれば高い。

たとえば、赤ちゃんの特ダネ写真はどんな市場でも高い値がつくが、良い写真を撮るには数週間の時間と労力が必要となるかもしれない（バエズは、完璧な一枚のために二週間かかったこともあると言っていた）。ファンドマネジャーと同様パパラッチも、その写真が自分の時間を投資するに値するかどうかを決定する際は、目標とリスク許容度のバランスをとる必要がある。

パパラッチも私たちも同じ

パパラッチの仕事は他の仕事よりもリスクが高い。しかし程度の差こそあれ、私たちの誰もが仕事で何らかの固有リスクとシステマティックリスクを抱えていることから、パパラッチから学ぶことも多い。

たとえばあなたが、安定した固定給をもらえる管理業務から歩合制の営業職に、仕事を変えたいと考えているとしよう。固定給のときより収入が増える可能性は高い。なぜなら、営業職の場合は両方の種類のリスクを抱えることになるからだ。営業職は大量の固有リスクをともなう高ベータ値の仕事だ。たとえば、どれだけ稼げるかはあなたの販売スキルとクライアントの行動に依存している（チームとして働き、多くのクライアントを持つことでこのリスクは対処できる）。また売上高は経済状況に依存するため、システマティックリスクにもさらされる。

システマティックリスクはとりわけ危険である。景気が悪化すると収入が減り、あるいはまったく無くなる可能性があり、別の職を探すのも多分難しく、持っている資産も価値が減り、パートナーの収入も危険にさらされている可能性がある。就いている仕事と関連したシステマティックリスクが多ければ多いほど、より多くの危険にさらされる。

どのようなアメリカ人がシステマティックリスクの影響を最も受けるか調べるため、経済学者たちが社会保障の記録を使用して一九五〇年代以降の景気変動時にアメリカ人の収入がどのような傾向を示したか計測してみたところ、収入とシステマティックリスクのあいだにはU字型の関係があることに気づいた。これは、システマティックリスクは、賃金が極めて低い労働者と収入が極めて高い労働者の両方にとって厳しく、中間の人々にとってはそれほどでもなかったということを示唆している。

景気が低迷するときに低所得層が最も影響を受けるのは驚きではない。彼らは小売業のような、景気が後退すると破綻が増える高ベータ産業に従事している。一般的な原則として、収入が多ければ多いほどより安定している。

ただし例外がある。最上位の所得層についてはこの関係が変わる。たとえば金融業界で働く人々はとんでもない収入を得ているが、景気が悪化すれば職を失うこともしばしばだ（システマティックリスクを多く取れば取るほど、より大きな利益が期待できる）。当然のことだが、彼らに同情する人はほとんどいない。彼らの収入は非常に高いため、失業しても、いつも次の給料日までやりくりしなければならない最低賃金労働者（彼らも景気後退時に仕事を失うリスクがある）と比べれば、乗り切れる可能性は高い。しかし金融業界の高給のうち少なくともその一部は、彼らの収入が景気の動向で大きく左右されることに対する代償となっている。

政府の仕事に就く場合は収入のベータ値は低い。経済状況がどうであれ、収入はかなり安定している。政府で働く有能な人たちは、収入のシステマティックリスクの低さと引き換えに、民間で働く人たちよりも低い収入に甘んじていることが多い。

経済データの見方によっては、ほとんどのアメリカ人にとって雇用市場のリスクは低くなったと結論付けることも可能だ。一九八〇年代にはアメリカ人労働者の二五パーセント以上は、現在の仕事に就いてまだ一年を経過していなかった。今日ではこの数字は、雇用環境が好調なときでも二〇パーセント前後で推移している。これは、テクノロジーの進歩のおかげで自分に合った仕事を探しやすくなり、転職した先が自分に合わないといった固有リスクが減ったため、同じ仕事に長く留まるようになったためなのかもしれない。しかしシステマティックリスクの観点から見ると、私たちは対処がより難しい深刻な雇用リスクに直面している。

私たちが経済的な不安を感じる理由

出版業界の大きな変化が平均的なパパラッチの生活を脅かしている。パパラッチたちは固有リスクについては不安定な提携関係を構築することで対処をするが、より大きな、彼らの仕事を一掃してしまう可能性もあるシステマティックリスクは対処が難しい。組合を結成し、写真エージェンシーに条件の改善を要求することも可能なのかもしれないが、お互いに協力しあうのは伝統的に彼らの苦手とするところだ。そして自分の仕事が成り立たなくなるリスクにさらされているのはパパラッチだけではない。

人々が自分の経済的な将来について以前よりも心配するようになったと思われる理由のひとつは、雇用市場のシステマティックリスクを以前より感じるようになったことだ。数十年前は、雇用リスクの大部分は上司との関係や仕事との相性、会社経営の巧拙などの固有リスクだった。もし仕事を失えば、多分似たような別の仕事を見つけることができた。労働者たちは彼らのスキルが必要とされていると確信し、労働組合を結成し、団結し、より良い賃金と福利厚生を求めた。雇用市場に浮き沈みはあったが、リスクは比較的対応しやすいように思われた。

今日の経済においては、システマティックリスクはより深刻だ。ロボットや人工知能などのテクノロジーに仕事を奪われてしまうか、少なくとも今自分にはない新しいスキルが必要とされるようになる可能性がある。不況で仕事を失ってしまうと二度と同じような仕事にありつけないかもしれない。

パパラッチに起こっていることは、我々全員に起ころうとしている大きなトレンドの一部にすぎない。

バエズと私は何時間もかけてボールドウィン夫妻を探したが、ついに見つけられなかった。情報が間違っていて夫妻はすでにハンプトンへ発ったあとだった。これがパパラッチの生き方だ。何時間も働いたあげく売れる写真は撮れなかった。リスクは高くなる一方、収入は減る一方の、リスクが高い職業だ。

バエズがこの職業を愛していた理由、悲しい思いを抱きながら辞めていった理由は、私にもわかる。何時間も待ったあと、細身で艶やかな有名人が大きなサングラスをかけトレーニングウエアを着て、カメラのフラッシュライトを浴びながら現れたときに感じる高揚感は説明するのが難しい。パパラッチたちはそっと彼女を監視し、興奮で呼吸を乱す。ほとんど顔全体を覆うほど大きなカメラの陰で満足の笑みをかすかに浮かべ、歩道沿いにジジを追うとき、彼らの足取りにみなぎるアドレナリンがまるで目に見えるような気がした。

【1】最後に聞いた話では、現在力を持っているパパラッチグループはバウリーボーイズと呼ばれ、ニューヨークのバウリーホテルの前にいることが多いことからその名がついている（一九世紀の排外主義者のギャングや一九四〇年代、一九五〇年代の映画俳優とは無関係）。バエズはこのグループと関係したことはなかった。

【2】写真エージェンシーとの関係は重要だ。カメラ付携帯電話が普及している時代になっても、パパラッチとエージェンシーとの関係から、写真を売ることができるのはパパラッチだけである。

ルール2　自分の非合理性を知れ

I AM IRRATIONAL AND I KNOW IT

私たちは自分が合理的な存在だと考えたがる。そして大部分においてはそうだ。しかし、おそらくリスクを伴う決断を下すときには、私たちの合理的ではない側面が最も露わになって現れてくる。そのとき、人間的な部分が邪魔をして、後で後悔するような選択をすることがある。とはいえ、恐れる必要はない。合理性を見失う仕組みや、そうなるきっかけ、そうした罠にかからないようにする方法を理解し、より良い判断を、より多くの状況でできるようにすることは可能だ。

私たちは損得に関する自分自身の感情に動かされて、経済学者の目からすれば不合理な決断を下すことがある。たとえば、ギャンブルをして損を出している場合はそこで止めるべきなのだが、負けを受け入れるのが嫌で賭けを続けてしまう。

プロのギャンブラーやトレーダーといった毎日賭けを行っている人たちは、自分自身の持つ損失回避へのバイアスを克服する方法を学んでいる。第6章では彼らが実行していることを説明する。

第7章では私たちのリスク認識のしかたについて検証する。私たちが客観的、合理的なデータだけで行動することはまれである。リスクの認識は、データがどのように提示されるかによって変わってくる。データ提示のしかた次第で私たちの下す決定は非常に大きな影響を受ける可能性があり、商人たちや政策立案者たちは私たちの行動やリスクの取り方に影響をおよぼすことができる。リスクをもっと別の方法で解釈できるようになれば、あらゆる経済取引で私たちにとって大きな力となる。

自分自身や、リスクの測り方、そして潜在的な損失に対し自分が示しやすい反応を知っておくことで、リスクをともなう判断がより上手にできるようになる。

第6章

プロスペクト理論——合理性へと傾く

PROSPECT THEORY: Tilting Toward Rationality

勝利の喜びは束の間、敗北の悔しさは永遠。　——ビリー・ジーン・キング

損をするのが好きな人はいない。損をするとひどく嫌な気分になる。私たちはリスクが高い状況に置かれると、損失を避けたいという気持ちが強すぎて、金融経済学で正しいとされる行動から逸脱してしまうことがある。そして、そうした行動をとることで、後で後悔するような決断をし、損失がさらに拡大することがある。しかし、より多くの知識と経験を身につけた上でリスクの高い状況に臨めば、たとえ損失が嫌いなことに変わりはなくても、私たちの行動を改善することはできる。

たとえばプロのポーカープレーヤーであるフィル・ヘルミュースの例を見てみよう。彼が成功するかどうかは自分の感情を克服できるかどうかにかかっている。彼は何年もかけて自分の行動をコントロールする秘訣を身につけた。重要な局面では理性とコントロールを保てるようになり、そしてその後で爆発する……。

プロには、エチケットとして、通常は一定の礼節が求められる。競技の世界においては、敗者は優雅に振る舞わなければならない。負けるのは、とりわけアドレナリンが噴出しているときは辛いものだが、歯を食いしばり、敵として戦った相手と握手をして、相手が苦労して手に入れた勝利を祝福してやらなければならない。

フィル・ヘルミュースは、そのような礼節に対する忍耐は持ち合わせていない。ポーカーのトーナメントで負けると彼はかんしゃくを起こす。テーブルから立ち上がり、歩き回り、大声で罵り、勝者の知性を侮辱する（特に相手がアマチュアの場合）。公平のために言えば、彼が最も厳しく批判するのは自分自身だ。自分が勝負に出たときの手（持ち札）、見送ったときの手など、ひとつひとつの手を反芻し、どうすれば「ポーカーという単語の綴り方さえ知らない間抜け」に勝てたか、呟きながら歩き回るのだ。

ヘルミュースは自分の欠点を認めている。業界内でつけられた自分自身のあだ名にちなんで自伝のタイトルを『ポーカー・ブラット』（ブラットは「くそガキ」といった意味）とした。YouTubeでは彼がかんしゃくを起こす様子を集めた動画が確認できる。彼が起こしたかんしゃくのなかで最も悪評の高いもののひとつが、二〇〇四年のトーナメント・オブ・チャンピオンズでアニー・デュークに敗れたときのものだ。このワールドシリーズ・オブ・ポーカー（一九七〇年から開催されているポーカーの世界的トーナメント。期間中は多くのイベント競技が開催される」のイベントは、招待された上位一〇名のプレーヤーのみで競われ、優勝賞金は二〇〇万ドルだった（二位以下に賞金は出ない）。他のプレーヤーを打ち負かしたあと、ヘルミュースとデュークは裏取引をし、それぞれ最低七五万ドルを手に入れる約束をした。そして二人はテーブルに戻り、残る五〇万ドルを手に入れるため試合をした。デュークが勝つとヘルミュースは怒り狂って歩き回り、大声で罵った。彼は自伝でこのことに触れ、普段のかんしゃくとは違っていたと認めている。

カメラの前で演技をしたのは人生でこのときだけさ。残念だが、ＹｏｕＴｕｂｅで何千万回も再生されているほかのやつは、みんな本当に自分をコントロールできなくなってやったやつだ。誤解して欲しくないが、負けたんで頭に血がのぼっていたよ。ただ、七五万ドルがあったおかげでショックも少なくて済んだ。とにかく、あのときはいつもより大げさにやって見せたし、テレビも良い画が撮れたはずだ。ハラーズもＥＳＰＮも感謝してたよ。二〇〇四年のトーナメント・オブ・チャンピオンズの視聴率はすごかったからね！

ヘルミュースは自分がＡＤＨＤ（注意欠陥・多動性障害）だと語っている。そのため彼は、集中力を維持するのが難しく、感情的なのだ。私は彼と会話するなかで、彼が短気で、私に何か不満を感じるとすぐにそれを表に出すことに気づいた。これは通常はポーカープレーヤーとして望ましい資質ではない。

ヘルミュースは、良い試合をするためには忍耐と自制が重要なことはわかっていると言うのだが、彼の「忍耐と自制」に対する理解は、私たちが思い浮かべるようなものとは違う。彼は非常に自制的なプレースタイルというものを私に説明してくれた。「良いポーカーをするには、全ゲームの一二パーセントしか勝負に出てはならない。三〇パーセント以上勝負に出ると儲けが出ない、一〇〇パーセント勝負していると毎日破産することになる」

ポーカーのオンラインゲームの研究によると、ほとんどの人がヘルミュースよりもはるかに多く勝負に出ることがわかっており、それは配られた手の二五パーセンから五〇パーセントに達している。ヘルミュースが成功している理由は、ポーカーの世界で「ティルト」〔単語本来の意味は「傾き」。ポーカーでは頭に血が上った感情的な状態を指す〕と呼ばれる感情を克服し、勝負に出るべき手を選択する彼の能力にある。

優れたポーカープレーヤーは、忍耐強いだけではなく冷静沈着で、周囲の人間や彼らがどのように情報を処理しているかを観察している。ヘルミュースの不安定な性格を考えると、彼が世界最高の選手の一人と考えられているのは驚くべきことだ。彼はワールドシリーズ・オブ・ポーカーで各競技の優勝者に与えられるゴールド・ブレスレットを一五回獲得し、記録的な優勝回数を誇っている。彼は、自分には二〇〇〇万ドルを超える資産があると私に語った。

ヘルミュースのヘルは地獄のヘル

一九八六年、ヘルミュースはウィスコンシン州のマディソンに住む両親に電話をかけ、大学を中退してプロのポーカープレーヤーになると告げた。複数の学位を持つアカデミックな彼の父親は、あまり喜ばなかった。ヘルミュースのキャリアも幸先の良いスタートを切ることはできなかった。わずか五カ月後、ポケットにたった四七セントしかなくなったヘルミュースはラスベガスから両親にコレクトコール（受信者払いの電話）をし、家に帰る旅費を送ってくれと頼んだ。彼の父親はその電話にはほとんど出てくれず、彼の母親が、これが最後だと念を押して、ようやくお金を出してくれた。

そのわずか三年後、ヘルミュースは彼の父親が見守るなか、フィラのジャンプスーツを着た当時のチャンピオン、ジョニー・チャンをノーリミット・テキサス・ホールデム（ポーカーの人気ルールのひとつ「テキサス・ホールデム」の派生ルールで、ベット（賭金）の額に上限がない）の試合で下し、初めてワールドシリーズ・オブ・ポーカーで優勝した。プロのポーカーは、部外者には馴染みのない、特殊な衣装と専門用語を備えたユニークなサブカルチャーの世界だ。プロのポーカーに取り憑かれたファン層の人々は、テレビや対面で試合を何時間も観戦し、試合に関する統計に夢中になり、プレーヤーや試合の行方について賭けをする。ポーカーで勝利できるかどうかは、運とスキルにかかっている。勝てる役を作れるカードが自分に配られるかどうかが運であり、賭けに出る方法やタイミングを知り、他のプレイヤーの意図を推測できるような訓練と能力がスキルだ。

ヘルミュースは、成功するためには自分の持って生まれた性質を克服しなければならないと早くから認識していた。「ポーカーで成功するには、修道士のような規律が必要とされていたのだと思う。絶えず忍耐力を行使し、否定的な感情で気分が影響されないようにする必要があった」

ワールドシリーズで初めて優勝するまでの数年間、彼は文字どおり修道士のような努力をし、飲酒はせず女性も遠ざけていた。自分の感情をコントロールするのは、彼にとっては絶え間なく続く戦いだった。彼は試合でときおり衝動的な行動をとり、罠にかかり、自分が犯した過ちを責めるのだった。また、彼の財産も大きく変動し、あるトーナメントで何十万ドルも稼いだかと思うと、次のトーナメントでそのほとんどを失った。

彼の感情をコントロールしつづけるには全身全霊をかたむける必要があった。彼は初めのころ、ポーカーのトーナメントで疲労困憊したあげく気を失ったことさえある。ヘルミュースにとって自分自身のコントロールは現在も続く戦いだが、長い歳月を経て、今は衝動を抑えるのも以前よりは容易になったと語る。彼はまだ冷静さを失うこともあるが、プレッシャーのもとでリスクを取る達人になろうと決めている。密かに思慮深い戦略を立て、ヘルミュースは自分の衝動的な行動を克服するだけでなく、それらを勝利の炎へと導こうとしているのだ。

損をするのが嫌なのはなぜなのか

ヘルミュースの例は、その性格も選んだ職業の両方とも極端なケースだ。しかし、彼にできるのなら、誰にでもできるはずだ。なぜならヘルミュースも私たちも、リスクに直面したときに取りがちな行動は共通しているからだ。

（誰にでもあることだが）リスクのある判断をするときに感情に左右されてしまうと、私たちが直面しているリスクを正確に計測できなかったり、明確な目標なしに先に進んだりする可能性がある。しかし、目標をしっかりと把握し、すべてのリスクが明確に提示されているときでさえ、最善であるとは思えないような選択をする。

リスクを計算する際の合理的な推定方法は、起こりうるすべてのことを徹底的に洗い出し、それらがどれくらい起こりそうなことであるかによって、重み付けをすることだ。出てきた結果が望むものであれば、それは取る価値のあるリスクだ。しかし私たちは、感情のない、理屈のみで作動する計算機ではない。起こることがらによっては感情的な評価をする。

たとえば、ティンダー〔フェイスブックと位置情報を利用した出会い系アプリ〕で出会った相手とデートするかどうかを決めようとしているとしよう。あなたは豊富な「出会い」経験から、その相手が大失敗である可能性が五パーセントあると考えている。最初から最後まで政治的な動機に基づいた陰謀論の講義と、あなたの年齢や容姿をそれとなく貶す言葉をかわるがわる聞かされるだけでデートが終わってしまうのだ。非の打ちどころもない素敵な相手だが相性が悪く、気まずい緊張した会話で終わる可能性が六〇パーセントある。お互いを気に入り三カ月付き合ったあと結局別れ、そのことを引きずらない可能性が三〇パーセント。そして、この人以外にはないと思えるようなすばらしい相手である可能性は五パーセントだ。

デートに行くかどうかは、三五パーセントが良い結果で、六五パーセントは悪い結果に終わるという、ただそれだけのことでは決まらない。もしそういうふうに考えるのであれば、決して家から出ることはないだろう。

起こりうるそれぞれの結果に対して私たちは強い感情を持っている。私たちがそれぞれの可能性についてどのように感じ、評価するかを経済学者は「効用」と呼ぶ。素敵な関係が待っているのではという期待感が私たちに非常に多くの喜びを、言いかえれば大きな効用をもたらすため、多分悪い結果に終わる可能性の方が高いデートにも出かけて行く気になるのだ。

出会いの例では良い結果に対する希望が私たちを行動に移らせる。愛を見つけるためであれば、私たちは割に合わないリスクさえ喜んで取る。しかし私たちは、人生におけるほとんどの決定に際し、悪い結果の方を重視することが多い。

一八世紀の科学者ダニエル・ベルヌーイ（第4章のヤコブ・ベルヌーイの甥――ベルヌーイ家は非常にすばらしい才能あふれる一族だった！）は、私たちがリスクを伴う決断を下すに際してさまざまな可能性を比較検討するとき、（それがお金であっても）その結果の価値だけではなく、それぞれの結果についてどのように私たちが感じるかが重要であると気づいた。ベルヌーイのような経済学者たちは、ほとんどの状況において、手に入れるお金が多くなればなるほど、その価値は下がると考えている。千ドルは億万長者にとっては取るに足らない金額かもしれないが、生活保護を受ける人にとっては大きな金額だ。このお金の「効用の逓減」が、人がリスクを回避したがる原因となっている。人はリスクよりも確実性を好むのである。

たとえば、以下のような賭けがあったとする。

A　四五ドルを確実に受け取る、または
B　五〇パーセントの確率で一〇〇ドルを受け取り、五〇パーセントの確率で何も受け取れない。

感情を差し挟む余地がなければ、この賭けの期待値は以下のとおりだ。

A　四五ドル
B　〇・五×一〇〇ドル＋〇・五×〇ドル＝五〇ドル

ほとんどの場合、リスクを取る方が得だ。しかし経済学者たちは、人が追加的に得られるお金に対して認める価値を考慮に入れると、確実な結果の方がより魅力的であり、ほとんどの人が四五ドルを受け取る方を選ぶだろうと考える。リスクを回避したがるがゆえに、リスクに対する確実性が保証されるのであれば、私たちは金額の少ない方を選択する。

リスクの低い資産の利回りが低くなるのはリスク回避が原因だ。リスクの高い資産の方が高い利益を生む可能性があるのは、投資家が引き受けるリスクに対して見返りを要求するからだ。これが、リスクのない単純な銀行口座にはほとんど利息がつかず、多くの株で構成されるミューチュアルファンドの年間利回りが年率で五パーセント高くなる理由だ。

経済学者たちは、私たちはお金だけではなく、人生のほとんどのことについてリスク回避的であると考える。私たちは空港へ向かうときは早めに出発する。下校時に子供を学校から家までひとりで歩かせたりしない。起業後間もない企業より、確立された企業の安定した仕事を好むかもしれない。経済学者たちはまた、リスク回避的であるがゆえに、私たちは常にギャンブルよりも確実性を好むと考える【1】。

しかし、ここで話が終わるわけではない。私たちはこの単純なストーリーとは矛盾する決断を下すことがある。二〇世紀に二人の心理学者、エイモス・トベルスキーとダニエル・カーネマンが「プロスペクト理論」を発表し、経済学と心理学の両方に動揺を与えた。プロスペクト理論によると、さまざまな選択肢を検討する際に、人がその選択肢に見出す価値は、最初にどれだけのお金を持っているか、そして損失を被る可能性があるかどうかによって変わってくるというのだ。人間は単にリスクを回避したがるだけではなく、それが二〇ドル札であろうが、ただで手に入れたTシャツであろうが、自分が持っているものを失うことが嫌いなのだという。

別の例で説明しよう。アマチュアのポーカープレーヤーであるボブの資産は一〇〇万ドル、フィルの資産は一〇〇〇万ドルだ。二人に資産の金額が変わるギャンブルを提供する。

A　五〇パーセントの確率で一〇〇万ドルになるか、五〇パーセントの確率で一〇〇〇万ドルになる、または

B　確実に五〇〇万ドルになる

カーネマンとトベルスキーは、ボブは喜んで選択肢Bを選ぶと主張する。なぜなら、Aは五〇パーセントの確率でボブは何も得られず、五〇パーセントの確率で資産が一〇倍になるが、一方

Bは一〇〇パーセントの確率で資産が五倍に増えるからだ。

ベルヌーイが予測したように、ボブにとって、五〇〇万ドルを獲得した後の追加の五〇〇万ド

ルの価値は、リスクを取るに値しない。彼はこのメニューで提示された内容であれば、リスクを回避する。

しかし、ボブの一〇倍の資産を持つフィルは同じ賭けを提供されると、違う見方をする。フィルの観点からすれば、彼の選択肢は以下のようになる。

A　五〇パーセントの確率で九〇〇万ドルを失い、五〇パーセントの確率で何も失わない、または

B　一〇〇パーセントの確率で資産の半分を失う

確実に損をする選択肢と何も失わない可能性が五〇パーセントある選択肢を前にし、フィルはリスクをともなった賭けの方を選択する。プロスペクト理論は、損をするシナリオから成るメニューを提示された場合、人間はリスクを選好する、すなわち、確実性を放棄し、さらに大きな損失を被る可能性がある選択肢の方を好むと主張する。

プロスペクト理論が登場する前は、経済学者たちは私たちが常にリスク回避的であると想定していた。しかしこの例では、損をすることのないボブはリスク回避的だが、フィルの選択肢のほとんどは損をするだけで利益が発生する選択肢がないことから、彼はリスクを選好する。基準点、すなわち最初にいくら資産を持っているかによって、リスクをともなう選択肢の見方や、行動が

変わってくるのだ。

プロスペクト理論で予測される行動が常に悪い決断となるかどうかを言うのは難しい。古典的な経済学者が予測する結果と異なる結果が必ずしも良い、あるいは悪いと言えるわけではない。「基準点」に基づいてリスクを見た方が理にかなう事例も考えられる。五〇〇万ドルを失い、五〇〇万ドルしか残らないという状況になったときに人間がどのように感じるのか、私にはわからない。しかし、それがフィルを大きな不安に陥れ、彼のライフスタイルに大きな変化をもたらすであろうことは想像ができる。自分の所持金が五〇〇万ドルになったとき、フィルの方がボブよりも不幸なのは間違いない。古典的な経済学でさえ、金持ちから転落するよりは金持ちになった経験がまったくない方が良いと考える。

損失を回避しようとするがゆえに、しばしば不必要なリスクを取り、通常は許容しないような大きな損失を被る結果になることを「ブレークイーブン効果」と呼ぶ。これは行動経済学者のリチャード・セイラーとエリック・ジョンソンが最初に見出したもので、彼らは、「私たちはお金を失ったときに、すぐにそれを取り戻すか、さらには儲けに変える機会があれば、より多くのリスクを取るだけではなく、より大きなリスクも負い、そうすることによってさらに大きな損失を被ることになる」と主張する。損失を避けたければ、そこで切り上げた方が良い。ブラックジャックやスロットマシンで損をしているときに、次のカードや次のコインで挽回できる、失ったお金を取り戻し、いくらか儲けも出せるという気になるのは、ブレークイーブン効果で説明ができる。

たとえば、五〇〇ドルの軍資金でシングルハンドポーカー（一組の手だけでプレーする、ゲーム機のポーカー）をするとしよう。自分に配られたカードを見たあと、八〇〇ドルの賞金額に対し五〇〇ドルを賭けてゲームを続けるか、それともゲームを止めるのか決めなければならない。八〇〇ドルを獲得する確率が五〇パーセント、五〇〇ドルを失う確率が五〇パーセントであると考えるなら、おそらくそのゲームは見送ることになるだろう。プロスペクト理論の予測によれば、八〇〇ドルを獲得する喜びよりも五〇〇ドルを失う苦痛の方がはるかに大きいと感じるからだ。

しかし、もし既に同じ賭けをして五〇〇ドルを失ったばかりであれば、ブレークイーブン効果の予測では、あなたはもう一度賭けに出るだろう。その賭けで、あなたは失ったお金を取り戻し三〇〇ドルの儲けを手にするか、さらに損をして総額一〇〇〇ドルを失うことになる。この理論では、いったん大きな損失を出したあとは、さらに損をすることについて鈍感になると予測される。

ブレークイーブン効果の実例――オンラインポーカーの世界

となると、フィル・ヘルミュースが勝負に出るかどうかを決めるときの保守的なアプローチは、革命的に見えるかもしれない。彼は、賭金が高額なポーカーで非常に多くのプレーヤーがブレークイーブン効果が原因で破滅するのを見て、自身の哲学を生み出した。「一般論として言えば、損をしているときはそこで止めず、もう少しそのギャンブルを続けたいと思うのが人の常だ」と彼は言う。「多くの偉大なプロが、調子が悪いときに、自分の実力なら取り戻せると信じてゲームを続け、やってはならない勝負をする。それでうまくいく確率は三〇パーセントぐらいだ」

ヘルミュースは、ポーカーでは攻めの姿勢が勝ちを呼び込むため、ポーカーのプレーヤーは調子が悪いときも攻めの姿勢でプレーすればお金が取り戻せると信じていると見る。ほとんど（彼の推定では七〇パーセント）の場合、これはうまくいかず、もっと損をすることになる。ヘルミュースは、この罠にはまらなかったことが自分の成功の原因だと考えている。

ポモナ・カレッジの経済学者たちは、オンラインのポーカールームでテキサス・ホールデムをプレーするゲームプレーヤーの行動を研究した結果、同じことに気づいた。彼らは二〇〇八年の一月から五月まで一六〇九人のプレーヤーが行った五〇万回以上のゲームで起きたことを記録した。経済学者たちはプレーヤーが一〇〇〇ドル以上の利益か損失を出したあと、続く一二のゲームでどのようなプレーをしたか分析した。

経済学者たちは、損を出したあとは、プレーヤーの約三分の二がその後も負けており、ゲームに残るためにベット〔チップを賭けて勝負する意思を示すこと〕をする可能性が損を出す前よりも高くなるという評価結果を出した。ひとつのテーブルでプレーをしているプレーヤーの数にかかわらず、同じ傾向が認められた。プレースタイルのアグレッシブさ、すなわち一人のプレーヤーが何度レイズ〔掛け金の引き上げ〕をするかについては、さらに顕著な傾向が見られた。大半のプレーヤーが、損をしたあとはよりアグレッシブなプレーをした。

オンラインポーカーのプレーヤーに関するその後の研究でも同様の結果が観察された。プレーヤーたちは、負けているときはより大きなリスクを取り、勝っているときは慎重なスタイルでプレーをしている、すなわち二〇パーセントのゲームでしかベットしていないことが分かった。また研究者たちは、ヘルミュース（彼は一二パーセントのゲームしか勝負に出ない）のような経験豊富なプレーヤーはこうした行動パターンを克服し、勝っているときも負けているときも一貫したプレーができることに気づいた。

私たちが非合理的であるとして、何か問題があるのか？

シカゴ商品取引所で午前中に損失を出した債券のトレーダーは、午前中に利益を出したトレーダーと比較して、午後に大きなリスクを取る可能性が一五・五パーセント高くなる。過度に強気のトレーディングが原因で市場価格に何らかの影響が出る可能性もあるが、冷静な他のトレーダーが合理的な取引をすることで市場価格のズレは結局解消される。

しかし、金融における他の例を見れば、プロスペクト理論が市場に影響を与える可能性もあることがわかる。たとえば、株価が上昇している株と比較して、私たちが株価の下落している株を売る可能性はいかに低いか考えてみればよい。値上がりしている株は引き続き値上がりする可能性が高いのだが、私たちは損失が発生することを嫌うあまり、負け組である株よりも勝ち組である株を売ってしまう可能性が高いのだ。

人間は一貫性のないリスク選択をする。この点については、すべての経済学者が同意する。しかし多くの経済学者は、その結果、株価が実際に影響を受け、あるいは市場に有意な影響がおよぶという確信は持っていない。結局、ヘルミュースがポーカーで行っているように、間違いなく誰かが、自分の心理的な偏りを矯正して他のすべての人を出し抜けば儲かるということに気づくだろう。また、あまり感情など持たないコンピュータープログラムの判断で行う取引が増えていることから、市場はかつてないほど合理的になっているかもしれない。

人間が合理的にリスクを取ると想定するのは、害のない単純化のための仮定だろうか、それとも大きな盲点なのだろうか？　この点については研究者のあいだで激しい議論が戦わされているが、どの論文も決定的な証明をするのは難しいことから、論争に決着がつくことはおそらくないだろう。ひとつ全員が一致しているのは、より認識を高め教育を受けることで私たちの行動は変わり、より的確なリスク判断ができるようになるという点だ。

フィル・ヘルミュースのようにリスクを伴う決定を多く経験した人ほど損失回避の傾向は少ないということが研究で明らかになっている。経験や教育でリスクの取り方は変わりうるのだ。より多くのリスクを見て対処すればするほど、リスクをうまく処理できるようになる。しかし、私たちには持って生まれた心理的な偏りが常に存在している。これらを克服できるかどうかは、自分自身をコントロールできるかどうかにかかっている。

ポーカーのチャンピオンのようなリスクの取り方をするには

ポーカーであれ、他のどのようなリスクのある状況であれ、成功するためには、損をしたときに感情的または攻撃的になりすぎてはいけない。そのような行動を回避するために自分用のルールを作ってもよい。たとえば、損失が一〇〇ドルに達したら賭けを止めると自分自身に誓うのだ。しかし感情が高ぶり、次のゲームですべての損失を取り戻すことができるというときに、こうしたルールを守るのは難しいと心得ておくべきだ。

また必要な技術に磨きをかけ、本当に大切な局面では冷静に正しいカードが揃うまで待つこともできる。かんしゃくを起こすことで悪名を馳せたフィル・ヘルミュースは、そうすることでポーカーチャンピオンになれた。三〇年にわたってプロとしてポーカーをしてきたあとでも、ヘルミュースは自分の「ティルト」には苦労している。以下は、自分の感情を抑えて可能なかぎり最高の決断をし、勝つ可能性を高めるために彼が使用している方法だ。

決して自分自身のお金をかけすぎないこと

ヘルミュースには、トーナメントに参加するときはいつも、彼自身の個人的な賭け金は一万ドル以下にするという確固としたルールがある。彼は最低額が数万ドルという掛け金の高額なポーカートーナメントによく参加する。この教訓は彼が二〇代のころ、初めはギャンブルする予算を制限しようという正しい考えでいながら、いったん損をしてしまうと取り戻せると思って決めていた金額を超えてしまったという、苦い経験を通して学んだものだ。

こうした悪い癖があったにもかかわらず、ヘルミュースは三〇代のころには金持ちになっていた。彼は、彼と年齢の近い他のプレイヤーたちが壁にぶつかっていることに気づきはじめた。彼らは皆、技術はありながら自信を持ちすぎていて、通算では損をしているのだった。ヘルミュースは、自分の資産が一〇〇万ドルに減ったら、許容できる損失の額を制限すると決心した。それ以降、彼は大規模なトーナメントには「出資」（外部の投資家が掛け金を出資し賞金の分け前にあずかる約束）を受けて参加するようになった。

そうすることでヘルミュースは、大きな損をするようなリスクを負わずに大金を獲得することが可能になる。また、出資を受けたことで、最悪の場合でも自分の資産のわずか一部を失うだけで済むため、損をしているときも必死になる必要はない。「自分自身へのリスクを制限したことで全体としてリスクを取りすぎないのか」と聞くと、ヘルミュースは、「私にとって恐ろしい日などない。損をするのは嫌いだから、いつも怒っているし、頭にきている」と語った。私たちを極端にした例がヘルミュースなのだ。

私たちには自分のギャンブル資金を補助してもらえる人などほとんどいない。しかし、ヘルミユースから学ぶべき教訓はある。彼は、自分が負ける場合に発生する損失を抑えるため、自分が獲得する可能性のある賞金のうちのいくらかを放棄している。リスクを緩和することで、私たちの誰もがこれを実行することができる。これはヘッジと呼ばれ、詳細は第9章で説明する。株式ポートフォリオに債券を組み合わせてバランスをとるとか、仕事で高額の給与を受け取る代わりに、その一部をストックオプションで受け取るなどといった選択もそうだ。原則は同じである。損をするリスクが低ければ、より冷静でいられる。

極端なダウンサイドリスクを排除すること

ヘルミュースの自叙伝では彼がこれまでに参加した主要なポーカーの試合における彼のすべての手を極めて詳細に説明している。そこまで熱狂的ではないポーカーファンには、他のプレーヤーとの裏取引の話が面白い。ゲームの重要な局面で、彼と相手のプレーヤーはしばしば休憩を取り、マイクを取り外して外に出る。そこで、二〇〇四年のトーナメント・オブ・チャンピオンズで彼とアニー・デュークが行ったように、二人で賞金を山分けすること、そして勝った方がいくらか上乗せした金額を手にすることに合意する。

ギャンブル資金を出資で賄い、勝ち負けにかかわりなく収入が保証されていることで、ヘルミュースは試合に集中することができる。彼は大きな損失を被る心配がないため、パニックに陥ったり、過度に攻撃的なスタイルでプレーしたりはしない。

私たちの日常生活でヘルミュースの例に従うには、保険に入ればよい。保険のメリットについては第10章で説明する。ヘルミュースの裏取引は、負ける場合に備え保険に入るのと本質的には同じことだ。負けた場合は保険金の支払いを受け、勝てばさらに大きな金額を手にすることになる。私たちの場合は、家が焼失したり、強盗に遭ったり、あるいは自動車事故に遭ったりする場合に備えて保険に入ることができる。そしてヘルミュースの戦略と同じように、損失が発生する際の負担額が小さくなるため、心の平穏を手に入れることができる。

「これは多くのゲームのうちのひとつにしかすぎない」と自分に言い聞かせること

ヘルミュースは、行動経済学者が「ブロード・フレーミング」と呼ぶものを実践している。彼は損をしているときでも、「勝負に出なければ」とか、「勝負を降りなければ」といったプレッシャーは感じない。「今のゲームは多くのゲームのうちのひとつにしかすぎない」と自分に言い聞かせているからだ。彼は単一ゲームだけで勝率を判断はしない。ゲーム全体またはトーナメント全体で判断しているのだ。

ヘルミュースが参加するゲームは八時間以上続くことが多いため、損をしていると自分を見失って、ひとつのゲームで大きなリスクを取って負けを取り戻そうという誘惑にかられる。しかしそこで、個々のゲームをより大きなゲームの一部と見るように自分に言い聞かせるのだ。

ブロード・フレーミングとは、長期のゲームであると捉えればよい。たとえば、自分の株式ポートフォリオはあまり頻繁に見ない方がよい。長期投資をしているのであれば、ある日株価が下落し、あるいは数カ月にわたって株式市場が低迷することがあったとしても、それはほんの一瞬の出来事にすぎず、株を売るタイミングではない。リスクを伴う個々の決定を、より大きなギャンブルの枠（フレーム）のなかで捉えることによって明晰な思考をし、一時的な損失に過剰反応することを防ぐことができる。

集中力を維持するため自信過剰にならないようにすること

ヘルミュースが自分の成功を誇りに思っているのは明らかだ。しかし、ポーカーに関しては、あらゆる機会を受け入れ謙虚であろうとする。それが集中力の維持に役立つと彼は言う。どれほど熟練していたとしても、ゲームでは何が起こるかわからない。儲かっていたのに突然すべてを失うこともある。

一連の大勝利の後、私は彼と話をした。彼は大きなトーナメントでトッププレーヤーたちを打ち破り、大きな賞賛を得たが、有名なポーカープレーヤーの一人がヘルミュースは過大評価されているとツイートした。ヘルミュースは自分を弁護するのではなく、このライバルプレーヤーに自分よりも優れたプレーヤーを四〇人リストアップするように依頼し、「私の能力を疑い、私の実績を認めない声を聞いたが、私を疑う人たちの力を借りることもある。私にやる気を起こさせるからだ」と説明した。

自信過剰は自分のスキルを高く評価するあまり、不必要なリスクを負い、すべきではない勝負をすることにつながるとヘルミュースは言う。また、自信過剰だと集中力も失う。ポーカートーナメントに勝ち、あるいは私たちが取ると決めたリスクに取り組むためには、集中力を維持することが最も重要な要素となる。

もちろん、プロのポーカープレーヤーになること自体が、そもそもリスクを伴う決断だ。そのために大学を中退するのであれば、なおさらである。相当楽観的でなければできない決断だ。自分は自信過剰になりやすく、それが原因でゲームを台無しにしてしまうとヘルミュースは言う。

私たちのほとんどは、意図的にツイッターで批判を集めようといった考えは持ち合わせていないが、ヘルミュースの戦略を通して、違った考え方を探し出し、必ずしも意見が一致しない人たちの友情を受け入れることの利点も理解することができる。職場で異なる視点から課題にアプローチするメンバーでチームを組成し、あるいは自分と異なる意見を持つ人と市民政治討論を試みることで、集団思考〔集団によって不合理あるいは危険な意思決定が容認されること〕に陥るのを回避することが可能になる。こうした戦略によって、自分自身を守らなければならないダウンサイドリスクをより明確に認識できるようになる。

ヘルミュースの例は、プロのポーカープレーヤーになるのであれ、スタートアップ企業で働くのであれ、リスクを取るには十分な自信がなければならないが、いったん取ると決めたあとは、もっと慎重にリスクを取る姿勢に切り替えるべきだということを教えてくれる。損失に対する過剰な反応を抑え、一貫したリスクの取り方ができるようなリスク管理戦略を採用し、大きな損失が発生するようなことは決してせず、成功することに集中できるようにするのだ。

【1】ふたつの選択肢のそれぞれで支払われる金額の期待値が同じだと想定した場合。

第7章

リスクの誤認識——自分が捕まるとは思わなかった

RISK MISPERCEPTION: I Never Thought I'd Get Caught

詩人はありそうもない可能性よりも、ありそうでいて不可能なことを選ぶべきだ。——アリストテレス

私たちの誰もが引っかかってしまうものがある。パワーボール〔アメリカのロトくじ〕の賞金が過去最大となり、コンビニで列に並んでいると、「買わなきゃ当らない」という広告が見えたので、自分も宝くじの券を買ってしまうのだ。

宝くじを買っても、当たる確率は実際には上がらない。少なくとも有意性があるような上がり方はしない。数学的には、ゼロと何億兆分の一（宝くじで一等賞を当てる確率）の差は小さすぎて有意性があるとは認められないのだ。私たちの感じかたは違う。宝くじの券を買うと、たとえ確率はごくわずかであっても当たる可能性は出てくる。そして私たちは、その微小な確率に大きなウェートを置くのだ。

分別のある合理的なリスク計算では、これほどありそうもないことに、これほど大きなウェートを置いたりはしない。金融経済学者と同じような考えかたをするのであれば、宝くじ当選のウェートは、実際に当選する確率と同じにするはずだ。しかし誰もそんなことはしないので、非常に多くの人が宝くじを購入することになる。私たちは皆、本当に当選する確率は何億兆分の一だとわかっているのだが、自分が当選する確率ははるかに有利であるかのような行動をとる。

確率をどのように解釈するかは、多くの場合、データがどのように提示されるかによって決まる。宝くじを購入するレジのところにある「買わなきゃ当らない」と言う広告のせいで当選する可能性が頭の中に刷り込まれ、当選もありうるような気がしてくる。もし「確率は圧倒的に不利で、当たりっこないよ」という広告なら、宝くじは買わないかもしれない。

宝くじは、私たちが実際よりも良い勝率を想定してしまう状況のほんの一例にすぎない。リスクをともなう決断を下す際の合理的なやり方は、発生しうることがらを実際に発生する確率で重み付けし、リスクを評価することだ。しかし、私たちが実際に直面している確率と決定を下す際に想定する確率はしばしば一致しない。

宝くじの場合は実際よりも良い確率を想定しているが、何かが起こる確率を過小評価することもある。犯罪はリスクの巨大な計算ミスの一例だ。人が犯罪を犯す理由は、絶望、暴力への欲求に駆られた悪意、強欲、若さゆえの衝動、合法的な生計を立てる機会の欠如などさまざまだ。しかし、一八歳の麻薬の売人から五五歳のインサイダー取引犯まで、すべての犯罪者には共通点がひとつある。それは、たとえ確率的には捕まる可能性が高い場合も、自分が捕まるとは考えていないことだ。

一九七〇年代から一九八〇年代にかけてニューヨーク市周辺に住んでいた人は、エディ・アンタルと彼のいとこ、そして彼の父親が開いた家電量販チェーン〈クレイジー・エディ〉の広告が街中にあふれていたことを覚えているのではないだろうか。広告には地元ラジオ局の早口ジョッキーであるドクター・ジェリー・キャロルが登場し、安い電化製品について喚いたあと、最後に「クレイジー・エディ、お値段もクーレーイージーー!」と叫んで終わった。この広告は文化的な現象となり、サタデーナイト・ライブ〔長寿コメディバラエティー番組〕でパロディー化され、トム・ハンクスの映画「スプラッシュ」にも登場した。

クレイジー・エディは一族が運営する大規模な犯罪活動の隠れ蓑だったことが後に判明する。店舗では安価な電化製品を販売していたが、一族は売り上げを過少申告して課税を逃れ、売上税を着服することで利益を得ていた。アンタル一族はこのスキームを使用してかなりの金額、約七〇〇万ドルを手にした。しかし、彼らはもっとお金が欲しかった。

開業から二年後、エディは一四歳のいとこサム・アンタルに在庫管理の仕事を与えた。「私は一族のなかでは変わり者で、一二歳になると他の子がみんな漫画を読んでいるのに、私はウォール・ストリート・ジャーナルを読んでいた」とサムは私に語った。アンタル一族は、サムは人材として育成できると考えた。エディがいとこの学資を出し、将来もっと大きな詐欺のスキームを編み出せるように、大学で会計学を学ばせた。「彼らは私が大学に行くためのお金を払っていた。自分が経済学の博士号を取ろうとしていて、誰かがその学費を実際に払ってくれていると想像してほしい」

私が、自分も博士課程の学費は払わずに済んだ、大学が大学院生にお金をくれることもあると彼に言うと、彼は笑って、「それは良かった。私の場合は、犯罪的なほどどうしようもない連中に関する博士号を取ろうとしていた」と言った。

本当にクレイジー

一九七九年に大学を卒業したあと、サム・アンタルは一族を前にしてクレイジー・エディを上場させる、すなわち一族が保有する家電量販チェーンの所有権を株式市場で売却する計画について説明した。新規株式公開（ＩＰＯ）の準備には数年かかる。ＩＰＯ時の株価が高ければ高いほど、アンタル一族が手にするお金は増える。このため、ＩＰＯに向け、実際の利益のうち決算書に計上する金額の割合を次第に増やし、より多くの税金を払うようになった。そうすることで販売店の収益性がより高く見えるからだ。収益の成長が投資家にとって魅力となり、株価が押し上げられる。

さて、脱税企業の運営にはリスクが伴う。その企業の株式を公開するのは、さらに大きなリスクを伴う。当局により厳しく監視されるようになり、外部の株主が入ってくるとアンタル一族による統制は弱まることになる。一九七九年の運命の夜にアンタル一族がこれらのリスクを議論したのかどうか私が尋ねると、サムは議論しなかった理由を説明してくれた。

私たちは一九六九年からの犯罪企業で、一九七一年からは私もその一員となった。長年成功してきたことから、一九七九年の時点で私が成功しないと考える理由はなかった。もちろん成功するつもりだった。私は対策を講じて、過去の成功の土台の上にさらに成功を重ねていくつもりだった。成功の積み重ねが私に犯罪を犯す自信を与えてくれた。この自信はますます大きくなり、さらに大きく、さらに高いレベルへと向かった。

サムはクレイジー・エディの監査法人で働いていたので、会計上のトリックや会計士たちを欺く方法をすべて知っていた。アンタル一族は、サムは頭が良いので、会計士や当局の一歩先を行けると考えていた。そして、長いあいだ一歩先んじることができた。会計士のほとんどは男性なので、オフィスには若い魅力的な女性たちを配置したのだ。

とはいえ、アンタル一族がこれほど大きなペテンを働いていながら捕まらずに済むと考えていたことには驚かされる。放送でガンガン流れていた、あの時代で最も記憶に残っている広告も、彼らの大掛かりなペテンの一部だった。大規模な詐欺を働くのであれば、もっと目立たないようにするのが、より慎重なアプローチだっただろう。

一九八四年に株式は公開され一株あたり八ドルで売り出された。利益は伸びつづけ、店舗網は拡大し、株価も上昇を続けると思われた。

ピーク時には、クレイジー・エディは四三の店舗を展開し、三億五三〇〇万ドルの売り上げを計上したが、アンタル一族の不正経理によって、紙の上ではさらに利益を上げているように見えた。一族はクレイジー・エディの株を売りつづけ、六〇〇〇万ドル以上を懐に入れた。

しかし、業績が伸びなくなるとプレッシャーが高まった。家電の販売は以前ほど儲からなくなった。そのため、アンタル一族はさらに犯罪リスクを取ることにした。一九七〇年代から資金洗浄をして海外の銀行口座に預けてあった資金をパナマ経由でアメリカに戻し、売り上げをより大きく見せるために使用したのだ。皮肉なことに、過去に支払いを逃れていた税金をすべて支払うことになったが、そうすることで持ち株をさらに売却して換金できるため、やる価値はあった。

事業の悪化は止まらなかった。一九八七会計年度にクレイジー・エディは二〇六〇万ドルの利益を計上したが、実際は数百万ドルの赤字だった。金持ちになることで一族は結束していたが、お金がなくなりはじめると、この結びつきも綻びはじめた。エディは、愛人がいることを妻に漏らしたことで父親を非難した。一族が内輪揉めしているという噂と家電市場の減速が投資家の不安心理を煽った。クレイジー・エディの株価は二一・六五ドルから約五ドルまで下落した。アンタル一族が保有する残りのクレイジー・エディ株はいまや全体のわずか五パーセントで、ほとんど価値はなかった。株価の低迷で、誰かクレイジー・エディの株を買い占める者が現れて、事業が乗っ取られ、彼らの詐欺を発見される恐れが出てきた。

アンタル一族は会社の株を買い戻そうとしたが資金を調達できなかった。別の投資家が競り勝ち、すぐにアンタル一族を追い出した。その約二週間後、新しいオーナーはクレイジー・エディの在庫が六五〇〇万ドル以上も過大計上されていることを発見した。万事休すだった。

エディはイスラエルへ逃亡したが、そこで捕まった。サム・アンタルは一族を裏切り、FBI（連邦捜査局）とSEC（証券取引委員会）による証券詐欺事件立件に協力しはじめた。彼の刑は罰金と六カ月の自宅監禁に軽減された。エディの方は八年の実刑判決を言い渡され、サム・アンタルとは二度と口を聞かず、二〇一六年に不幸なままこの世を去った。

私はサム・アンタルのほかにも、ニューヨークのクイーンズにある刑期を終えた人々の社会復帰を支援する非営利団体フォーチュン・ソサエティで、刑務所を出所した人たちと最近話をした。出所者のほとんどは、サム・アンタルのように子供のころから教育や富に恵まれていたわけではなかったが、犯罪を犯しても逃げおおせるという過剰な自信をもっていたという点では彼らも同じだった。彼らが住む地域では友人や親戚の多くが刑務所へ行っていたので、自分もいつか捕まる日が来るとは考えなかったのか、彼らに尋ねてみた。すると全員が似たような趣旨の答えを返してきた。そのうちのひとりの言葉を借りれば、「いや、自分は他の連中より賢いと思っていた」というのだ。

仕事の性質上、ほとんどの犯罪者の頭の中にはリスク管理があると言ってよい。私が話した前科者たちの全員が彼らのヘッジ戦略について自慢げに話をしてくれた。しかし犯罪者というと、私たちは普通、慎重なリスクの取り方をする人を思い浮かべたりはしない。これはおそらく、そもそも罪を犯すという判断そのものが非常にリスクの高い選択だからだ。しかし、人は罪を犯すという選択を日々しており、その大部分は、実際に捕まる確率が、犯罪者自身が考えているよりもはるかに大きいことが原因だ。

私たちは皆、確率を理解するのが下手くそだ

あなたには大規模な証券詐欺をずっと続けるかどうか決断したことは多分まだないだろうが、リスクを取った結果失敗する確率を過小評価したことは間違いなくあるはずだ。それは、映画スターになるためにハリウッドに移り住むといった、ほとんど実現する見込のない大きな賭けかもしれないし、毎週宝くじを買うといったことかもしれない。オスカーを受賞するとか、宝くじに当選するといった出来事が起こる可能性がどれくらいあるのか見積もるのが、リスクを測り決断を下すときに私たちが用いる方法だ。リスク計測器が作動していないと（作動していないことが多いのだが）、リスク分析を極めて慎重に行ったとしても無駄になる可能性がある。

たとえば、二〇〇一年九月一一日以降、多くの人が飛行機に乗ることを恐れ、代わりに車で移

動するようになった。統計的には車による移動の方が危険だ。ある研究によると、アメリカ同時多発テロ以降、空の旅を恐れる人が増加したことで、交通事故による死者が一六〇〇人増加したと推定されている。車の方が飛行機よりも危険なことは誰もが知っているのだが、とりわけ恐ろしい飛行機墜落事故の映像がニュース報道で絶えず流されるため、私たちのリスク計算を変えてしまう。

私たちが大きなリスクを取る理由は、私たちの確率の認識のしかたに原因があることが多い。私たちが確率を読み違えるときの、最も一般的な類型は以下のようなものだ。

一　確実性を過大評価する。この場合、その決断にリスクが伴っていることにすら気づかない。家を買うとき、家の価格は上がる一方だと想定している。ハリウッドにやって来る人は、他のほとんどの人よりも自分の方が見た目が良いとか才能があると信じている。

アンタル一族は、自分たちが捕まることなど考えたこともなかった。彼らは、サムならSECやIRS（内国歳入庁）を騙し通せると信じていた。私がインタビューした他の犯罪者たちも、自分も捕まる可能性があるとは考えたことがなかった。

二　起こりそうもない出来事のリスクを過大評価する。私たちは、起きる可能性の低い悲惨な出来事が発生する確率を実際よりも高く想定している。これが、自動車事故で死ぬ確率の方が高いとわかっていながら、人々が車より飛行機の方を恐がる理由だ。飛行機の墜落事故はとりわけ恐ろしいものなので、私たちは飛行機事故の起こる確率を実際より高く想定する。

三　存在しない相関関係を想定する。ポーカーで何ゲームか良い手が続くと、自分にツキが回ってきていて、次のゲームで自分に配られるカードも良いはずだと思うかもしれない。実際は、どのゲームで配られるカードも、その前のゲームで配られたカードとは何の関係もない。

犯罪の場合は、一度、あるいは何度も何かで捕まらずにすむと、次も捕まらずにすむという錯覚に陥る。アンタル一族は脱税がうまくいったために、証券詐欺も捕まらずにすむと考えた。これも誤りで、初めにうまくいったことで詐欺を続け、より大きなリスクを取ることになった。

四　私たちは、可能性が非常に高い、または非常に低い出来事を重視し、その中間にある出来事はあまり重視しない。〇パーセントと五パーセントの確率の差は何らかの可能性を生み出すことから、非常に大きく感じる。一〇〇パーセントと九五パーセントの違いも、リスクがあるかないかの違いを生むため、重要だと感じる。しかし、五〇パーセントと五五パーセントの違いは、私たちの意思決定にほとんど影響しない。私たちは「確実」に近づけば近づくほど、その確率を重視するが、数学的にはどのような確率水準であっても、五パーセント増加するときの重要性は等しくなければならない。

社会学者たちが、アリゾナ州マリコパ郡とペンシルベニア州フィラデルフィア郡の少年裁判所または一般法廷で、五年間に重大な犯罪（ほぼすべてが重罪）で有罪とされた一〇代の若者一三五四人を調査した。

少年たちは、喧嘩をすること、銃を使った強盗、他人を刺すこと、店や家への侵入、店から服を盗むこと、器物損壊、自動車窃盗といった、いくつかの重大な犯罪について、逮捕されるかもしれないと彼らが思う確率を聞かれた。調査を続けるなかで、社会学者たちは追跡調査を実施し、少年たちにその後犯した犯罪を尋ねた。少年たちが認識している「捕まるリスク」の大小が、罪を犯すかどうかの意思決定にきちんと反映されているのであれば、逮捕される確率が一パーセント増加するごとに、犯罪は一パーセント減少するはずだ。しかし、人間というものはそれほど単純ではない。

調査の結果から示唆されたのは、犯罪者となる者はリスクを直線的に考えないということだ。捕まる確率が一〇パーセントから二〇パーセントに倍増しても、人が犯罪を犯す確率は変わらなかった。しかし、確率が八五パーセントから九五パーセントに増加すると、同じ一〇パーセントの増加でありながら、多くの少年が再犯を思いとどまった。

私たちの誰もが、ときとしてものごとの発生する確率を見誤る。しかし、私たちはリスクを常に過小評価または過大評価する運命にあるわけではない。私たちがものごとの起こる確率をどのように認識するかは、そのリスクがどのように提示されるかによって決まるのだが、リスクの提示のされ方については、私たちが思っているよりもコントロールが可能なのだ。

確率的な思考は生まれつきできることではない

心理学者のポール・スロビックは、「リスクを定義することは、影響力の行使である」と述べている。私たちの頭脳は常に経済学者が期待するように確率を処理するわけではなく、このため自分のリスク認識をゆがめ、自分の行動を変えてしまう余地を残している。リスク認識を操作することで、何を買うかといったことから、不健康な食べ物を注文するかどうか、罪を犯すかどうか、そして、どの映画を見るかといったことまで、あらゆる種類の行動を引き出すことが可能となる。

「買わなきゃ当たらない」という宝くじの宣伝文句で、当選する確率はないに等しいにもかかわらず、当選するかもしれないという考えが私たちの頭の中に刷り込まれる。グーグル・マップが職場まで二〇分かかると言うと、実際の所要時間には一定の幅があるにもかかわらず、その時間があたかも確実であるかのように聞こえる。ネットフリックスは、あなたと同じ人口統計学的な属性を持つ他の人たちの六〇パーセントが視聴を終えたので、あなたもきっと好きになるだろうと、賛否の分かれるアート・シアター系の映画を推奨してくるかもしれない。テレビの販売員はあなたに延長保証を勧めるにあたって、起こる可能性は低いにもかかわらず、発生する可能性のあるあらゆる問題を並べ立てる。こうした巧妙なコミュニケーション方法が用いられることによって、私たちは実際のリスクに対する認識のしかたを変えられ、あるいはリスクに対して盲目にされてしまう可能性がある。

リスクの伝え方で犯罪を防ぐことさえできる。長いあいだ、長期の実刑判決で脅すことで犯罪は抑止されると考えられていた。結局、長期間収監されるとなると、犯罪によるダウンサイドリスクもより深刻になる。刑期が長いほどリスクは高くなる。しかし、何十年にもわたって刑期の下限を長期とし、かつ司法取引を行ってきた結果、何百万人ものアメリカ人が収監されるようになったことを踏まえれば、刑期を長くしても実際はあまり犯罪阻止の役には立っていなかったように思われる。罪を犯そうとする人間にとって、刑期の長さはこれといった意味のあるリスクではないのだ。周囲に刑務所に行った人がいても、私が話をした前科者たちの意思決定には影響しなかった。自分は捕まらないと確信していたからだ。

犯罪の抑止により効果があるのは、より多くの警官を路上に配備することだと考える証拠がある。酒屋に強盗に入ろうとするそのときに角に警官が立っていれば、自分は捕まらないはずだと自分に言い聞かせても信じる気にはならないだろう。警官の配備を強化できれば、捕まるリスクがより現実的なものとなり、犯罪者の心を動かす。どのような処罰を受けるかははっきりしていなくても、ほぼ確実に捕まるという認識に変わる。サム・アンタルは私に、犯罪に手を染めないようにするのは今でも苦労すると話してくれた。SECで働いていて一挙手一投足を見張られていたときが法律を守るのは一番簡単だったと彼は言う。

注意が必要なのは、すべての警察活動が有効なわけではないという点だ。効果的な戦術とそうでないものとがある。「割れ窓」警察活動（軽微な法律違反でも逮捕すること）や「ストップ・アンド・フリスク」（罪を犯していない市民を拘束し武器を所持していないか身体検査をすること）の犯罪抑止上の有効性については、それほど説得力のある証拠はないし、こうした戦術を採用すると、警察活動の倫理性に疑義が生じる。しかし研究によれば、犯罪の多い地域、すなわちホットスポットに警官を配置すれば、それらの（標的となることが多い）地域の犯罪が明らかに減少することがわかっている。地域とその地域に住む人々に精通した警官を配置する「コミュニティ警察」も効果的だ。

そして、これらの微妙な、またはそれほど微妙でもないメッセージだけではなく、明示的な確率でさえ誤解を招くことがある。英国の医薬品安全委員会は一九九五年に、第三世代の避妊薬を使用することで血栓が発生する確率は倍増する、すなわち一〇〇パーセント増加するという警告を出した。この数字が避妊をすれば誰でも血栓ができるという印象を与えた結果、女性たちは怯えてしまった。多くの女性がピルの服用をやめた結果、望まない妊娠や中絶が増加した。一九九六年にはイングランドとウェールズの中絶件数は一万三〇〇〇件増加した。

しかし、一〇〇パーセントという数字は誤解を招く。この研究で実際に明らかになったのは、七〇〇〇人の女性のうち一人が第二世代のピルを服用したあとに血栓を発症したということだ。第三世代のピルを服用した女性については、この数字が七〇〇〇人中二人に増加した。

主導権を取り戻すには

正確な確率の計測は比較的近代的な発明だ。人間がリスクを計測し、定義できるようになってまだ数百年しかたっていない。私たちの頭脳が普段リスク評価を計算する際に、金融経済学者や科学者が確率を測定する方法に従わなかったとしても驚くにはあたらない。

適切な確率の推定ができるかどうかは、リスクがどのように提示されるかによって変わってくるが、意識して注意を払うことで、暗示された内容に影響されにくくなる。心理学者のゲルト・ギーゲレンツァーは、人間がどのようにリスクを認識するか研究している。彼は、人間は確率を理解していないかもしれないが、だからといって確率的に考えたり、リスクを理解したりできないわけではないと主張している。彼の研究によると、確率よりも何かが実際に発生する回数である「頻度」の方が、人間の思考方法に合っているため理解もしやすく、リスクを理解する際の拠り所となる。

英国の避妊の例に戻ろう。「一〇〇パーセントの増加」は「ほぼ確実」を意味するかのように聞こえたが、この情報が頻度、すなわち「七〇〇〇人のうち一人、七〇〇〇人のうち二人」というかたちで提供されていれば、本当のリスクがより正確に理解されていただろう。ギーゲレンツァーの調査によると、人は確率ではなく頻度を見せられれば、賢明で合理的な判断をする傾向があり、確率を理解することができる。また彼が発見したところによると、人間には確率よりも頻度の方が記憶がしやすい。

ギーゲレンツァーは、文字の読み方や基本的な数学を教えるのと同じように、リスクや確率論の基本も教えるべきだと考えている。人間は生まれた時点では文字が読めないが、現代社会で生きていくには必要なため、読み方を教える。彼の研究は人間がリスクを理解できることを示しているが、確率よりも頻度の方が理解しやすいのは、私たちの脳が特定の環境でリスクを理解するように進化したためだ。いまや環境は変化し、統計の理解は現代世界で生きるためには文字を読む能力と同様に重要になっている。

確率的な思考は生まれつきできることではないかもしれない。しかし、私たちにはリスクを理解する能力が隠されており、これまで以上に力を与えてくれる。テクノロジーのおかげでリスクの計測方法と認識方法が変わる可能性があり、かつてないほど正確な確率評価が可能となるかもしれない。テクノロジー企業は、どの映画を見るか、何を買うか、どこに行くかといった、私たちの行動すべてについてデータを収集している。このデータを利用すれば確率を推定し意思決定に役立てることができる。遠からず、かつてなかったほど正確な確率情報を私たちが手に入れ活用する日がくるだろう。今日の進歩は、フェルマーとパスカルが最初にリスクを計測したときと同じぐらい大きな変革をもたらすものとなるかもしれない。

しかし、これらすべての確率推定値も、もし私たちがそれを歪めてしまうのであれば、何の役に立つだろう。さらに恐ろしいのは、私たちがリスク認識に影響されやすいため、テクノロジー企業に新たな力、すなわち私たちの恐怖を和らげるようなしかたでリスクを提示し、私たちの意思決定を変えてしまうような力を与えてしまうことだ。より正確に確率を計測する能力は、私たちが本当は欲しくない、あるいは必要としないものを買うように私たちを教育し、操作するために利用することも可能だ。

リスクの基本を習得するためのトレーニングが提供されることは当面ないのかもしれないが、提示されたデータの意味を理解しようと自分自身で努力することは今すぐにできる。目の前の確率の意味を解読するひとつの方法は、頻度を使って考えることだ。降雨確率三〇パーセントと聞いても何の意味も成さないかもしれない。一日のうち三〇パーセントの時間帯で雨が降るということなのか、それとも一日のうちどこかで雨が降る確率が三〇パーセントということなのか。これに対して頻度を使えば、「同じような条件の一〇〇日のうち、一日のどこかで雨が降った日が三〇日あった」と考えることができる。友人の友人が宝くじに当選すると、自分が当選する確率も上がったような気になるかもしれないが、自分や自分の周囲にいる知人で、毎週宝くじを購入し、一度も当選したことがない人たちを全員思い出すべきだ。

現代の私たちは、生まれたときには持ち合わせていないような能力を必要とする課題に直面している。データ中心の社会では、ある映画が私たちを楽しませ、ある仕事がうまくいき、あるいはある犯罪で私たちが刑務所行きになる確率を推定することができる。私たちのほとんどは、これらの確率を理解する訓練は受けていないが、頻度を使用すれば確率的な思考をすることができる。

ルール3　取ったリスクに対して最大の見返りを得よ

GET THE BIGGEST BANG FOR YOUR RISK BUCK

無償で何か得ることは決してできない。リスクを取る場合も通常は同じことがいえる。リスクとは、より多くを手に入れるために支払う価格だ。そして、人生の他のすべてのことと同じように、何かを手に入れるために必要以上のものを支払う理由など存在しない。

別の仕事に就く、家を買う、知らない相手とデートをするといったリスクを伴う決断を下すとき、より大きな利益にはより大きなリスクが伴うというのは一般論としては正しい。しかし、これはリスクが大きければ利益も必ず増えるという意味ではない。潜在的な利益は同じなのに片方のリスクがもう片方のリスクよりも高い二つの選択肢を前にすることがある。第8章では、利益を最大化しながら、リスクをできるだけ少なくする方法を説明する。

金融経済学者は不必要なリスクを取ることは非効率だと考える。彼らはリスクを分散することで効率性の向上が可能だと主張する。その結果、より少ないリスクで同等か、あるいはより大きな利益を得ること可能になり、リスクの観点からすればお買い得ということになる。

第8章

リスクの分散――まったく見当違いの場所で効率性を追求する

DIVERSIFICATION: Looking for Efficiency in All the Wrong Places

卵を全部同じ籠に入れるとな（中略）、取っ手が壊れるものなのさ。するとスクランブルドエッグしか残らん。

――ノーラ・ロバーツ（『あの頃を思い出して』著者）

リスクにさらされるのは、私たちが望むものを手に入れるためのコストであり、他のコストと同様に、節約してより少ないリスクでより多くを得ることができる。私たちはリスク分散、すなわち多くの異なる資産を保有し、すべての賭けがひとつの資産に集中するのを避けることで、不要なリスクを除去することができる。金融経済学の外に目を向けるとすれば、たとえば複数の人と付き合うとか、このギグワーク（インターネットで単発の仕事を受注する働き方）の時代にいくつか異なった仕事をすることが、リスク分散に該当するかもしれない。正しくリスク分散することができれば、現実の世界で「フリーランチ」（リスクを取らずに儲かる、「タダメシが食える」状態）に最も近いものを手に入れられる。期待される利益と同じかそれ以上の利益を、より少ないリス

クで得ることができる

一九五〇年代から六〇年代にかけて、リスクを減らしても同じ期待利益の額を維持できるというアイデアは、投資というものを変えることになる発見だった。いまや同じアイデアが、ケンタッキー州ホースカントリーの種馬飼育場といった株式市場とは縁もゆかりもなさそうな場所も含め、他の分野へも広まりつつあり、そうした分野にもリスク分散をもたらすかもしれない。

競走馬は特別な生き物であり、命を持った、息をする投資ポートフォリオだ。そして、投資家に富を毎年もたしてくれる株式の究極の組み合わせとちょうど同じように、主要なレースに勝つためには、さまざまな特徴が完璧にブレンドされた馬が必要だ。チャンピオンとなる馬は、ちょうど良い大きさで、大きな心臓とちょうど良い角度で曲がった臀部を持っている。競走馬に適した気質、勝つための意志に加え、その潜在力を引き出すためには適切な調教と騎乗者も必要だ。すべての条件が整えば競走馬は非常に効率的に走り、一〇ハロン（約二〇〇〇メートル）の距離を二分未満で駆け抜けることも可能だ。しかし競走馬の繁殖となると、それほど効率的だとは言えない。

哀れな当て馬

ケンタッキー州ベルサイユにある種馬飼育場〈スリー・チムニーズ〉の繁殖小屋は、ロマンチックな場所ではない。私が訪問した日、四人の人間が黒いヘルメットを着用し、同じく黒のパッド入りベストを着て、ユーモアもなく真剣な面持ちで周囲に立っていた。近くの厩舎からメスの馬、つまり繁殖用の牝馬が連れてこられた。この牝馬は、種付けを嫌がって交尾しようとする種馬に怪我をさせたりしないように、もとの厩舎で当て馬を使って発情させられていた。当て馬は牝馬との交尾は許されず引き離された【1】。

牝馬は小屋の隅に立って、厩舎に入ってきたばかりの種馬を蹴らないようにしっかりと抑えつけられていた【2】。この種馬が、私が見に来た「伝説」だった。彼の名前は〈ガンランナー〉。市場で最も人気のある種馬だ。彼がレースを引退したのはほんの数カ月前のことで、まだ筋肉質で、光沢もあり、力強い様子だった。彼は馬の（絶頂期のころの）ミック・ジャガーだ。彼の種付けは七万ドルかかる。

「メインイベント」がどんなものか、私にはまったく知識がなかった。結局、それほど気が動転したところは見せずに済んだ。ガンランナーは牝馬の匂いを少し嗅いだあと、ヘルメットをかぶった人間のひとりが牝馬の尾を持ち、別のひとりに挿入を手伝ってもらいながら、牝馬にマウントした。約三分後ガンランナーは飛び降り、臨床的な作業が始まった。人間のひとりが急いで入ってくると、ガンランナーから流れ出ている精液を集め、隣の部屋へ行き顕微鏡で見た。私たちも全員が覗いてみたが、状態は良かった。ガンランナーの精子は彼自身よりも速く走り回っていた。ヘルメットをかぶった調教師が、集めた精液を注射器に入れ、腕を肘の深さまで牝馬に挿入し、バックアップとして注入した。調教師は大きく息を吐いて手袋を脱ぎ、私と握手した。ガンランナーは、その日のうちに同じことをもう一度、別の牝馬と行なわなければならなかった。彼はシーズン中に一七〇頭の牝馬（平均で一日三頭）に種付けする予定だった。

種馬市場は非効率

馬の世界にいる人たちは、ちょうどパパラッチが有名人のことを語るのと同じように馬のことを語るのだが、今はガンランナーが大人気だ。私が、ガンランナーが種付けするところを見たと言うと、彼らは皆満足げにうなずく。ガンランナーにはすばらしいレース実績と正しい血統がある。しかし、ガンランナーにとって何が今有利なのかというと、彼が種馬としては新参者で、知名度の高さが金になると言うことだ。真剣な馬のブリーダーの多くがガンランナーの精子を欲しがっている。少なくとも今のところは。来年になって新しい種馬が登場すれば、ガンランナーの「サービス料」も少し下がる可能性が高い。新参者でまだ結果が出ていないことにも価値はある。

しかし、ガンランナーは一番人気からはほど遠い。私はその日すでに別の種馬飼育場〈クレイボーンファーム〉で〈ウォーフロント〉に会っていた。私が二〇一八年に訪れた時点のウォーフロントの種付料は二五万ドルで、彼を所有するシンジケートは二〇一八年の一年間で二五〇万ドル以上を手に入れた。二〇一六年には、近隣の〈クールモアスタッド〉にいるアメリカのクラシック三冠馬〈アメリカンファラオ〉と同じ金額を稼いでいる【3】。ウォーフロントは二〇〇七年から種馬になっており、彼の子孫の何頭かは非常に良い成績を出している。彼の子供には最高で一九〇万ドルの値がつく。

現在、ガンランナーは目新しさもあって人気だが、ウォーフロントのように種馬の上流階級までたどり着けるかどうかは誰にもわからない。ある馬の子孫に価値があるかどうか判明するまでに少なくとも三～四年かかる。数年後、ガンランナーの子供たちがレースに登場するようになれば、彼の料金は急騰するか暴落するだろう。これが、彼が二〇一八年に一七〇回の種付けをさせられた理由だ。ガンランナーの所有者たちは、稼げるうちに稼いでおく必要があるのだ。そして、交配相手を大きく分散させることには一定のメリットがあり、費用もかからない。種付けをする牝馬が多ければ多いほど、子供のなかから成功馬が生まれる確率は高くなる。私が訪れたころ、スリー・チムニーズ・ファームでガンランナーが種付けする相手の牝馬を決めていたグラント・ウィリアムソンの説明によると、子孫から成功馬が生まれた比率ではなく、成功馬の数だけで市場の評価は決まる【4】。したがって、ガンランナーから三頭の成功馬が生まれれば、たとえレースに一度も出られない子馬が二〇〇頭いたとしても、種付料は高騰するだろう。

レースに勝つ馬を生産するのはクラップス〔二個のサイコロの出目を競うゲーム〕のようなものだ。サラブレッドをサラブレッドたらしめている遺伝子のプールは限られているにもかかわらず、馬の遺伝子に何が隠されていて、どのような特性が遺伝するのか実際は誰も知らないのだから。伝統的に、交配計画を決める際にわかっているのは、馬の血統と、両親とその子孫が勝ったレースの数であり、これで種付料は決まる。しかし、勝利馬の子孫が優れた競走馬になる可能性はあまり高くない。ケンタッキー大学の経済学者で種馬市場を研究しているジル・ストウは、彼女が調査した市場では、種付料の「高さ」とレースで得た賞金の「少なさ」の間に正の相関関係があると考えている。種馬市場のどこかに歪みがあるようだ。

馬の繁殖は映画産業と同じように結果の予測が非常に難しいため、長期的な結果を犠牲にして、短期的なリスクを軽減しようというインセンティブが働く。種付料は高額になるばかりだが、上位馬の足が速くなっているわけではないため、このシステムは機能してはいない。

しかし、この状況も変わるかもしれない。データと科学の力で、金融経済学のリスク削減戦略をブリーダーが直接利用できるようになり、解決策が示されるかもしれない。

ブリーダーのリスク削減方法

馬の生産は非常にリスクの高い投資だ。繁殖用牝馬の子宮には希少価値があり、子馬を産むには一一カ月かかる。子馬が生まれると、レースに出られるようになるまで二～三年かけて育成し、トレーニングをする必要がある。妊娠からレース出走まで、競走馬の育成と訓練には、(種付料を除いても) 一〇万ドル以上かかる。現実にレースに出走するまでは、投資が報われるかどうかは誰にもわからない。まったくレースに出ない可能性が一番高い。二〇一八年にアメリカで生まれたサラブレッド種の子馬約二万頭のうち約三〇パーセントは、一度もレースに出ることはないだろう。約八パーセントの子馬が賞金のかかったレースに出走し、相応の賞金を獲得する。競走馬の育成は、勝率が低く、どの生育段階をとってもほとんど情報のない、長期の投資である。

大きな投資をしてその元が取れなくなるリスクに対処するために、ブリーダーは自分が生産した馬のほとんどはレースには出さない。私が種付けされるところを見た馬は、おそらく生後一年（一歳馬）で売られ、ブリーダーは馬の本当の能力が明らかになる前に投資を回収し、いくらかの利益を手にする。ストウは一歳馬の販売価格はほぼすべて血統で説明できると分析している。

この一歳馬は、一年後、二歳になり短いレースに出走しはじめたころ、再び売却されるかもしれない。この段階になると短距離走でどれくらい速く走れるかなど、より多くの情報が入手できるようになっているが、大金がかかったより長距離のレースに勝つ能力があるかどうかとなると依然として不明だ。速い馬はおそらくケンタッキーダービーでは勝てないというと、直感的におかしいと思われるかもしれないが、人間と同じように馬にも異なった遺伝子型があるのだ。

二〇〇九年に科学者たちが馬の遺伝子配列を決定し、その数年後にアイルランドの馬の遺伝学者エメリン・ヒルが馬の「速度遺伝子」を発見した。彼女の発見が示唆するところによれば、馬の速度は筋肉の発達と筋肉繊維のタイプを制御するミオスタチン遺伝子（ＭＳＴＮ）の変異で決まる。馬（および人）では、この遺伝子は、その持ち主が高速で走ることに向いているか、それとも長距離走に向いているかを決定する。馬には、短距離のスプリンター、長距離ランナー、およびハイブリッド（スプリント機能と長距離走機能の両方を備え、一・六キロメートルか、それを少し超えるぐらいの距離を走るのに適した馬）の三つの遺伝子型がある。

スプリンタータイプの馬は足が速く筋肉質で、さらに、早い時期から走りが良さそうに見えるため、若いときに売れる傾向にある。しかし、これはスプリンタータイプがすばらしい競走馬になれるという意味ではない。大きな賞金がかかるレースは少し距離が長く、一・六キロメートル程度になる傾向にある。スプリントと長距離走の両方の遺伝子（ヘテロ接合体）を持つ馬はより万能で、ケンタッキーダービーのような中距離のレースに最適であることから、最も価値が高い。

スプリンターは、必ずしも長距離のレースを耐え抜く気力や体格を持っているわけではない。彼らには大レースで実際に優勝し非常に大きな金額の賞金と名誉をもたらすために必要なものが欠けていることが多い。賞金のかかったレースで優勝すれば、その馬はガンランナーのように高額の種付料を稼ぐようになることから、大きな利益を生む。しかし、短距離レースにおける勝利は早い時期に観測できる情報であることから、レース年齢に達する前の売買ではスプリンター型の馬が好まれる傾向にある。ブリーディングの投資家にとっては、より早く投資の回収と利益の確保を行い、リスクを削減する機会となる。

クレイボーンファームで血統管理者（種馬飼育場で交配する馬を決定する人）を務めるバーニー・サムズは長年にわたって馬のブリーダーをしている。彼はモジャモジャの白髪頭をした大きな男で、彼の外見は血統管理者とはどんな風貌か想像したときに頭に浮かびそうなイメージそのものだ。ウォーフロントと交配させる牝馬は彼がクレイボーンや他の農場から選ぶ。サムズにはウォーフロントの対応能力を超える数のリクエストが届く。彼は、種付料の水準を維持するため、成功馬となる子孫が産まれる確率を最大化できるように牝馬を選択する。

サムズはゆっくりと言葉を選びながら、一歳馬市場で良い値がつくのは、見栄えが良くて父親が有名な馬だと説明してくれた。「よく売れて、足が速く、ケンタッキーダービーで勝てる馬をみんな欲しがるが、三つが全部揃うことはない」

近親交配

馬のブリーダーには、短期的な利益のために、馬を近親交配させようとするインセンティブが働く。数十年前であれば、人気のある種馬は年間六〇頭あるいは七〇頭の牝馬と交配させられていたが、今では最も人気のある種馬は二〇〇頭近くと交配させられる。このため、非効率であるにもかかわらず、サラブレッドの近親交配は急速に進んだ。ブリーダーはかなり高額の種付料を支払うにもかかわらず、育てた馬はレースで勝つどころか、レースに出走することすらできない可能性がある。

サラブレッド種〔純血種〕の馬は、その定義からして同系交配によって生まれた馬である。現代のサラブレッド種の九五パーセントは、一七〇〇年生まれの一頭の馬ダーレーアラビアンを祖先としている。馬の遺伝学者マシュー・ビンズ博士と、そのパートナーで、投資と交配の観点から馬を科学的に評価するコンサルティング会社〈イークワイン・アナリシス・システムズ〉は、この四〇年間でサラブレッド種の近親交配がさらに進行したと推定している。近親交配が顕著になりはじめたのは一九八六年の税制改革から数年を経た一九九〇年代のことだった。この税制改革によって、商業ベースで馬を生産し、出走年齢に達する前に売却する税務上のインセンティブが増加し、結局これが標準的な業界慣行となった【5】。ただ、近親交配が増加したとはいえ、広い視野から理解することも重要だとビンズは言う【6】。「平均的なサラブレッド馬は、まだ純血種の犬ほど近親交配が進んでいるわけではない」

現代で最も多産な競走馬は、おそらくケンタッキーダービーおよびプリークネスで優勝した〈ノーザンダンサー〉だ。ノーザンダンサーの種馬としてのキャリアは二〇年以上におよび、複数の大陸をカバーし、そしてその子孫の多くが同じように競走馬として成功を納めた。彼の種付料は一九八四年のピーク時には五〇万ドル（二〇一八年の価値に換算すると一二〇万ドル）に達し、その六年後の一九九〇年に死んだ。

しかし、彼は今も生きつづけている。今日、ほとんどすべてのサラブレッド馬はノーザンダンサーの血を引いており、しばしば母方と父方の両方でノーザンダンサーの子孫が複数回交配されている。サラブレッドの血統を研究してきたケンタッキー州の作家デビッド・ディンクによると、二〇一二年から二〇一五年の間に販売された三万八八二一頭の子馬のうち九六・五パーセントがノーザンダンサーの血を引いていた。系統図にノーザンダンサーの子孫が二回ないし三回現れる馬は全体の六四パーセントに達するとディンクは言う。四回以上現れる子馬は全体の二〇パーセントだ。

競走馬の交配を支配する経済原理は、二つの理由から、ハプスブルグ家のような子孫（ただし、こちらは美しい子孫）を増やすインセンティブを生み出した【7】。まず、父親が誰であるかで一歳馬の価値はその大部分が決まるが、一歳馬のオークションで大金をもたらすような人気のある種馬の集団はかなり小さい。新しく種馬となる優勝馬はかなり少数で、子孫も成功した競走馬となるとさらに少ない。

次に、近親交配はスプリンター、つまり売れ行きの良い馬が生まれる確率を高める。スプリンターの遺伝子型は「ホモ接合体」である。二頭のスプリンターを交配すると、スプリンターが生まれる。ノーザンダンサーの遺伝子型は不明だが、より長距離のレースで優勝していることから、スプリンターと長距離馬の両方の遺伝子を持つヘテロ接合体だったのではないかとエメリン・ヒルは考えている。彼女は、ノーザンダンサーが少なくともひとつのスプリント遺伝子を持っていた「可能性が高い」と言う。これとハイブリッドタイプの牝馬を交配すると二五パーセントの確率でスプリンターが生まれる。牝馬が（スプリント遺伝子を二つ持つ）スプリンターである場合、子馬もスプリンターとなる可能性が五〇パーセントある。両方の馬がスプリンターであれば、ブリーダーは間違いなくスプリンターの子馬を手に入れることになる。こうして何世代もスプリント遺伝子を持つ馬を交配しつづけると、スプリンターの数が増え、次の世代がスプリンターだらけになる確率が高くなる。二〇一二年にネイチャー・コミュニケーションズ誌に掲載された記事によれば、より選択的な交配の結果スプリンターが大幅に増加したと推定され、これらはノーザンダンサーのスプリント遺伝子に遡ることができる。

ほとんどの馬の近親交配は、みいとこ（三従兄弟姉妹）とよいとこ（四従兄弟姉妹）のあいだで発生し、馬たちの交配は何度も繰り返される。いとこ間の近親交配は、一回か二回であれば無害または有益な場合すらありうるが、近親交配を続けるとマイナスの影響が現れる可能性がある。しばらくすると近親交配はハイリスク・ハイリターンとなる。馬の特性に「倍賭け」することになるため、良い結果を生むこともあるが、悪い結果になることもある。近親交配によって生まれた馬は足の速いスプリンターになる傾向があるが、同時に不妊症になりやすい。ビンズは、近親交配の増加に伴い、不妊の牝馬がわずかながら増加していることに気づいた。彼の説明によると、近親交配による馬は骨密度が低く、その結果怪我をしやすくなる可能性がある。

市場が変わった後、馬も変わった。技術と調教方法の進歩によって、一九三〇年代から一九八〇年代にかけて馬の足はますます速くなっていったが、一九八〇年代に大きなレースのレースタイムは頭打ちとなり、最近まで横ばいが続いた【8】。〈チャーチルダウンズ〉〔ケンタッキーダービーが開催される競馬場チャーチルダウンズを所有するアメリカの上場会社〕の子会社である〈ブリスネット〉でマーケティングディレクターを務めるエド・デローザは、同社のデータによると、過去一〇年ないし一五年のあいだに馬の足が遅くなった可能性すらあると言う。

馬の足が遅くなった原因としていくつか考えられることがある。馬のオークション価格が高くなるにつれ、業界は安全性に焦点を当てるようになった。長距離レースの馬場は衝撃を和らげるため砂が多くなり乾いているため、馬の走りが遅くなったのかもしれない（デローザは、彼のデータでは馬場の状態の変化による影響は調整済だと主張している）。一九八〇年代および一九九〇年代に比べ、馬に与えられるホルモンやステロイドの数も減っている【9】。薬物を使用していない馬は、使用している馬と同じような厳しい調教はできない。何世代にもわたって近親交配をした影響も出ているかもしれない。生物学者のマーク・デニーは、近親交配が増えると遺伝的革新が少なくなる可能性があると考えている。そうした遺伝的革新によって生物は進化し、動物の足も速くなるのだ。

リスク分散のメリット

仮にレースで勝つ馬を生産することが目標であったとしたら、リスク削減のための戦略も変わってくるだろう。選ばれたごく少数の種馬だけでなく、より多くの種馬と牝馬を交配させてサラブレッドの遺伝子プールを多様化すれば、ブリーダーは種付料に対してより高いリターンを上げることができるだろう。レースの勝ち馬と交配させることによってレースで勝つ確率が統計的に有意な改善をするという証拠はほとんど存在しない。別の馬がより少ないコストで同様の、あるいはより良い結果を生むかもしれない。そうすることで遺伝子プールに多様性を取り戻し、ハイブリッド（ヘテロ接合体）馬が生まれる確率を引き上げることができるかもしれない。

金融では、複数の株を保有しリスクの分散をはかることで不必要なリスクを除去する。たとえば、今は一九九三年一月で、二万五〇〇〇ドルを今後二〇年間投資するとする。急成長しているIT分野に興味があり、アップル株とヒューレットパッカード株のどちらを購入するか悩んでいる。両社とも将来は有望で、これまでの株価のパフォーマンスも良く、年率で約一一パーセント上昇してきている。その時点では、どちらの株に投資しても似たような将来性とリスクがあるように見えた。両社ともIT業界では確立された企業であり、成長を続けている。

すべての資金をアップル株に投じていれば、二〇年後には一〇〇万ドル以上になっていただろう。同じ二万五〇〇〇ドルでヒューレットパッカード株を購入した場合、たった五万七〇〇〇ドルにしかならない。五万七〇〇〇ドルもそれほど悪くないように聞こえるかもしれないが、一九九三年によりリスクの低い五年債のファンドを購入していれば、二〇一三年までにほぼ七万七〇〇〇ドルになっていたはずであり、不運な企業買収が原因で上下に激しく動く株価にストレスを感じる必要もなかっただろう。

後知恵で言えばアップルに賭けた方がはるかに良かった。問題は一九九三年の時点でそれを知るのは不可能だったということだ。アップルの状況は悪化する見通しだった。スティーブ・ジョブズが会社に戻るのは四年後の話であり、彼の頭にはまだアイフォン（ｉＰｈｏｎｅ）のアイデアさえなかった。一九九三年以降、アップルの株価は底を打つまでに七五パーセント以上下落した。

当時とり得た最善の策は、資金の半分をアップルに、残りの半分をヒューレットパッカードに投資することだっただろう。そうすれば、二〇年後には六〇万四〇〇〇ドルになっていたはずだ。アップルに全額投資した場合と比べてはるかに少なくなるが、一九九三年に知っていたことを前提にすれば、そうすることでリスクを減らし、同様の期待利益を得ることができたはずだ。

まったく関連のない業界の株を購入すれば、さらにリスクを削減することができる。ＩＴ業界の株価が暴落しても自動車業界にはそこまでの影響を与えないので、ゼネラルモーターズの株を保有すれば、次にＩＴ業界の株が暴落することがあっても、ポートフォリオへのリスクは少なくなる。

第5章では、ふたつの主要なリスク、すなわち固有リスクとシステマティックリスクを説明した。数百または数千の株を購入しリスクを十分に分散させれば、固有リスク、すなわち個々の株に特有のリスクをすべて除去することができ、アップルやヒューレットパッカードに何かが起こっても気づきさえしないだろう。

リスク分散はリスクを削減するための有力なツールである。経済の見通しが不透明なときは、ギグワークや副業は、仕事の固有リスク削減に役立つリスク分散方法のひとつだ。本職の方で勤務時間が短縮され、あるいは解雇された場合、ウーバーやリフトのドライバーとか、ちょっとしたコンサルティング業務のような副業が生活の支えとなってくれる。

リスク分散することで固有リスクを除去することはできるが、それでもシステマティックリスク、すわわち市場リスクは残る。株式市場全体が崩壊し、あるいは景気が後退し、本業だけではなく副業に対する需要も減る可能性がある。

自称オタクが革命を起こす

高いリターンと低いリスクをもたらす最適な資産構成を発見することは、ポートフォリオマネジャーにとっては「聖杯」のようなものである。ちょうど血統管理者にとって次の〈セクレタリアット〉〈一九七〇年代に活躍した三冠馬〉を生むことになる二頭の馬を見出すことがそうであるように。どちらの場合も伝統的に当て推量と直観に頼り、平凡な結果に終わっていた。しかしその後、金融業界ではデータ革命とより優れた数学的手法によってポートフォリオ管理が変貌し、究極のポートフォリオ探しはより科学的になり、リスクは減少した。

一九五二年にハリー・マーコウィッツという経済学博士課程の学生がシカゴ大学で株式市場の研究を始めた。シカゴ生まれのマーコウィッツはもの静かな勉強好きの子供で、数学が好きで、バイオリンを弾き、スポーツが嫌いだった。

一九五〇年代は、大恐慌から二〇年以上経っていたが、株式市場の評判は依然として悪いままであり、この市場に興味を持つ経済学者はほとんどいなかった。マーコウィッツが博士課程に入ったころ、成人のうち一六人に一人しか株を保有しておらず（現在はほぼ二人に一人が株を保有）、投資管理は科学というよりは匠の技のようなものだった。それは、富裕層向けに可能なかぎりリターンの高い銘柄を数十社選ぶことを意味し、意識的にリスクを削減するようなことはほとんど考慮の対象とはなっていなかった。ほとんどの学者にとって、株式市場は興味も研究する価値もなかった。

当時経済学者は、株価は企業の将来の予想利益のみで決まると想定していたが、マーコウィッツには奇妙な想定と思われた。将来の利益水準が株価の唯一の予測因子であるならば、皆予想利益率が最も高い株をひとつかふたつしか選ばないはずだ。ほとんどの投資家は何十社も株を保有しているが、いったいなぜそんなことをする必要があるだろうか。マーコウィッツは、人々はリターンだけではなくリスクにも関心を持つべきだということに気づいた。

マーコウィッツの気づいたことが、現代の金融経済学が経済学の一分野、すなわちリスクとその管理方法を研究する学問分野として登場するための知的基盤となった。彼は、リターンだけに焦点を当てると、勝者のみを選択しようとして（それは不可能なのだが）不要なリスクを取る結果になることが多いと気づいた。そうではなく、互いにバランスを取り合うような株を選べばリスクが削減され、平均すれば同等かより高いリターンを得ることができる。

経済学のすべての分野で、経済学者たちは私たちが資源の限られた世界に住んでいると想定する。世界には限られた量の石油、金、鉄鉱石しかない。経済学の中心的な課題は、どのようにすればこれらの資源を最適に使用できるか、または無駄を最小限に抑えられるかということである。

マーコウィッツは同じ考え方を金融市場に適用した。金融ではリスクがインプットであり、リターンがアウトプットだ。そして、限られた量の鉄を使用してできるだけ多くの車を作る効率的な方法があるように、株を選択する効率的な方法もある。マーコウィッツは、リスクを分散する（互いを打ち消し合うような異なったリスク特性を持つ株を多数保有する）ことで、投資家は効率的なポートフォリオを構築できると主張した。

マーコウィッツは議論の焦点をリターンからリスクに移行させ、金融における思考方法に革命を起こした。彼のアイデアは、一九六〇年代になり金融データとコンピューターによる高い計算力が利用可能になると、広く受け入れられるようになった。投資家向けに販売される、さまざまな資産から成るポートフォリオであるミューチュアルファンドは一八世紀から存在していたが、その市場は小さく、株の選択は科学ではなく人間の判断に基づいていた【10】。データとコンピューターの計算力にアクセスできるようになり、学者と投資家は、過去に株価がどのように変動し、ある株の株価が下落したときに別の株の株価はどれくらい上昇したか計測できるようになった。このデータと新しい数学的手法により、より少ないリスクでより大きなリターンを得られる、より効率的な株式ポートフォリオを見つけることができるようになった。わずか一〇社か一五社の株を保有するのではなく、数百または数千の株を集めた現代のミューチュアルファンドは広く普及することになった。ある株は他の株よりもポートフォリオのリスクをより多く低下させるが、残りのポートフォリオとまったく同じように動くのでないかぎり、新しい株を追加することでポートフォリオの固有リスクは減少する。

マーコウィッツがポートフォリオ選択に関する論文を初めて発表してから約一〇年後、〈ウェルズ・ファーゴ〉〈サンフランシスコに本店を置く国内有数の規模を誇る銀行〉の経営科学部長であったジョン・アンドリュー・「マック」・マクワーンは、シカゴ大学の友人からマーコウィッツのアイデアを紹介され、金融におけるもうひとつの革命であるインデックスファンドのアイデアを思いついた。インデックスファンドは、数百、数千といった多数の株で構成されるポートフォリオである。保有する各株式の数は会社の規模など一定のルールに従って決定される。〈ゼネラル・エレクトリック〉社の株の価値が株式市場全体の二パーセントを占める場合、ポートフォリオの二パーセントがゼネラル・エレクトリックの株に割り当てられる。マクワーンは、一九七一年に世界で最初のインデックスファンドを開始し、年金基金などの大規模な投資家に販売した。数年後、ジョン・ボーグルが〈バンガード〉〈ペンシルベニア州に本拠を置く世界最大規模の資産運用会社〉を設立し、インデックスファンドを一般投資家に販売しはじめた。

インデックスファンドは秘伝の味付けなどとは無縁で、どの株が大きく儲かるのかがわかるといった特別な才能も不要なことから手数料は低く設定されている。インデックスファンドの登場で、一般投資家は世界中の多くの株、数千の株に簡単に投資をし、低コストでほとんど努力もせずにリスク分散の恩恵を受けられるようになった。

投資会社はインデックスファンドには懐疑的だった。結局のところ、彼らはどの株を買えばよいか知っていると約束することで金を儲けていた。その主張を裏付ける証拠はほとんどなかったのだが。いくつもの研究によって、専門家が投資する株を選ぶ「アクティブ」ファンドのリターンは、リスクと手数料を調整するとインデックスファンドのリターンを上回りはしないということが判明している。

とはいえ、投資先として選んだ企業が次のアップルになるかもしれないという考えは今でも魅力がある。リスクの分散を図ることによって、同じ期待利益をより少ないリスクで手に入れられるかもしれないが、次のアマゾンまたはグーグルになる企業を選んでいれば得られるとてつもなく大きなリターンはあきらめざるをえない。株式投資で成功するためのアドバイスを提供する金融系ウェブサイトの多くで、投資界のスーパースターであるウォーレン・バフェットが語ったとされている言葉を引用しよう。「リスク分散は無知に対する保険だ。自分のしていることがわかっているなら、ほとんど意味がない」

もし一九九三年にアップル株に二万五〇〇〇ドルを投資していたなら、二〇年後には一〇〇万ドルになっていただろう。同じ二万五〇〇〇ドルをS&P500株価指数を構成する株（アメリカで最も価値のある株五〇〇社）に投資した場合は、二〇一三年までにわずか八万ドルの価値にしかなっていない。自分ならアップルを選んでいたはずだと考えるのも、自分は実際にその時期にアップル株に投資したから次も大化けする株を選べると考えるのも簡単だが、一貫して勝者を選ぶのははるかに難しい。だからこそウォーレン・バフェットは超がつくほどお金持ちのスーパースターなのだ。

テクノロジーで動かされるようになった経済においては、仕事、友人関係、恋愛生活といった金融以外のことでさえ、分散することでリスクを減らすことができる。友人が増えれば自分が必要とするときに誰かがいてくれる可能性が高くなる。より多くの人とデートをすることで自分が相手に求めるものは何なのか理解が進み、相手をよく知る前に特定の人に深入りせずに済む。もちろん、そうすることで極端なアップサイドは諦めることになる。人との関係を構築するのには時間がかかるし、選択肢のあまりの多さに困惑するかもしれない。しかし、賭けてみたいと思えるような相手が見つかるまでは、リスク分散をすることで選択を誤ってしまうリスクを軽減することができる。

競走馬繁殖業界のハリー・マーコウィッツに対する回答は？

テクノロジーの進化でより優れたデータが手に入るようになり、多くの場合リスクはさらに分散され減少する。そうした変化が金融に革命を引き起こし、大半の家庭がインデックスファンドとミューチュアルファンドを通して株式市場へ投資するようになった。そしていまや私たちは、データとアルゴリズムを活用するさまざまなタスクシェアやライドシェアのアプリを使用してギグワークをし、収入源を分散させられるようになった。同じテクノロジー（たとえばティンダー）が私たちの恋愛生活までリスク分散させている。次は競走馬のブリーディングの番かもしれない。

競走馬の繁殖はリスクを分散することで恩恵を受けるだろう。近親交配はこのようなハイリスク・ハイリターンの事業にとって高価だが、データとテクノロジーがブリーダーにとって、偉大な勝者となる可能性のあるごく少数の馬に賭けるのではなく、補完的な特徴を備えた馬を集めるインセンティブとなるかもしれない。そうすれば、金融市場でミューチュアルファンドが実現したように、競走馬繁殖のリスクもより分散されることになるだろう。

馬を売ることを目的とするか、競争させることを目的とするかで、インセンティブは変わってくる。ブリーダーが自分の馬を販売するのではなく競走させるのであれば、二頭ずつ異なる牝馬と種馬を交配させることができる。「よく売れる」には、正しい血統とスプリンターの特徴が必要で、どちらも近親交配を促す要因となる。しかし「良い馬」が生まれる確率を最大化するのは、もっと複雑なことなのだ。

ブリーダーにとっての理想は、悪い尻の馬には良い尻の馬を、膝が弱い馬には膝の強い馬をというように、弱点を補完させると同時に、長所は二倍になるように雄と牝の特徴を組み合わせることだろう。獣医でありイークワイン・アナリシス・システムズの社長であるデビッド・ランバート博士によると、ガンランナーのようなレースに勝てる馬は、遺伝的にはやや異常だ。これらの異常な性質のほとんどは再現が難しく、すべてが揃わない場合は足の遅い馬が生まれることになる。

たとえば、レースに勝つ馬の多くは心臓が大きい。普通の馬の心臓は三・六キログラムないし四キログラムぐらいしかないが、セクレタリアットの心臓は九・五キログラムあった。この余分な心臓・血管の潜在力は重要ではあるが、馬の他の機能とうまくかみ合わないかぎり、走りの早さには結びつかない。ランバートによれば、スバルにフェラーリのエンジンを組み込むようなものだ。彼は並外れた馬と普通の馬を交配するか、平均をわずかに上回るような特徴を持った二頭を交配すべきだと主張する。これは、可能なかぎり最高のパフォーマンスを発揮する二頭の馬を交配するという従来からの常識には反するが、従来のやり方では変わった特性を多く供えた子馬が生まれるものの、そうした特性は必ずしもうまくかみ合わない。

近親交配は、次のアップルになると思った株だけに投資するようなものだ。奇跡が起きる可能性はあり、そのときは莫大な利益を手にすることができる。しかし、結局ダメなポートフォリオで終わってしまう可能性の方がはるかに高い。交配相手を多様化させることによって、より安い種付料で、レースで賞金を稼げる良い馬を生み出す確率が高くなる。

しかし、これは実際に行われている交配方法ではない。少なくとも今のところは。

遺伝学者とデータサイエンティストは、ちょうどデータとコンピューターがポートフォリオ管理を変革したように、スピード遺伝子や心臓の大きさなど、馬に関するより多くの情報を提供することでこの業界を変えたいと考えている。そうすれば一歳馬のオークションで、レースにおける馬の潜在能力について買い手の理解が深まり、その結果、種馬が誰かではなく馬の品質で売れ行きが決まるようになるかもしれない。情報によってブリーダーとオーナーのインセンティブを一致させられる可能性があり、そうなれば「良い馬」の生産が「売れる馬」の生産と同じ意味になるだろう。

またデータは、特定の牝馬にとって最も適した種馬を見つけ出すことで「良い馬」を生み出すのにも役に立つ。ブリーダーは、ポートフォリオマネジャーと同様に、さまざまな特性をバランスさせ、レースに出られない馬が生まれるリスクを減らそうとするだろう。もし最高の競走馬を生み出すことが目標であれば、いくつものレースに勝った馬でその子孫がスプリンターであるという理由だけでその種馬の精子に一〇万ドルを払おうというインセンティブは減るだろう。むしろ種付料は、適切な特性を正確に一致させ、遺伝子の多様性を高め、優れた競走馬が生まれる確率を高くすることができるかどうかで決まるようになるだろう。交配に供される馬のポートフォリオは拡大するだろう。種馬としての候補馬の数が多くなれば種付料も下がり、両親の長所を兼ね備えた「良い馬」がもっと多く生まれるようになるだろう。

〈パフォーマンス・ジェネティクス〉でデータサイエンティスト兼サラブレッド売買エージェン

トを務めるバイロン・ロジャーズは、交配相手をより洗練された方法で選択することによってレースに出走できない馬の数を減らし、リスクを削減することができると説明してくれた。エメリン・ヒルは、遺伝学によって交配結果のバラツキを狭められる可能性があると言う。ケンタッキーダービーの勝者になれるかどうかは保証できないが、立派なレース結果を残せる馬を、より少額の種付料でより多く生み出すことができるようになるだろう【11】。

この科学には依然として議論の余地が残っている。遺伝形質がどのように発現するかは予測できないため、大レースで勝利する馬が生まれるように完璧な遺伝子操作をすることができるとは誰も考えていない。科学的にケンタッキーダービーの勝利馬を作り出すというのは、将来のアップルとなる企業の株でポートフォリオを構築する以上に実現は疑わしい。とはいえ、遺伝子をもっと多様化させれば、競走馬の繁殖を支配する経済原理も変わる可能性がある。ひょっとしたら、ケンタッキーダービーで世界記録を更新することだってあるかもしれない。

競走馬の繁殖は常にリスクが高く、株の投資よりもリスクは高いだろう。データを使用して最適な遺伝的多様性を実現することで、異常な遺伝的特徴を長期にわたって継続させ、あるいはレースに出られない馬を生産するために大金を費やすといった固有リスクを減らすことはできる。しかし、業界があまりにも少数の裕福な投資家に依存しすぎているため、システマティックリスクは残る。銘柄の分散をしても株式市場全体が暴落するリスクを減らすことはできないのと同様に、馬の遺伝的多様性を追求しても、景気の悪化が原因で馬の投資家の投機資金が減少してしまう場合は、この影響を減殺することはできない。システマティックリスクに対処するには、次のふたつの章で説明するような別の種類のリスク管理が必要だ。

【1】当て馬は、少なくとも年に一度は、当て馬同様交配相手として望まれていない牝馬と交配することを許される。ブリーダーはこのような機会を提供することで当て馬に優しくし、報われない仕事を続ける意欲を維持させる。

【2】彼女の所有者は私が彼女の名を明かすことは望んでいない。

【3】アメリカンファラオの現在の種付料は非公開である。

【4】彼は私が訪問した後、スリー・チムニーズを去った。

【5】一九六〇年代になって商業的なブリーディングの収益性が向上する前は、ブリーダーも通常はレースに出走させるために馬を育成しており、良い馬を得ることが目標だった。〈データ・トラック・インターナショナル〉の生体力学部長でありジャーナリストのフランク・ミッチェルによると、一九八〇年代の税制改革で不労所得の収益性が低下し、また長期のリスクをとって馬を育てるインセンティブが減らされたことから、商業的なブリーディングが盛んになった。それ以降、ほとんどのブリーダーは、出走年齢に達するよりもずっと前、血統しか当てにできる情報がないうちに、馬を売却するようになった。

【6】獣医学的な進歩によって、一頭の種馬で以前より多くの牝馬に交配サービスを提供することが可

能となり、近親交配は加速した。その結果、毎年引退する種馬の数が減り、より多くの牝馬に交配サービスを提供しつづけるようになり、遺伝子プールはさらに浅くなっている。

【7】オーストリアを支配した一族で、大きな顔という特徴や病気・不妊の原因となった、近親婚で知られる。

【8】これらの研究者は、英国における一八五〇年から二〇一二年までのレースタイムを調査した。スプリントレースに出走した二歳馬は、一九九七年から速くなりはじめた。しかし、ダービーのような、より長距離を走る注目度の高いレースに出場する、より年長の馬のレースタイムには改善は見られない。この研究は英国馬のみが対象となっている。

【9】ステロイドは、特定の状況を除いて五年以上前から禁止となっており、国際的なレースでは完全に禁止されている。

【10】一九二〇年代の投資信託は顕著な例外だが、株式市場が暴落してからは人気が衰えた。

【11】たとえ非効率的な市場であっても、競走馬への投資は依然として非常にリスクが高い。投資はインデックスファンドだけにしておいた方がよい。

ルール4　自分の領域を支配せよ

BE THE MASTER OF YOUR DOMAIN

私たちは将来のことについて決断を下すたびにリスクに直面し、良いことであれ悪いことであれ、将来起こることに自分自身をさらす。しかし、意思決定のプロセスはそこで終わるわけではない。リスクがどのように展開していくかについては、ある程度コントロールすることができる。

リスク管理とは、確率を自分に有利になるように組み立てることだ。第4章では、リスクは私たちが起こりうると想定できることがらとその起こる可能性、すなわち確率分布図で表された。そこで示されたグラフは、映画の種類別のリスク特性を表していた。各グラフでX軸、すなわち領域は、すべての起こりうる利益シナリオを表していた。その分布が広いほどリスクは大きい。リスク管理は確率分布の形状を変更できるように、（X軸方向の）領域管理を担当する。

これにはふたつの異なった方法がある。第9章では、最初の方法であるヘッジについて説明する。ヘッジをするときは、損失が発生する可能性を減らすのと引き換えに、潜在的な利益の一部を放棄する。統計的に言えば、リスクの上と下のテール（尻尾）部分を切り捨てる。

第10章で説明する二番目の方法は保険だ。保険では、一定の対価を支払うことで第三者に私たちのダウンサイドリスクを引き受けてもらうが、アップサイドは手放さない。ヘッジを行うと、ダウンサイドリスクを取り除くのと引き換えに、アップサイドをあきらめる。保険を使用すれば、ダウンサイドは取り除くが、アップサイド、すなわち上方のテールは（保険料はかかるが）すべて自分のものだ。もちろん、ダウンサイドなしで上限のないアップサイドの機会を手に入れるためには、ときとして大きなコストがかかる。

これらのリスク削減方法はいずれもひっくり返して、リスクを削減するのではなく、リスクを増加させ、潜在的な利益を引き上げるために使用することもできる。そうした可能性には、とりわけ保険で守られている場合には、いつも心をそそられるものだ。第11章では、適切なバランスを見つける方法について説明する。

第9章
リスクの除去——ヘッジの技術
DE-RISKING: The Art of the Hedge

大胆でなければ何も成し遂げられない。恐れずにリスクを取るのであれば、うまくいかなかった場合の防御策を講じておくのが上手なリスクの取り方だ。——リチャード・ブランソン

巨大なリスクを取って、それを管理する方法もないまま、とにかく前進を続け成功を勝ち取った実業家の話のうち一番新しいものを思い出してほしい。何度か緊張の瞬間やあわやという場面を経た後、すべてがうまくいくようになり、恐れを知らぬそのリーダーは信じられないほど裕福になる。しかし、私たちがこの人物の能力に喝采を送るようになるのか、それともそのギャンブルは失敗して彼または彼女の名前を聞くこともなく終わってしまうのかは、通常は、運またはタイミングの問題である。

私たちが何かを実際に学ぶことができるとすれば、それはリスクをヘッジする方法を知っていた実業家の話の方だ。ヘッジとは、大きな損失を避けるため、大きな利益をあきらめてリスクを減らすことである。そこでスキルが必要となるのは、リスクとリターンの適切なバランスを見つける方法を正確に知ること、つまり取るべきリスクの量を正確に知ることだ。そして、貧しい環境に生まれた人間がこれを克服して成功するために必要なのは、大志を抱くことではなく、リスクをヘッジすることだ。

世界最大のクルーズ船運用会社〈カーニバル〉のCEO（最高経営責任者）であるアーノルド・ドナルドは、そうした物語を持つ人物のひとりだ。フロリダ州ドラールにある彼のオフィスで、彼と私は大きく立派な机に向かい合って座っていた。壁には彼と世界のさまざまな指導者たちの写真がのった壁紙が貼られている。彼は著名で威厳のある六〇代の男性なのだが、ゲームについて話しはじめると、彼の目は八歳の少年のような輝きを帯びる。「モノポリーはたくさんやった。ボードゲームのね。正直言ってまだ負けたことはない」と彼は誇らしげに言う。「私は容赦はしないよ。もうずいぶん長いことやってないな。（私の兄は）八歳年上だったが、今でもやっつけられると思うよ」

ドナルドは人生のほとんどを通して、周囲のほとんどが彼に好意的ではない世界で困難な状況を克服し勝利を収めてきた。彼は大企業のCEOを務める数少ない黒人のアメリカ人のひとりであり、人種分離時代のニューオーリンズ第九区で赤貧の中に育った。しかし、貧困も人種差別もドナルドを止めることはできなかった。彼は、「欲しいものを手に入れる確率を最大にすること」

が成功の秘訣だと言う。五人家族のなかの最年少のメンバーとして成長しながら、彼はこの戦略を完成させていった。

ドナルドは、借金をテコにして過大なリスクを取るのは危険だということを早い時期に学んだ。彼は父親からお金を借りてキャンディーを大量に購入し、法外な利益を乗せて姉たちに転売し、父親に借金を返済した後の儲けを懐に入れた。この戦略は、姉たちにキャンディーの隠し場所が見つかって取りあげられてしまうまではうまく機能した。これは、若いドナルドにとって重要な教訓となった。今でも彼は、大損する可能性があるときはリスクを取らない。

中学生になるころには、彼は並外れて優秀だと認められるようになっていた。彼はニューオーリンズにある全生徒が黒人のカトリック系男子校セントオーガスティン高校に入学した。そこでは生徒たちがすばらしい教育を受け、高い期待を植え込まれていた。校内放送では、「紳士諸君、いつの日か世界を率いるその日のために、研鑽に励みなさい」という同じメッセージが、一日に三回流れていた。

ドナルドは「何ごとも可能だ」というそのメッセージを理解した。彼や彼のクラスメートの多くは、最高クラスの大学から強く入学を希望され、勧誘を受けた。

若いドナルドには無限に広がる世界が見えたが、リスクが最も高い選択は彼の成功戦略には含まれていなかった。彼はしばしば自分の野心を加減し、ものごとがうまくいく確率を最大化するためであれば、獲得するものを少し減らすことも厭わない。彼の幼少期の野心を考えてみればよい。彼が夢見ていたのは、ビジネスマン、とりわけ「フォーチュン誌が選ぶ理系のグローバル企業五〇社のゼネラルマネジャー（統括部長）」になることだった。

前途洋々の若者にしては、かなり控えめな野望のようにも聞こえる。ほとんどの高校生は、プロのスポーツ選手か、成功した起業家、あるいはCEOになることを夢見るものだ。しかし一九六〇年代のころは、大企業で安定した仕事に就いて出世するのが、成功する最も確実な方法だった。それは第九区では縁のなかった世界でもあった。ドナルドは無限の可能性を感じていたかもしれないが、大きなリスクを取って失敗することは彼の選択肢にはなかった。

自分がリスクを避けていたのかどうかはわからない。言えることは、私が統計的にものごとを考えていたということだ。私の人生哲学は……どこでそれを身につけたのか分からないが、その一部はモノポリーをしながら身につけた。しかし、私の人生哲学は成功する確率を最大にすることだった。そして、何かを検討するときはいつも、「成功する確率を高めるには、何をどうすればよいだろう」と考えた。

大学を選択するにあたって、彼は再びヘッジをした。カールトン大学を訪問したあと、ドナルドは自分が行きたいのは小さな文系の大学だと気づいた。おそらく、キャンパス訪問の際に将来妻となる女性に出会ったことも彼のカールトン熱が高まった原因のひとつだろう。ドナルドは、自分のキャリア目標を達成する確率を最大化するためには、経済学と工学というふたつの異なった学位を取得する必要があるとわかっていた。カールトンにはそうした選択肢はなかった。

そこで彼は、全額支給の奨学金を提供するという申し出をしてくれていたスタンフォード大学と取引をした。彼がカールトンで経済学を勉強する三年のあいだ、スタンフォードは奨学金の申し出を取っておいてくれるというのだ。カールトンで経済学の学位を取得したあとスタンフォードに編入し、二年で工学の学位を取得する。それが、彼が望んでいた文系の経験とスタンフォードの工学の学位という、いいとこ取りをする方法だった。

カールトンの二年生のときに、ドナルドは大学生の恋人と結婚した。彼女もスタンフォードの工学部に入学を許可されたが、奨学金をもらえなかった。彼らは学生ローンを借りて財務リスクを負うより、ふたりとも奨学金がもらえるセントルイスのワシントン大学へ行くことにした。

卒業後、彼はセントルイスに本拠を置く（いまや悪評高い）アグリテクノロジー企業の〈モンサント〉に就職した〔同社は除草剤や遺伝子組換作物の安全性が問題化していたが、二〇一八年にドイツ企業バイエルに買収された〕。青年時代に、思ったことを口に出す「せっかち屋」と自称していたドナルドは、企業の世界で成功するために全力を尽くした。同僚の一人からのアドバイスに従い、ルイジアナ訛りともみあげに別れを告げ、中西部企業幹部の生活スタイルを完璧に取り入れた。

ドナルドはすぐに出世階段を登りはじめ、三二歳でゼネラルマネジャーとなり、農業関連の科学やビジネスに対する興味を養いながら出世を続けた。ドナルドの元同僚でモンサントの研究開発部門の責任者だったフィリップ・ニードルマンは、これは当時まれな組み合わせだったと語る。「私が知るかぎり、彼はモンサントで唯一のアフリカ系アメリカ人幹部だった。彼の業績は四半期ごとの業績と売り上げの水準で厳しく評価されていた」

ドナルドは、いくつか指導的な役割を果たしたあと、モンサントの消費者・栄養部門の社長になった。そして二〇〇〇年に、モンサントで二三年間のキャリアを積んだあと、自分がその中で成長してきた企業のピラミッド組織という安全地帯を離れ、彼らしくもないヘッジなしのリスクを取り、打って出た。「低カロリー高甘味度甘味料」と彼が呼ぶモンサントの人工甘味料事業を、投資家グループとともに〈メリサント〉という名前の新しい会社として分離独立させ、そのCEOに就任したのだ。しかし人工甘味料事業は移ろいやすい。メリサントの製品イコールから競合製品スプレンダに市場の流れが変わると、メリサントは苦境に陥った。ドナルドは三年後にCEOを辞任し、高額の退職金を受け取り、二〇〇五年まで会長を務めた。メリサントは二〇〇九年に破産法の適用を申請した。

メリサントを去ったあと、すでに目標は達成し十分なお金も稼いでいたことから、ドナルドは五一歳という若さで区切りをつけ、引退することにした。その後はさまざまな企業の取締役会にメンバーとして招かれ、小さなリスクを取り、平穏な人生を過ごした。

引退して八年が経過したころ、彼はカーニバル社から電話を受けとった。カーニバルは家族経営のビジネスで、当時のCEOミッキー・アリソンは創業者の息子だった。彼らがドナルドに接触したとき、カーニバルは一連の不祥事で世間の注目を浴びていた。二〇一二年に〈コスタ・コンコルディア〉（カーニバル所有の客船）がイタリアの沖合で難破した。三二名の乗客と乗組員が死亡し、船長は船を放棄した。

その一年後、エンジンの出火が原因で〈カーニバル・トライアンフ〉が海上で動力を失った。港まで曳航されるのに要した四日間ものあいだ、電源喪失により船内の衛生状態が損なわれた。メディアはこの不運な航海を「うんちクルーズ」と名付けた。ＣＮＮはカーニバル・トライアンフがゆっくりと曳航される様子をリアルタイムの画像で流し、排泄物混じりの汚水と戦うことになった乗客の恐ろしい体験談を放送した。

こうした出来事があると、どんな企業であっても極めて大きな影響を受けるだろうが、クルーズ業界のイメージはとりわけ深刻なダメージを受けた。私たちがクルーズを予約するときは、ユニークな冒険や孤独を経験するのはあきらめ、そのかわりにリスクのない休暇を手に入れる。たしかにアンデス山脈でトレッキングをしたり、バリ島のビーチでキャンプをしたりするときほど心が踊ったり個人的な体験をしたりすることにはならないかもしれないが、クルーズ旅行であれば良い旅になるのはほぼ確実だし、少なくとも、ものごとはスムーズに運ぶはずだ。クルージングなら、ホテルがオーバーブッキングされることはなく、食事は予測可能かつ豊富で、レンタカーは故障せず、アクティビティはすべてが事前に手配されている。

しかし、何かうまくいかないことがあると、極めて深刻な事態となる。最悪の場合は大海原のまん中で汚水だらけの船に閉じ込められるかもしれないし、さらに悪いことさえ起こりうる。もし、そうした最悪の事態も起こりうるということになれば、クルージングの最大の魅力が輝きを失うことになる。

ドナルドはうってつけの人材には見えなかったかもしれない。彼はカーニバルの取締役会メンバーを十数年務めていたが、彼のアグリビジネス経営者としてのキャリアがクルーズ業界で役に立つようには見えなかった。モンサント時代の同僚はドナルドがカーニバルへ行ったと聞き、「野心はあるやつだが、クルーズ会社の経営なんか知らないだろう」と驚いた。

この仕事は、ドナルドがこれまでに取ったなかで最大のリスクのように思われた。しかし、彼の職業や人生における戦略、すなわち「リスクとリターンの適切なバランスを見つけることで、欲しいものを手に入れる確率を最大化すること」は、まさにクルーズ業界が必要としていたものだ。彼は、「リスクがあるのは分かっているから、成功する確率を最大化しようというわけだ。リスクがないと思っていたわけじゃない。リスクに対処できるという確信があったということさ。そこのところが違うんだ」と私に語ってくれた。

ドナルドが長年かけて培ってきたのは、うまくいかない可能性のあるリスクは何か、それを予測するスキルだ。しかし、単にリスクを予測するだけでは十分ではない。彼はまた、何かがうまくいかなかった場合にその損害が可能なかぎり小さくなるような措置を講じる。予測されるリスクに保険をかけることもあるが、ほとんどの場合は最初からリスクを減らすことでヘッジをする。

ヘッジ

私たちはリスクを減らすときはいつも「ヘッジ」という言葉を使用する。たとえば、選択肢を残しておく場合に「賭けをヘッジする」（複数の選択肢に賭金を分散する）と表現する。金融においては、ヘッジにはより正確な意味がある。それはリスクを削減するか、より少ないリスクを取るという意味だ。

ものごとがうまく運べば得られる潜在的な利益を放棄することで、ものごとがうまくいかない場合の損失を減らすのだ。全体として、リスクを削減することで欲しいものを手に入れる確率は高くなるが、手に入れるものを減らさなければならない。

たとえば、人生に幸福をもたらしてくれるものがふたつあり、それがお金と地元のサッカーチームだったとしよう。地元のチームの大きな試合で、そのチームの負けに三対一のオッズ（賭け率）がついている場合に、負ける方に一〇〇ドルを賭けるのがヘッジだ。自分のチームが負ければ敗北の痛みを感じるが、少なくとも三〇〇ドルが手に入るため多少の慰めになる。自分のチームが勝てば勝利の感動を味わえるものの、一〇〇ドルを失うので勝利の喜びもそこそことなる。

ヘッジは最も古く最も単純な金融戦略のひとつだが、しばしば無視され、あるいはリスク分散と混同されている。リスク分散は、多くの異なった株を所有することによって不必要なリスクを除去する。他のパパラッチとリスクを共有することも、多くの株を含むインデックスファンドを自分のポートフォリオに加えることもリスク分散になる。予想される利益は同じだが、リスクが削減される。何が起こっても、保有するもののうちのどれかで利益を得られる可能性が高いからだ。リスク分散をすることで固有リスクを除去することはできるが、引退すると決まっている日の前日に株式市場全体が崩壊するといったシステマティックリスクに対しては役に立たない。リスク分散はリスクがある選択肢のなかから最良のものを構築するのには役立つが、まだ残っているリスクにも対処しなければならない。

ヘッジとは、目標を達成するためには、そのリスクのある選択肢のうちのどれだけを求め、あるいはどれだけを必要とするか決定することだ。そしてリスク分散とは異なり、コストがかかる。手に入れるものを減らすというコストと引き換えに取るリスクを減らすのであり、期待する利益をいくらか諦める必要がある。

より周到な計画と明確な目標が必要となるため、ヘッジは綿密さが要求される。ヘッジをするには、裕福になることであれ、企業幹部として高い地位につくことであれ、あるいは自分が応援するフットボールチームのことで幸福感につつまれることであれ、自分の目標について考え抜いて、その目標が達成されないリスクを減らすために何か手を打たなければならない。ヘッジでは、システマティックリスクと固有リスクのあいだに違いはなく、両方の種類のリスクを減らすことができる。

第5章で登場したパパラッチのサンティアゴ・バエズを覚えているだろうか。業界が変化しつつあり、適切なタイミングで有名人を捕まえられる確率は常に低かったため、彼はパパラッチ業界で多くのシステマティックリスクと固有リスクに直面していた。バエズは自分の仕事が好きで、調子の良い日は大金を稼いだ。彼は他のパパラッチと提携関係を構築することで固有リスクを減らした。しかし、市場が非常に不安定だったため、多くのリスクが残っていた。システマティックリスクが増大し、ほとんど稼げない日が増え、大きな稼ぎがある日は減っていった。そのため、彼は廃業せざるをえなくなった。代わりに、もし彼がヘッジをしようと考えていたならば、街に出る日数を減らし、結婚式のカメラマンの仕事をすることもできたかもしれない。有名人のあのすばらしい写真を、ここぞというタイミングで撮る興奮と、それによって得られる収入はあきらめることになっただろうが、有名人の世界で何が起ころうが一定の収入を得られただろうし、より安定した収入源になったことだろう。有名人写真の市場は変化する可能性があるが、結婚式の写真の方は常に需要がある。

あるいは、ソーシャルメディアのインフルエンサーになることに決めたとしよう。ツイッターで多くのフォロワーや、「いいね」や、リツイートを獲得すれば、お金を稼ぎ、心の中にある穴を埋めることができると考える。積極的に活動すればするほど、あの完璧で意味深なコメントをツイートする可能性が高くなり、有名人にリツイートされ、名声と幸運（あるいは瞬間的な充足感）を得ることにつながる。しかし、絶えずつぶやきつづけると、何か間違ったことや、さらには他人を不快にさせるようなことを言うリスクが増加し、自分のキャリアに悪影響をおよぼす可能性がある。このリスクは、ツイートを一日数回に制限し、慎重に考えたものだけをツイートすることでヘッジすることができる。インターネット上で有名になるというアップサイドは逃すことになるが、社会でのけ者にされるリスクを減らすことができる。

リスクフリー資産への投資を増やす

ヘッジする最も簡単な方法は、単純にリスクを減らすことだ。たとえば息子が大学に通う一年目の費用として五年後に一万二〇〇〇ドルを準備するのが目標であり、今手元には一万二〇〇〇ドルあるとする。また、初年度が特別なものになるように、さらに三〇〇〇ドルを使って息子がもっと良い寮に入れるようにしたいと考えている。ファイナンシャルアドバイザーは、十分に分散された株式ポートフォリオであれば年率で八パーセントの利益が上がる見込みだと言う。つまり、平均すれば、五年間で約一万七六〇〇ドルになると期待できるので、授業料や快適な寮部屋のために必要となる費用に加え、さらにボーナスまで出るということだ。しかし、株式市場にはリスクがある。実際に年八パーセントの利益が出るという保証はないし、損失が出る可能性もある。一年後に株式市場が四〇パーセント下落したとすると、その後毎年八パーセントの利益が出たとしても五年後に手にできるのは九八〇〇ドルにすぎない。

このリスクから守るため、アドバイザーはヘッジ戦略を提案する。全資金のうち六〇〇〇ドルを債券に投資するのだ。債券の収益率は三パーセントしかないが、毎年確実に三パーセントを受け取ることができる。投資全体の期待利益率は年間五・五パーセントとなり八パーセントには届かないが、五年で約一万五〇〇〇ドルになると期待できる。株式市場が最初の年に下落し、その後回復する場合、五年後に手にするのは約一万二〇〇〇ドルとなる。債券を購入してヘッジをすることで、二六〇〇ドルのボーナスをあきらめる代わりに、損失を出すリスクの一部を緩和することができる。

個人の資金運用に関する記事の多くが、老後資金は単一の株に投資するのではなく、多数の株に投資するミューチュアルファンドで運用すべきだと教えてくれる。これは良いアドバイスなのだが、そうしたファンドが提供するのはリスクの分散だけであり、それだけで老後資金運用戦略の完成とはいかない。より完成した戦略にするには、残るリスクをヘッジしなければならない。老後のためのヘッジには、安定した収入を求めるのか、大金を求めるのか、それともその両方の組み合わせなのか、といった目標の明確化が必要になる。株式投資がうまくいかないリスクは、老後資金の一部をミューチュアルファンドで運用し、残りを短期債または長期債といった適切なリスクフリー資産で運用することによってヘッジすることができる。

ヘッジの効果は単純に取るリスクが減るということだ。潜在的な利益をある程度あきらめる代わりに損失を被るリスクを減らす。ヘッジ戦略は金融以外でも利用できる。ドナルドはリスクに対し、しばしばこのアプローチを取る。彼は目標を設定し、それを実現するのにちょうど必要なだけのリスクを取ることで、目標を達成する確率を最大化するのだ。彼は最悪の場合に備えるためであれば、喜んで余分なアップサイドをあきらめる。彼は大学の専攻と職業の選択をしたときにこの戦略を採用したが、カーニバルの経営にも活用している。

ヘッジは一般的なビジネス戦略である。航空会社は、将来の原油価格がどうなるかにかかわりなく一定の燃料費を支払う契約を締結することで、原油価格が上昇するリスクをヘッジすることが多い【1】。原油価格は下落するかもしれないが、その場合も航空会社は市場価格よりも高い、合意した価格を支払わなければならない。しかし、原油価格が上昇した場合は、市場価格より低い価格を支払う。燃料価格の水準を確定させることにより、航空会社は長期的な意思決定と計画の策定が可能になる。原油価格の下落の際により大きな利益を計上する機会は放棄するが、その代わりに原油価格上昇のリスクを除去するのだ。

現代の金融

リスクヘッジのもうひとりの達人はデビッド・ボウイだ。彼はすばらしいミュージシャンだったが、同時に才能あふれるリスクの戦術家でもあった。

ミュージシャンは通常、そのキャリアの早い段階でレコード会社の一社と契約する。そのレコード会社はアーティストに（お金もなく、レコード会社に発掘してもらったことで興奮している、若くて苦労しているミュージシャンにとっては）多額の契約金を提示し、その交換条件に、そのアーティストの活動の結果発生する著作権収入について大きな取り分を要求する。

ミュージシャンが成功するのであれば、これはひどい取引だ。こうした契約とお金の管理の杜撰さが相まって、多くの有名なミュージシャンが貧困を主張し、あるいは破産宣告を受けることになるのだが、こうした取引も現実にはフェアなリスク交換なのかもしれない。そのアーティストが一度も成功せずに終わってもその契約金は手に入るし、レコード会社の方はあまり価値のない著作権収入を手に入れるだけだ。ほとんどのミュージシャンは成功しないし、前払いを受けた金額以上を稼ぎ出すことはない。

十代のころ、デビッド・ボウイは抜け目がなく自信にあふれていた。彼も彼のマネジャーも、彼が大物になる数少ないミュージシャンのひとりだと信じていた。彼は契約をするときに、自分の音楽の所有権は将来も自分が保有すると主張し、その代わり契約金は少額で済ませた。彼と契約した人たちは有利な取引をしたと考えていた。どのみち、この痩せたティーンエイジャーの音楽の価値が将来上がる見込みは薄かった。ボウイは自分自身に賭け、そして報われた。

三〇年ほどして、ボウイは別の問題に直面した。五〇代になった彼には、音楽の将来は不透明に見えた。当時は〈ナップスター〉がちょうどファイル共有サービスを開始したころで、お金を払わずに誰でも音楽を共有し聞くことができるようになるかもしれなかった。音楽の著作権に今後どれくらいの価値があるのかわからなくなった。ボウイは、何年も前に賭けたのとは反対の側に賭け、自分の曲の著作権を売ってしまおうと考えた。彼は二〇〇二年にこう語っている。

音楽について私たちが考えたことがある、あらゆる絶対的な変化が今後一〇年以内に起こり、それを止めることはできないだろう。そうした変化に気づかないふりをしても意味があると思えない。たとえば、著作権が一〇年後にはもう存在していないと私は心から確信しており、著作業や知的財産はそうした攻撃を受ける運命にある。

しかしボウイは、彼が自分の「子供たち」だと考えている曲を売る気になれなかった。一方、彼のビジネスマネジャーは、ウォートン〔フィラディルフィアにあるアメリカを代表するビジネススクールのひとつ〕で教育を受けた早口で話す銀行家デビッド・プルマンと協議をしていた。プルマンにとってリスクを削減できない資産など存在せず、彼には妙案があった。

プルマンは、住宅ローン担保証券の草創期に金融界に入った。住宅ローン担保証券は、返済能力がない人たちに住宅ローンを貸すという無謀なリスクを取るための手法として利用されたことから、二〇〇八年の金融危機で悪名が高くなった。しかし、基本的な考え方はかなりシンプルで洗練されている。銀行が住宅ローンを貸し出すと、長期間にわたって一連の収入、すなわち住宅ローンの支払いを受ける権利を取得する。このお金には流動性がない。つまり、個々の支払いの期限が到来するまでは手を付けられないのだ。もし銀行が資金を早期に回収したい場合、または住宅ローンが返済されなくなるリスクを除去したい場合は、住宅ローンを債券として売却することができる。投資家は資金をまとめて銀行に支払い、これと引き換えに住宅ローンの返済を裏付けとした定期的な支払いを受け取る。住宅ローン担保証券は、多数のこうした債券をパッケージとしてひとまとめにしたもので、そうすることで住宅ローンの債務者を分散させ、個別の債務者が債務不履行に陥ったり、繰上げ返済をしたりするリスクを削減している【2】。プルマンはボウイの音楽収入について、これと似たようなことができるのではないかと考えたのだ。

これ以上良いタイミングはなかった。ボウイとプルマンはEMIとのあいだで、一九六九年から一九九〇年のあいだに制作された二五枚のアルバムを再リリースする契約を締結した。ボウイはアメリカにおける卸売売上高に対する著作権料のうち二五パーセント以上の受け取りを保証された。ボウイの楽曲の価値は約一億ドルと評価されており、これはヘッジに適した収入源だった。プルマンはボウイの著作権の証券化を提案した。

ボウイはこのアイデアが気に入った。今すぐお金を受け取ることができて、彼の著作権収入は一五年間ほかの誰かのところへ行くものの、曲の所有権は引き続き彼が保有できる。プルマンによれば、プルマンが証券化の仕組みを説明すると、ボウイは即座に「なんで今まで誰もやってなかったんだ」と尋ねたという。

数カ月で取引はまとまり、潜在的な買い手が不足することはなかった。取引が完了する前に噂が漏れたため、プルマンには電話が殺到した。「ボウイ債」として知られるようになったこの債券は、保険金の受取人に対し将来に向け何年もの間定期的な支払いをしなければならない保険会社にとって魅力的だった。保険会社がボウイ債のような長期債を保有するのはリスクヘッジのためだ。なぜなら保険会社には定期的な収入を生む資産が必要だからだ。

プルデンシャル〔アメリカ最大の保険会社〕は五五〇〇万ドルを支払い、元本に対して七・九パーセントの利息を一五年間受け取る権利を手に入れた【3】。これらの利払いは、一九九〇年以前に録音されたボウイのアルバムの著作権から生まれる収入で賄われた。仮に何らかの理由でこれらの曲から充分な収入が得られない（かつ償還準備金を使い果たした）場合、ボウイの楽曲の所有権はプルデンシャルに移ることになっていた。しかし、人気の確立した楽曲がある年配のアーティストに関しては、楽曲の著作権収入はかなり安定しているため、そのような事態は発生しなかった。

ボウイは五五〇〇万ドルを受け取り、その代わりに一五年のあいだ、彼の著作権からの収入をあきらめたのであり、これはヘッジだった。彼は五五〇〇万ドルを前払いで確実に受け取る代わりに、少ないアップサイドで我慢した。おそらくボウイは、年をとったときにあまりリスクを負いたくなかったのか、あるいは音楽業界の変化によって、より大きなリスクが発生すると考えたのだろう。いずれにせよ、彼はヘッジすることにしたのだ。

他のものの価値が下がるときに価値が上がるものを購入せよ

リスクフリー資産をヘッジとして購入する代わりに、反対方向に動く、ふたつの異なった資産を購入することもできる。自分が応援しているサッカーチームが負ける方に賭ける場合を考えてみて欲しい。一方の結果で出た損失（自分のチームが負けた気分の悪さ）は、利益（自分のチームが負けたことで入って来るお金）によって相殺される。あるいは、自分がクルーズ船の船長であったとしてみよう。クルーズ業界が活況を呈すれば、給料が増える。クルーズ旅行が増え、旅行客はもっとお金を使い、その結果、自分の給料が増える。しかし、もう一度「うんちクルーズ」のような事故が発生すると需要は減り、クルーズ旅行が減り、運賃が下がり、給料が減り、そして失業してしまう可能性すらある。クルーズ船の船長は、ホテルや陸上のリゾート、あるいはクルーズが不人気となったときに利益を得るその他の企業に投資することで、「うんちクルーズ」のリスクをヘッジすることができる。

逆ヘッジ――リスクを増やし、利益を増やす

ヘッジはリスク削減のための戦略だが、他のリスク戦略と同様に方向をひっくり返すことでリスクと期待利益の両方を増加させることもできる。たとえば、サッカーの試合を観戦するときに快感を増幅させたいと思ったとしよう。自分のチームが勝つ方に賭ければ、逆ヘッジによってリスクを増やすことができる。勝てば二倍幸せになる。自慢話をする権利とお金の両方が手に入るのだ。負ければ二倍失望することになる。自分のチームは役立たずで、お金も失う。

ヘッジ手法のひとつは、予め定められた期間一定の金額を支払うことを約束する債券を購入することにより、政府、企業、または都市にお金を貸すことだ。債券の支払い額は固定されているので、株を所有するよりもリスクが低くなり、ポートフォリオのリスクが下がる【4】。株のようなリスクのある資産を減らし、債券と組み合わせることでヘッジをすることができる。

これと反対の戦略が、お金を借りてリスクのある投資をすることだ。これはレバレッジと呼ばれ、逆ヘッジになる。逆ヘッジはリスクを拡大するために使用され、金融危機の根本的な原因となることが多い。ドナルドは、父親からお金を借りてキャンディー計画の資金にしたときにこの教訓を学んだ。最初は儲けたものの、キャンディーが突然姿を消してしまうと父親に借金を返済できなくなった。

もうひとつレバレッジの例がある。郵便局ではフォーエバー切手が売られている。フォーエバー切手は切手の価格が上がっても同じ価値を持っている。たとえば、郵便切手の値段が四五セントから五〇セントに値上げになるとわかっているとしよう。今週フォーエバー切手を四五セントで購入すれば、来週は五〇セントになる。ここにチャンスがある。

自分が一万ドルを持っていて、全額をフォーエバー切手の購入に充てたとしよう。値上げの翌日に、二万二二二二枚の切手を一万一一一一ドルで売却する。わずか数日で一一一一ドル（一一パーセント）の利益を上げることができる。

これは悪くない話だが、もっとリスクを取れば、もっとうまくやれる。自分の家に二番抵当をつけて、銀行から月間五パーセントの金利で九万ドルを借りるとする。借りたお金と貯金を使って一〇万ドル相当の切手を購入する。一カ月ですべて売却すると、一一万一一一一ドルになる。銀行借り入れと一カ月分の利息（九万四五〇〇ドル）を返済すると、六六一一ドルの利益が得られる。これは、この郵便切手の裁定取引を自己資金のみで工面した場合に手にする利益のほぼ六倍にあたる。

これは明らかに、非常にリスクの高い賭けだ。二二万二二二二枚の切手は、かなりの確率で一カ月では売却できない。数カ月たってもまだ売却できない場合、利息の支払いで利益をすべて吐き出してしまう。そして売却に完全に失敗すれば、家を失うことになる。レバレッジ取引はハイリスク・ハイリターン取引の一種であり、金融業界にはこれでスーパーリッチになる（幸運な）人もいるが、職業人生を台無しにする（不運な）人もいる（そして経済全体もその道連れになりうる）。

切手の例のようなリスクを取るのは常軌を逸しているように聞こえるかもしれないが、同じぐらい変わった賭けが毎日行われている。多くのヘッジファンドが毎年高いリターンを上げているのはレバレッジのおかげだ。高いリターンを上げているように見える人々のほとんどは、すばらしい魔法を使っているわけでも、とりわけ賢いわけでもなく、単に人よりも多くのリスクを取っているだけだ。

クルージングの未来をヘッジする

ドナルドはCEOに就任してすぐに、カーニバルにおける彼の遺産となるであろう、大きなリスクを取った。ドナルドが入社して一年後、カーニバルはディズニーからジョン・パジェットを引き抜いた。パジェットは、ディズニーのテーマパークで客が着用する電子腕輪ディズニー・マジックバンドの考案者だ。このマジックバンドによって客の所在位置を把握し、パーク内の移動のコーディネートや、待ち時間の短縮が図られる。

パジェットと彼のチームは、同様の製品オーシャンメダリオンをカーニバル用に考案した。これはマジックバンドのアイデアをさらに一歩進めたものだ。クルージングにおけるサービスは個人的ではなく画一的なものになる可能性がある。乗客は自分で考えたり計画したりする必要はなく気楽な休暇を過ごせるものの、三〇〇〇人の群れのなかのひとりにすぎず、ここにリスクのトレードオフがある。これに対しメダリオンは、クルージングの気楽さと個人的な体験の両方の良いところ取りを可能にするというのだ。個人のニーズに合いそうな体験がシミュレートされ、クルーズ船のスタッフは、乗客が船上のレストランやバーに入って来る前に、その客の名前と食べたいものや飲みたいものを教えられる。このテクノロジーは、どのようなアクティビティが客の気に入るのかを予測する。たとえば、昨夜マティーニを飲んだのであれば、今日はシュノーケリングに興味があるかもしれないといった風に。メダリオンはデータを絶えず更新し、客が何かを欲しいと思う前に客のすべてのニーズと要望を予測する。まるでジョージ・オーウェルが描いた世界のクルーズのように〔オーウェルが小説『1984年』で描いた世界では先進技術を使って全国民が監視されている〕。

こうした技術を採用することにはリスクもある。スタッフの再訓練と船の配線変更は不可欠だ。懸念事項としては、初期の段階で不具合が発生する可能性が高いこと、テクノロジーを実装するには多額の費用が発生すること、データの共有に対する乗客側の不安などがあげられる。メダリオンは二〇一七年のコンシューマー・エレクトロニクス・ショー〔毎年ラスベガスで開催される電子機器の見本市〕で発表され、クルージングの新しい未来として賞賛を受け、多くのメディアで取り上げられた。しかし、言及されなかったのは、「大きく構え、事は慎重に運ぶ」というドナルドの慎重なヘッジ戦略だ。

メダリオンの展開は非常にゆっくりと行われた。発表の数カ月後、豪華クルーズを提供する〈プリンセス・クルーズ〉の一隻で厳選された一握りの乗客に対してテスト運用が行われた。すべての乗客が使用できるようになるまでに一年以上を要した。二〇一八年現在の推定では、カーニバルのすべての船舶でメダリオンが使用されるようになるには、まだ何年もかかる。私がドナルドにリスクヘッジに関してインタビューしたことをパジェットに話すと、彼は、「ああ、アーノルドはヘッジの達人だ。このイノベーションのための努力（メダリオン）にも固有のリスクがあるが、彼はあらゆることを計算に入れている。一番大きい賭けでも全保有船舶の一パーセントであり、（そして）ダウンサイドがほとんどないような賭け方をしている」と語った。

ドナルドは、懸命な努力と彼の知性、そして大きな期待に慎重さを組み合わせることで成功した。彼は最高のものを期待し、最悪の事態に備える。この戦略には他の有名な企業家たちご自慢の手柄話に出て来るような劇的なエピソードは登場しないかもしれないが、成功する確率を引き上げることはできる。

【1】ヘッジ取引の相手は原油価格のリスクを負う。

【2】ただし二〇〇八年の金融危機で経験したように、リスク分散をしても多くの人々が同時に債務不履行に陥るというシステマティックリスクは削減できなかった。

【3】住宅ローンの繰上げ返済と同様に、著作権収入が予想よりも大きかった場合、返済額が増額され、債券の償還が早まる。

【4】債券の発行体が債務不履行に陥らず、全額償還すると仮定した場合。

第10章

保険――壮大なストックオプションの物語

Introducing the Spectacular Stock Option

楽しみは生命保険のようなものだ。歳をとればとるほど金がかかる。

――フランク・マッキニー（キン）・ハバード〔アメリカの漫画家、ユーモア作家、ジャーナリスト〕

「保険」という言葉は、通常はわくわくする気持ちを呼び起こしてくれたりはしない。ほとんどの場合、似合わないスーツを着た生命保険のセールスマンや、窓がない部屋で私たちが死ぬのはいつか計算しているアクチュアリー〔保険数理士〕を思い浮かべてしまう。しかし、保険は驚くような働きをする。私たちがリスクを取って失敗したときのコストを減らしてくれる一方で、うまくいったときのアップサイドは私たちに享受させてくれるのだ。ヘッジではものごとが予想以上にうまくいった場合、その部分の利益は放棄する必要があるが、保険では手放す必要がない。これが、いろいろな意味で保険が魔法のように見える理由だ。

週に一〇回、ニューヨークのヘルズキッチン〔マンハッタン島中部の高級エリア〕の真ん中にある暗く薄汚いアパートで、ベリンダ・シンクレアも魔法（マジック）を披露する。私がいた日の観客は一二人に満たなかった。彼女はお茶を振舞いながら観客全員と交流し、彼らの考えていることや求めているもの、懐疑心などをくみ取って、いかにも女性らしい自分のショーを観客の個性に合うように仕立てあげるのだった。

ショーを開催する数少ない女性マジシャンの一人である彼女は、マジックにおける女性の高貴な歴史について説明してくれた。私たちは普通、マジックは男性が行うものと思いがちだが、女性がこの暗黒の芸術に長いあいだ貢献してきたことについてはあまり知られていない。祈祷師や神秘を操る者として活動し、秘薬を調合し、運勢を占ったのは、多くの場合女性だった。一九世紀のニューヨークでは、女性が家の広間でシンクレアのように小規模の観客を前にしてマジックを披露した。大勢の観客の前で男性がイリュージョン（大掛かりなマジック）を披露し、女性がそのアシスタントの役割に追いやられるようになったのはフーディーニ〔一九世紀末〜二〇世紀初めに活躍したマジシャンで「脱出王」と呼ばれた〕のころだった。

シンクレアは、私たちが魔法に魅了されるのは、過酷で予測が不可能なことも多いこの世界に秩序を与え、これを支配する力が人間にはあると感じさせてくれるからだと言う。魔法使いは自然の残酷な気まぐれに立ち向かうことができる。魔法を信じるということは、重力や、時間、空間、さらには死をも操る能力を持った人間がいるということを意味する。彼らにできるのであれば、おそらく私たち全員にもできる。あるいは誰かそうした特別な能力を持った者からそのサービスを買えばよい。

もちろん、こうした秩序は幻想であり偽物だ。マジシャンは観客を騙し、観客は騙されるためにお金を払う。マジシャンは観客を心地良くさせ信じこませたうえで、あらゆる重力の法則や人間の知覚能力に逆らうような何かを行って見せる。成功するマジシャンは風変わりで、それでいて非常に好感の持てるタイプが多いが、これは偶然ではない。マジックで仕掛けを成功させるには観客を欺く必要があるが、このためには観客が見るもの、感じる内容を操らなければならない。シンクレアは、観客のあらゆる感情に完全に同調することでこれを実現している。通常、人間が他の人間と相互に何かやり取りをする際、ほとんどの場合は相手の感情にさほど気づいているわけではない。そのやり取りから自分が欲しいものを手に入れることに専念しているからだ。人間は、自分のことや自分が望むことをよく理解している相手には安心感を抱き、そこに信頼感が生まれるため、その理解者に支配されるようになる。マジシャンが必要とするのは、この観客に対する支配力だ。

シンクレアの仕事場は鏡とワイヤーで仕掛けがされていて、観客が座る場所の高さは周到に調整され、客席から見えるものをある程度コントロールできるようになっている。彼女は全員の、たとえば自分が書いた名前が載ったカードを彼女が抜き出すとまるで小さな男の子のように顔を輝かせる中年男性の様子を、絶えず観察している。彼女は、妻と娘に引きずって来られたガチガチの懐疑論者を、彼の手のひらの上でコインを浮遊させることによって魅了してしまう。彼女は、あなたの頭の中に単語をいくつか刷り込み、あなたが考えている単語を当ててみせる。

シンクレアの話し方は温かい感情を感じさせる。五〇代半ばだが、三五歳のような肌をした彼女の顔の周囲は白くなった長い巻き毛で縁取られている。彼女が若いころはモデルだったというのもうなずける。シンクレアには色々な仕事をした経験がある。彼女は、ニューヨーク市の自分が育った場所から数ブロックの場所に、今も大勢の親戚に囲まれて暮らしている。

シンクレアは子供のころに子役を務め、舞台芸術の高校に通った。しかし大学卒業後、彼女は医者を志して、医学を学んだ。彼女は研修の一環として、病院で病気の子供たちの相手をすることになった。ある日シンクレアは、演劇と道化をした経験があったことから、子供たちのために出し物を披露するよう病院から依頼された。これが大受けし、ある子供の親から一〇〇ドルを払うから家で開く子供の誕生日パーティーに来てほしいと頼まれた。

これを定期的な収入源にして学資の足しにできるかもしれないと感じたシンクレアは、地元のマジックショップに道具を買いに行ったが、そこで彼女は仕掛けの多くが高価すぎて内容もあまり良くないことに気づいた。店の男たちに、「もっと良いものができるというならやってみろ」と挑発され、彼女は家に帰って最初のマジックを考え出した（それがどんなトリックだったのか、彼女は教えようとしない)。彼女の芸術的な仕掛けにいたく感銘を受けたマジックショップの男たちは、彼女を雇って店が販売していたすべてのマジックと、そのタネや仕掛けを図解したカタログを説明してくれた。それから五年間、店にある商品を説明する仕事をした結果、シンクレアはマジックの仕組みについて豊富な知識を身につけることができた。「自分で体験しながら……トリックを見るとき目はどのように動くか、手はどのように動くか、視点の移し替えはどのように機能するかを学びました……マジックを行うには、途中で立ち止まりながら、観客がどのように反応するかを観察し予測することが重要です。観客の反応に応じて臨機応変に修正するには熟練した技が必要になります」

彼女は結局メディカルスクールを中退し、舞台芸術の経験を活かして、マジシャンたちが行うステージショーの演出を始めた。二九歳になると、シンクレアは自分自身のマジックショーを始めた。

彼女が行うのはトランプのカードやコインなどを使う「クローズアップ・マジック」だ。シンクレアは手先を素早く動かすトリックには自信を持っていて、一組のトランプカード(デッキ)の中から特定のカードを選ぶ方法を私に説明してくれた。カードを持っていると他のカードよりも暖かくなり、非常にわずかだが反りが発生するため、デッキの中から見つけることができるというのだ。もうひとつ教えてくれたヒントによれば、カードをよく切って順番を変えるためには少なくとも七回シャッフルする必要があるが、彼女はゲストには三回しかシャッフルを頼まないのだという。それぞれのトリックを習得して実演するには、一年以上の練習が必要となることもある。手先の器用さも必要だ。シンクレアはカードを隠すため、トリックの種類ごとに手の筋肉を作り上げる。

トリックがうまく行かないことはあるのかと彼女に尋ねたところ、シンクレアは私にいたずらっぽく微笑んで、「いつも」と答えた。しかし彼女のトリックは「失敗」はしない。

「うまく行かないときは視線を移させる」と彼女は言う。「騙すわけじゃなくて、観客の注意を他へ向けさせるのです。カードが見つからないときは観客にデッキを返して、『デッキを確認してください。あなたのカードがまだそこに残っているか確認してください』と言います。『まだ』というところがキーワードです」

観客はこのやり取りを筋書きの一部と受け取るが、そのときシンクレアはカードがどこにあるのか見当をつけようとしているのだ。全ての練習と長年の研究を経て最終的にたどり着くのは、トリックを確実に成功させるため、失敗したときの挽回方法をマスターしておくことだ。隅に鏡を置いておくとか、観客の注意を一瞬そらす、あるいは他のことへ注意を向けさせるなど、それがどんな方法であれ、後ろポケットに予備の保険を忍ばせておくことで、ショーが失敗するのを防ぐことができる。ちょっとした失敗で幻想を作り出すために必要な信頼関係が破壊されてしまいかねない。

シンクレアのスキルで最も重要なのは、マジックに関する造詣の深さやカード隠しの能力ではなく、むしろ、何かうまくいかないことがあったとしても、あらゆるトリックを成功させ、観客に畏敬の念を抱かせてしまう能力の方だ。マジシャンとして成功するには失敗を取り戻す技術を必ず習得しなければならない。マジシャンには自分のトリックの種明かしをする者すらいる。しかし、自分がどのようにして保険をかけているか明かすマジシャンはいない。シンクレアの場合は、小さな部屋で観客がすべての出来事を間近に観察しているなかで、観客の視線を移させる前に、自分を信じ込ませるために観客とやり取りする時間と労力が彼女の保険なのだ。

保険は魔法

保険は魔法のような働きをする。リスクを削減する点はヘッジと同じだが、ひとつ重要な違いがある。ヘッジを使用する場合は、取るリスクを減らさなければならない。何かが恐ろしくうまくいかないといったリスクを減少させる代わりに、潜在的な利益のうち一定以上のアップサイドをあきらめるのだ。取るリスクを減らせば、得られるものも減る。しかし保険を利用すれば、想像もできないようなこと、すなわち無限のアップサイドは残しつつ、ダウンサイドのみを限定することが可能となる。

たとえば、世界で最も危険な仕事のひとつである商業的なカニ漁業の漁師になると決めたとしよう。死ぬか身体障害者になる確率は会計士になる場合よりもはるかに高い。しかし、どんなリスクでも報われる可能性はある。カニ漁の季節には最大で五万ドル、すなわち、ほとんどの会計士の年収よりも多い金額を、一カ月で稼ぐことができる。この場合のリスクヘッジは、最大のカニが獲れるが最も天候が荒れるベーリング海のような最も危険な漁場を避けることだ。取るリスクを減らし、大きな利益をあげる可能性もあきらめるのだ。多分、月に五万ドルではなく三万ドルしか稼げないかもしれないが、不具になったり、死んだりするリスクも減る。

保険はリスクに対して異なった対応をする。家族を養うことが最も重要なことなので、生命保険または身体障害保険に入る。危険な海で何か悪いことが起こったとしても家族は収入を得るが、同時に最も危険な海域で大きな利益を得る可能性は残してある。

考えうるあらゆることが保険の対象になる。自分の家、生命、仕事をする能力、車、さらに休暇でさえ保険の対象にできる。モデルであれば自分の足でさえ保険をかけることが可能だ。ドリー・パートン〔アメリカの女優・カントリー歌手〕は彼女の胸に保険をかけた。これらはすべて、誰かが他の人のリスクを有償で引き受けた例だ。

しかし、この「安心」はタダではない。誰かに保険料を払って、その見返りに自分のダウンサイドリスクを引き受けてもらうのだ。保険料を払ったあとのアップサイドは引き続きすべて自分のものである。そしてマジックの場合と同様に、お金を払う側はお金を払う対象について懐疑的な場合が多い。保険に保険料に見合う価値があるか疑問に思っているかもしれないし、中には騙された気がする人さえいるかもしれない。

保険は良い取引であることも多い。保険は一定のリスクを魔法のように消すことができる。これはリスクを保険会社に移転することが効率的だからだ。たとえば、足を骨折して何カ月も収入が途絶えることを防ぎたいと考えるモデルがいたとしよう。もし彼女が自分自身で保険を引き受ける場合は、自分ですべてのリスクを負担することになるため、何か悪いことが起きる場合に備えて、失う収入に見合った金額を準備しておく必要が出てくる。しかし、もし彼女が保険に入るのであれば、その失う収入のほんの一部に相当する金額を保険料として保険会社に支払うだけで済む。なぜなら、他にも何百人ものモデルがその保険に加入し、足を折る確率は極めて低いため大半のモデルは結局保険を必要としないからだ。これが、保険会社がリスクを分散する方法だ。彼らは、モデルが支払うすべての保険料をプールし、そこから保険金の支払い請求をすることになった運の悪いモデルに対して保険金を支払う。こうしてリスクは削減されるが、なくなりはしない。ファッションショーで異常な事故が発生し、複数のモデルが足を骨折するような事態が発生すれば、保険会社はこのテールリスクを負担し、負傷した複数のモデルたちに彼女たちが失う収入を補償しなければならない。

保険に加入する方が自分自身でリスクを負担するよりも効率的だ。しかし、もし私たちのリスクを引き受けてくれる市場がない場合でも、私たちは日常生活のなかで保険をかける方法を見出している。結婚式の日に雨が降った場合に備えて代わりとなる会場の手付金を支払っておくとか、あるいはハイキングで迷って脱水状態になった場合に備えて予備の水筒を持参するなど、緊急時対応計画のコストを支払うのも保険の一種であるといえる。

シンクレアは、マジックが失敗した場合に備える保険に加入することはできない。何人かのマジシャンが提携し、トリックの失敗をお互いにカバーし合うことも将来可能となるかもしれないが、その日はまだ来ていない。その代わりに、シンクレアは何かがうまくいかない場合もその失敗を取り戻してトリックを成功させられるように、観客と気持ちを通わせ、観客の見るものをコントロールする方法を、何年もかけて習得してきた。トリックの失敗を取り戻す技術の向上と、観客との信頼関係構築のために費やする時間が彼女にとっての保険である。彼女はトリックの失敗を心配せずに、すばらしいマジックショーがもたらす無限のメリットを享受することができる。

たとえ加入することはできなくても、商業的な保険はリスクの削減のほかにも別の重要な機能がある。保険契約は売買される〔保険契約の「締結」は英語では「売買」の語を使うことが多い〕が、そうした取引を行うには、ダウンサイドリスクの除去がもつ価値に価格をつける必要がある。保険に加入しなくても、保険の価格は私たちがリスクを測定し、どの状況が他の状況よりもリスクが高いか理解するうえで役に立つ。

オプション

金融資産にも保険がある。株価が下がりすぎた場合に備えて、誰かに保険料を払って保険をかけることができる。この種の保険はストックオプションと呼ばれる金融商品で、数カ月または数年以内に一定の価格で株を売り、または買うことができる契約になっている。たとえばプットオプションを購入する場合、相手にオプション料（保険料）を払って、将来一定の株価で株を売却することができる権利を取得する。たとえば、フェイスブックの株を一株あたり二〇〇ドルで購入したとしよう。会社の将来については楽観的だが、疑わしいニュースソースからの記事が共有される点は少し気がかりで、ある日株価が下落する原因となるリスクがある。ここでプットオプションを購入して、例えば、以後六カ月のあいだにいつでもフェイスブック株を一株あたり一五〇ドルで売却できる権利を手に入れることができる。そうすればプットオプションがフェイスブックの株価下落に対する保険となる。

もうひとつ別の例をあげよう。コールオプションを購入する場合、相手にオプション料を払って、市場の株価にかかわらず、将来一定の株価で株を購入することができる権利を取得する。たとえば、今日は二〇一六年の大統領選挙の翌日だとしよう。新大統領が好むコミュニケーション方法はツイッターであることから、トランプが勝利したことで、ツイッター社の価値が上がるとあなたは期待する。ツイッターの株価は今後六カ月で一九ドルから四〇ドルに上昇すると思うのだが、その予測に対してまだ金銭的にコミットしたくはないので、ツイッター株をわずか三〇ドルで購入できるコールオプションをオプション料二ドルで購入する。六カ月後、オプションを行使してツイッター株を三〇ドルで購入し、それを四〇ドルで売却して利益を上げる計画だ。

もちろん、今から六カ月後に何が起こるか誰にもわからない。二〇一七年四月一〇日までに、ツイッターの株価は一株あたり一四・三〇ドルまで下落し、その年に二六ドルを超えることはなかった。オプションの権利行使期間が六カ月しかなければ、結局価値がないまま失効し、オプション料の二ドルは捨てたことになる。投資家は株式市場で何が起こるかについて、プットオプションとコールオプションを使って賭けをしている。

保険に入っていれば、家が火事で燃え落ちたり足を骨折したりした場合に保険金がもらえるように、オプションを保有していれば、特定のことが起きたときにお金を払ってくれるため、リスクを削減することができる。保険と同じ精神に従って、オプションは株価が下落（契約内容によっては上昇）した場合など特定の事象が起きた場合に、お金を払ってくれる。株価の下落に保険をかければ、損失を被るリスクを削減できるが、株価が上昇する場合の利益は、オプション料の負担を除けば、無限に享受することができる。

オプションは保険の一種だが、保有していても権利を行使する必要はない。オプションの内容は、権利行使期限までに一定の株価で株を売却または購入する権利かもしれないし、住宅ローンを繰り上げ返済する権利かもしれないし、あるいは結婚の約束をせずにパートナーとデートを続けることかもしれない。今すぐコミットする必要はない。少額の料金を支払うことで、行動を起こす前にじっくりと様子を見ることができる。そして、実勢価格がどうなろうが、オプション契約に規定されている価格で売買できることがわかっているので、待つことにコストはかからない（パートナーは多分うんざりするだろうが、夜は株のポートフォリオに暖かく迎えてもらおう）。

ヘッジやその他のリスク削減戦略と同じように、オプションもリスクの削減ではなくリスク拡大のために使用することができる。たとえば、レバレッジをかけて賭金を引き上げ、株式市場の上昇に大きく賭けることができる。あてが外れた場合、単に暴落する株を買った場合よりも損失は大きくなる。

たとえば、ツイッターの株価が今後六カ月で一九ドルから四〇ドルまで上昇することに賭けると決めたとする。現株を一株購入する代わりに、一個二ドルのコールオプションを一〇個購入できる。そうすれば、今後六カ月間いつでもツイッター株を一株三〇ドルで購入できる権利が手に入る。株価が実際に四〇ドルになれば、八〇ドルの利益になる（八〇ドル＝〔四〇ドル－三〇ドル〕×一〇－二〇ドル）。ツイッター株を一株だけ購入した場合の利益二一ドルをはるかに超えるが、リスクも大きくなる。株価が一七ドルに下がった場合、コールオプションの価値はなくなり、その購入に充てた二〇ドルをすべて失うことになる。現株を一株購入していれば、損失は二ドルで済んだはずだ。オプションは、借りたお金でリスクのある賭けをする場合と同様に、利益と損失の両方を拡大する可能性がある。

ほとんどの人はオプションのような金融デリバティブが現代における発明であり、市場を不健全にし、そのリスクを高める原因になったと考えている。しかし、オプションは何千年も前から取引されており、その間ずっと人々の警戒の対象となってきた。アリストテレスは富を追い求める人々を良く思っていなかったが、オリーブの豊作を予想した哲学者タレスが搾油機のオプションを購入し大儲けしたことについて、非難がましく書いている。

昔は、リスクに価格を付けるのは困難なことだった。この状況は一九七〇年代に金融経済学の教授であったフィッシャー・ブラックとマイロン・ショールズがオプションの価格を決定する方程式を開発したことで変わった。同じころ、もう一人の金融経済学の教授ロバート・C・マートンがオプション価格を求める厳密な解法を考え出した。彼のモデルによって、観測と計測が容易ないくつかの属性に基づいてリスクを迅速かつ客観的に値付けできるようになった。

当初、オプションの価格決定に関する彼らの研究は、難解な数学を駆使した学者の好奇心のための研究のひとつと思われていたが、その後「ブラック・ショールズ・モデル」とその解法について書かれた論文は、金融経済学の分野でこれまでに発表された研究のなかで最も影響力のあるものとなった。一九七〇年代以前からオプションは取引されていたが、タレスがオリーブ搾油機の所有者と交渉したときと同じように、特定の取引のために設定される傾向にあった。しかし、世界がよりリスクの高い場所となり保険の需要が拡大するにつれ、この方法ではもはや対応できなくなった。経済が成長し相互の結びつきが深まると、海外市場への投資のリスクに対する保険の需要が高まった。また、世界でリスクが高まり、ブレトンウッズ合意に基づく為替相場が存在しなくなり、原油価格とインフレが急上昇したこともそうした需要増加の原因となった【1】。より多くの個人や組織がこうしたリスクに対処する方法を探していた。オプション市場が成長し新しい需要を満たすためには、信頼でき、一貫性のある、再現可能なリスクの値付け方法が必要とされていた。

くしくもブラック、ショールズおよびマートンが論文を発表した直後、シカゴ商品取引所がオプションを大量に売買できる取引所を創設した。ブラック・ショールズ・モデルは、誰もが同意できる価格の設定を可能にした。同じころ、電子計算機の進歩によって、このモデルをトレーダーの計算機にプログラムすることが可能となった。一九七三年の取引所が開場したその初日に取引されたのは九一一枚のコールオプション契約にすぎなかった【2】。一年後には一日平均二万枚まで出来高は増加し、二〇一六年までには、この取引所だけで平均の出来高が一日四〇〇万枚を超えるようになった【3】。

保険の価格は、保険の対象となっている状況にどれくらいのリスクがあるかを示しているが、保険にその価格に見合う価値があるかどうか、言い換えれば、騙されていないかどうかは、どのようにして判断すればよいのだろうか。そこで、ブラック・ショールズ・モデルが、ある状況が別の状況よりもリスクが高くなる原因は何かをよく理解し、本当に有利な取引と見せかけだけの取引を見分けるためのツールとして役に立つのだ。

リスクはギリシャ指標が知っている

オプション（プットまたはコール）の価格は、たった四つの異なったパラメーターで決定される。これらの各要因が取る値によって、どれくらいのリスクに直面しているのかがわかる。ブラック・ショールズ・モデルでは、こうした関係を「ギリシャ指標」と呼ぶ〔オプション理論で、ギリシャ語のアルファベットで表すオプションのリスク特性〕。

ベガ――ボラティリティの増加、リスクの増加

最初に確認する必要があるのは、起こりうる出来事の範囲だ。第4章では、リスクの計測と起こりうる出来事の範囲について説明した。私たちはリスクを考える際には、通常は「ボラティリティ」と呼ばれる最も起こりやすい出来事の範囲に焦点を当てる。この範囲が広ければ広いほど、直面するリスクも大きくなる。そして一般的には、ボラティリティが大きければ大きいほど、悪い結果から自分を守るためには、より多くをあきらめる必要がある。

どのような状況であれ、リスクが高ければ高いほど、これに対する保険料も高くなる。空港へ向かう高速道路上で道路工事がある場合は、空港到着までにかかる時間の幅も大きくなるため、移動時間は多めに見積もっておく必要がある。

二　デルタ――オプションで利益が出る確率

次に、何かがうまくいかない可能性について心配する必要がある。同じ量のボラティリティを持つふたつのシナリオがあったとしても、片方がもう片方よりも保険を必要とする可能性が高い場合がある。そして、保険が必要になる可能性が高ければ高いほど、保険料も高くなる。

フロリダ州にある家のハリケーン保険は、アリゾナ州にある家よりも高くつく。フロリダ州の方がこの種の保険が必要になる可能性が高いからだ。保険会社は、病気に罹りやすい、あるいは無謀な運転をする可能性が高い人たちや、または適切なサイバーセキュリティーを実施していない企業といったリスクの高い顧客に対しては、より多くの対価を要求する。ベーリング海で商業的な漁業に携わる漁師は会計士よりも多額の生命保険料を支払う。

あなたは前回航空券を購入したときに、知らないうちにオプションを売った可能性が高い。第1章で説明したように、航空会社は特定の便がオーバーブッキングになった場合は搭乗を拒否できるオプションを留保している。運賃のクラスが低ければ低いほど、またはチケットが安ければ安いほど、搭乗拒否候補者リストの上の方に載せられる。予約便が満員の場合は後の便を利用するというオプションを航空会社に売ったことで、あなたのチケットはそこまで安くなったのだ。搭乗を拒否される可能性が高ければ高いほど、航空会社にとってそのオプションの価値が高くなり、チケットの割引額も大きくなる。

三　シータ──時間価値

もうひとつ考慮しなければならないのは、リスクが継続する時間だ。何か問題が発生する可能性があるのは来月のことなのか、それとも来年のことなのか。リスクにさらされている時間が長ければ長いほど、直面するリスクは大きくなる。そしてカバーする期間が長ければ長いほど、保険は高価になる。一般に、リスクが現実のものとなるまでの期間が長ければ長いほどリスクは低くなると考えられがちだが、これは誤りである。

たとえば、若いときに株に投資する方がリスクは低いとよく言われる。株式市場が下落したとしても、これを取り戻す時間があるからだ、というのだ。金融経済学者はこれを「時間的分散の誤謬《ごびゅう》」と呼んでいる。なぜなら、その仮定が間違っているからだ。市場が一〇年から二〇年で回復する可能性が高いことは事実だ。時間が経てば大きな損失が一掃されこともよくある。しかし、必ずしもそれがリスクの低さを意味するとは限らない。二〇年間投資すれば、悪いリターンを二〇年間分経験する可能性もあるからだ。二年しか投資しないのであれば、この問題は存在しない。見方によっては、投資期間が長ければ長いほど、リスクが大きくなる可能性があるのだ。

幸せな結婚がずっと続く可能性を高くしたい場合も同じことが言える。女性は若いうちに結婚するか、それとも売れ残りになるかというプレッシャーを受けている。しかし、結婚する相手を見つける確率は中年になっても（さらにはそれ以降も）高いままだが、離婚する確率は、婚期が遅くなればなるほど劇的に低下する。これは、結婚生活を送る時間が短くなるためものごとがうまくいかなる期間も減るという面もあるが、年齢を重ねてから結婚する人たちはより安定しより完成した人たちだからでもある。若いときに結婚するのはリスクが高い。金銭的なストレスが増えるし、結婚した相手も年齢とともに変わっていく可能性がある。

四　ロー――リスクフリー金利

リスクを取るとは、多くの場合、選択をすることである。雨の夜に家で座ってネットフリックスを見ることもできれば、知らない相手とのブラインドデートに出かけることもできる。安全な方の選択肢がどれくらい魅力的なのかは重要だ。ネットフリックスが登場する前は、テレビの選択肢は限られていた。家にいてもそれほど面白いことは期待できなかったため、何はともあれ外出を選択したかもしれない。いまや、動画のストリーミング配信のおかげでリスクフリーの選択肢は改善し、デートの方はリスクが高くなっている。リスクをどのように評価し、ひいてはそのリスクを削減するためにいくら支払うかは、多くの場合、安全な選択肢として他にどのようなものがあるかで決まる。

金融では、安全資産の価値は資産やデリバティブの価格決定において多くの重要な役割を果たしている。それは一切リスクを取らずに得られる金額である。リスクフリーまたは低リスクの選択肢でほぼ同様のものが手に入るのであれば、リスクを取る必要はない。そういう場合はリスクを取る意味がない。また、リスクフリーはリスクのある賭けの資金を調達する際のコストも表す（第9章の郵便切手の裁定取引における二番抵当借り入れの金利五パーセントを思い出してほしい）。

この安全な選択肢の価値は、リスクを伴う意思決定にさまざまなかたちで影響を与える。たとえば、経済学者の一部はいまや犯罪者の大規模な投獄は犯罪を防止するよりも増加させてしまったかもしれないと考えているが、これは安全な選択肢の価値で説明することができる。刑務所に送る人数を増やせば犯罪が減ると思うかもしれない。結局、犯罪者が街から一掃されるのだから。しかし、これが行きすぎた結果、多くの非暴力的な犯罪者も収監されてしまった。軽量級の犯罪者も服役することで変貌してしまう。犯罪技術を習得し、犯罪者のネットワークとつながりを持つようになる。いったん出所すれば、彼らの前には罪を犯す機会が広がっているのだ。

本当に重要なのは、いったん刑務所に行くと、「犯罪から距離を置く」という安全な選択肢の価値が下がるということだ。刑務所から出所しても、合法的な世界における選択肢は限られている。有罪判決を受けた重罪犯が仕事を見つけるのは難しい。

別の言い方をすれば、犯罪は、とりわけ、「法を遵守する生活」というリスクフリーの選択肢との比較においては、刑務所に行った後の方がより魅力的になるのだ。これが、犯罪者の約七六パーセントが再度犯罪を犯す理由のひとつだ。

保険は契約書のある魔法

現実には、マジックと保険は大きく異なっている。マジックは幻想であり、まやかしだが、保険契約は法的な文書だ。自動車事故に遭ったり、株価が一定の水準を下回ったり、その他の保険事故が発生した場合は、マジックに失敗したときのような妙な状態で放置されるわけではない。あなたに保険金を支払う法的義務を誰かが負っている。

大方の想像とは異なり、保険で騙されるのは全体の一部だ。マジックは常に観客を欺こうとし、観客もそれを期待してマジックショーに行く。これに対し、飛行機のチケットを購入する際に知らないあいだにオプションを売らされてしまったように、保険契約は複雑で、高価で、不透明なことから、多くの人が保険契約には用心する。オプション契約の内容は、チケットの小さな活字に隠されている。意に反して搭乗を拒否され、飛行機から物理的に引きずり降ろされれば、当然のことだが、多分あなたは怒ることだろう。

単純な終身年金契約は、もうひとつの強力かつ重要なリスク軽減ツールだ（第3章の説明を参照）。これらは長生きすることに対する保険だ。どれだけ長生きしようと、保険会社は年金を払いつづけてくれる。他の退職者のリスクと自分のリスクがプールされるので、引退後の支出を増やすことさえ可能だ。長生きして貯蓄が底をつくことが心配なら、終身年金保険は極めて価値のある保険だ。残念なことに年金保険のなかには（保険会社から独立したブローカーが販売したものが多いのだが）、細かい活字の中に隠されていた手数料が原因で悪名を得ることになったものもある。

保険契約には多くのバリエーションがあり、リスクの世界が複雑化すれば、保険契約の方も複雑になる。保険の多くはリスクに対して価値のある補償を提供してくれるのだが、一部の保険契約は、支払うことになる高額の保険料どころか、契約が印刷されている紙ほどの価値もない。消費者は保険に入る際にはふたつ質問をしてみるべきだ。

一　その保険は正確には何をカバーするのか？

自分の目標は何なのだろうか？　本当に自分を脅かしているものに対する保険になっているのだろうか？　心配してもいないリスクや既に保険に入っているリスクをカバーする保険に入りそうになることはよくある。たとえば、既にクレジットカードの保険に入っているのにレンタカーの保険に入ったり、スタンドに載せているのにテレビが壁から落ちる場合に備える保険に入ったりする。

二　費用はいくらか？

ブラック・ショールズ・モデルのギリシャ指標を使用すれば、保険に保険料を支払う価値があるのかどうか判断することができる。リスクの高い状況に直面しているのだろうか？　保険が必要になる確率は？　保険契約の有効期間は？　保険をかけてリスクを取る代わりに、リスクを回避することにした場合、どれくらい節約できるのだろうか？

オプションは幻想なのか？

二〇〇八年の金融危機以降、金融デリバティブとその発展を支えてきたブラック・ショールズ・モデルのようなモデルは多くの批判にさらされている。そうした批判のひとつは、信頼できるリスク評価方法など存在しえないにもかかわらず、モデルが誤った安心感を創り出した結果、世の中をリスクを大胆に取る方向へ向かわせたと主張する。シンクレアのトリックのように、すべては幻想だというのだ。

マジックは、人間がまるで残酷で気まぐれな自然をコントロールしているかのように見える幻想だ。オプションの価格決定について同じようなことを言う人もいるだろうし、両者には類似点もある。ロバート・C・マートンの父親であるロバート・K・マートンは、プロになることを夢見ていた非常に真面目なアマチュアのマジシャンだった。「マートン」はロバート・K・マートンが舞台名として使っていた名前で、「マーリン」をもじったものだ（マーリンはアーサー王伝説に登場する魔法使いを指す）。元々の姓はシュコルニックだった。マートン・シニアはマジシャンとしては成功しなかった。代わりに、彼は有名な社会学者になった。「自己実現的予言」と「意図せざる結果」は、彼が生み出した有名な概念だ。マートンの理論は、リスクに対する価格決定の理解にも重要だ。

シンクレアは、マジックは幻想であったとしても、人間の可能性を解き放つと信じている。「マジックは不思議なものに対する感動の心を呼び起こしてくれます。私たちには自分が考えているよりも大きな潜在能力があるのです」。マジックショーで不思議なことを経験すると、より多くのリスクを取るように駆り立てられ、もっと大きなことを成し遂げる能力が本当にあると認識させてくれる。マジックは、何事も可能なのだという感覚を解き放ち、自分がもつ可能性に自信を深め、通常は起こりえない何かが可能になれば、自己実現的な予言となる。ある意味では、魔法が現実になるのだ。「私は（観客に）自信を持たせ、快適にし、そして彼らを安心させます。そうすれば、楽しんで遊べるようになるのです。もし観客が自分自身について良い気分になれたら、それは魔法が起きたということです」とシンクレアは説明する。

もちろん、決してその魔法が存在していたわけではない。同じように、リスクの本当の価格というものも存在しないのかもしれない。オプション価格の決定も不確実な市場におけるリスクの推定にすぎない。しかし、リスクの価格が真実そのものではないからといって、リスクモデルやそこから導き出される価格の意義がなくなるわけではない。どんな地図も、小さな道路や木々が全て載っているわけではないから不正確だ。だからといってその地図の価値がなくなるわけではない。地図の目的は、一定の特徴の相互の関係について利用者の理解を助け、利用者の導きとなることだ。ブラック・ショールズのような金融モデルについても同じことが言える。それは現在の価格、ボラティリティ、時間などのさまざまな要因がリスクの価格にどのように関連するか理解するための一貫性と透明性があり使いやすい方法を、誰もが理解し同意できるようなしかたで提供する。それが、金融モデルが極めて重要な理由だ。誰もが価格の計算方法について同意し同じモデルを使用すれば、その価格は正しいと見なされ、混沌とした市場に何らかの秩序が形成される。

金融オプションは魔法のオーラに包まれている。魔法の世界も金融の世界も、コントロールできるという感覚が私たちを大胆にし、より多くのリスクを取らせる。リスクを取るのは良いことだ。リスクを取ることで私たちは人生において前進し、偉大なことを成し遂げる。オプションは保険契約であり、保険は私たちに安心感を与えてくれるが、この安心感が原因で私たちはリスクを取りすぎることもある。

それだけではない。オプションなどのリスク削減技術は、ひっくり返してリスクを拡大するために使用することもできる。たとえばオプションを使用して、リスクを削減するのではなくもっとリスクを取って、株式市場で賭けに出ることもできる。金融業界ではリスクを削減するためではなくリスクを増やすためにオプションを使うことがよくある。

リスクと安全性のバランスを取るのは難しいが、金融デリバティブを使用して保険をかければ、ほとんどのリスクは削減が可能だ。ただし、大不況のようなシステマティックな爆発が発生すると、保険のコストは高騰する（ありがたいことに、発生は稀であるが）。

【1】一九七三年に崩壊した固定相場制度。以後、為替相場は変動相場制に移行し、不確実なものとなった。

【2】当初取引されたのはコールオプションのみだった。

【3】他にも何十もの取引所が世界中で開設されている。

第11章

モラルハザード——保険に加入して大きな波に乗る

MORAL HAZARDS: Surfing Big Waves with Insurance

遠すぎる場所を目指す危険を犯した者だけが、自分がどこまで行けるのか知ることができる。

——T・S・エリオット

セーフティネット（転落防止ネット）は落下したときに守ってくれるものだが、その反発力を利用してもう一度高く飛び上がるために使うこともできる。さらに、セーフティネットがあることで、より大きなリスクを取る気になるかもしれない。だからといってセーフティネットを取り払うべきだということにはならないが、リスク管理ツールの使い方については慎重に考える必要がある。こうした議論は金融業界や政府にいる人々には好まれない。彼らにとっては、セーフティネットの無謀な使い方をした人たちではなく、セーフティネットが過度のリスクを取るために利用されたことを非難する方が楽なのだ。

私は、リスク管理の欠点について、より生産的な取り組みをしているコミュニティである「ビッグウェーブサーファー」たちを探すため、オアフ島のノースショアを訪れた。彼らはリスク管理のツールを活用することで命を守っているが、同じツールによって、より大きなリスクにさらされることもある。

グレッグ・ロングは自分のことを「管理魔」だと言う。管理魔という表現は、通常はロングのような「イケてる」人物には使わない。南カリフォルニアのビーチで生まれ育ったこのビッグウェーブ・サーフィンのチャンピオンの居場所をやっとのことで私が突き止めてみると、彼はそれまで何週間か電話も繋がらないメキシコのビーチでキャンプをしていたのだという。

ビッグウェーブサーファーは、通常のサーファーとは別の人種だ。利用者の多いビーチで開催される競技会で大勢の参加者に交じって小さめの波に乗るのとは違い、ビッグウェーブサーファーは高さ六メートル～二五メートル（建物と同じ高さ）の波を探し求め、遠隔地まで出かけて行くことも多い。ロングはサーファーの世界では、同世代最高のビッグウェーブライダーとしてだけではなく、リスク管理に対する彼の狂信的なまでのアプローチでも有名だ。

ロングが初めてビッグウェーブに乗ったのは彼が一五歳のときで、場所はバハ・カリフォルニア海岸沖、そしてライフガードをしていた父親と兄が一緒だった。彼の父親は、安全対策、最新装備、そして波の状態など周囲の状況について完全な知識がないかぎり、決して水に入らないようロングに教えた。

一般人が頭に思い浮かべるビッグウェーブサーファーは、スリルを求め、ただひたすら大きな波を追い求めつづける向こう見ずな連中だろうが、ロングや私が出会ったビッグウェーブサーファーたちにそうした描写に当てはまる人物はいなかった。

「私はアドレナリン中毒になったことはない」とロングは私に語った。「若いころはそういうところもあったかもしれないが、それでも私が熱中していたのは大体において（特定の）波、つまり巨大なエネルギーの力についてであり、どこから乗ればよいか見つけ出すことであり、次はもっとうまく乗れるように毎回学習することだった」

適切な波を見つけるのは容易ではない。究極の波はいくつかの条件を満たさなければならず、単なる大きさだけの問題ではない。風がちょうどよく、うねりのエネルギーも十分高く、連続したふたつの波のあいだの距離が最適でなければならない。水に入る前にこうした情報を持っているかどうかで生死が分かれる。窓から大きな波を見つけたサーファーが友達に電話をかけ、その波に乗るといった時代は終わった。ロングは独学で気象学を学び、プロの気象予報士と個人的な関係を築いてきた。彼は、理想的な条件が整っている場所を見つけるために、カリフォルニアの海岸、タヒチ、ハワイ、南アフリカ、ポルトガル、アイルランドなど、世界中の波の状態に関するデータを調べている。

海と天気は金融市場のようなものだ。制御された混沌である。計画を立ててリスクを管理することはできるが、ものごとがうまくいくとは限らない。二〇一二年一二月二一日、南カリフォルニアの沖合一六〇キロで、ロングもそうした経験をした。いつものロングらしく、彼は何事も偶然に委ねてはいなかった。彼は諸条件を熟知し、最新の安全装備を持っていた。遠征するときはいつもそうするように、ロングは専用の救助チームを含め、大規模なグループを連れてきていた。そのなかにはジェットスキーに乗る六人の男も含まれていた。サーファーがカメラマンを帯同するのはよくあることだ。ロングのカメラマンたちは彼ら自身が訓練を積んだ水のプロでジェットスキーに乗っており、必要となればいつでも救助活動が可能だった。

五連の波の第二波でロングはワイプアウト〔サーフボードから転落すること〕し、水中に深く引きずり込まれた。彼は着ていた膨張式ライフジャケットのタブを引いたがライフジャケットは膨張せず、ロングを浮上させてくれなかった。巨大な波が逆巻いているその下で、ロングは水中に閉じ込められてしまった。

ロングは冷静だった。この種の緊急事態に備えた訓練もしてあった。彼は五分半息を止めることができる。ロングは決断しなければならなかった。空気と救助を求めるため波の上へ向かって泳ぐのか、それとも三番目の波が通過するのを待つのか。次の波を待つ方がより賢明だろう。海面に向かって泳ぐと貴重な体力と酸素を消耗する。波が崩れているときに浮上しようとすると、崩れる波の力で空気があるところまで到達できないだろう。しかし、酸素が切れはじめたため、ロングはどうしても海面に出たかった。彼はやってみることにした。彼が海面に近づいたとき、もう次の波が来てしまったため、海面まであと〇・五メートというところで海中に一〇メートル押し戻された。この三番目の波の力で肺に残っていた空気が押し出され、彼はショック状態に陥った。彼の体は痙攣し、水を吸い込まないように、息を吸おうとする本能と戦った。酸素がまったくなくなり、ロングは最後の力を振り絞って自分のサーフボードに繋いである足首のリーシュ（紐）をつかんだ。彼はリーシュをつたってボードまで登っていった。ボードはその時点で水面下三メートルのところにあった。

痛み、痺れ、全身の痙攣が戻ってきた。ロングはサーフボードをしっかりとつかめず、四番目の波が彼の上を通過したときに意識を失った。幸いなことに彼とボードは繋がったままで、ボードの方が浮上した。その日救助作業をしていたもう一人のサーファー、ＤＫ・ウォルシュはロングのボードを発見し、海に潜って彼を救助した。ロングは救助用のジェットスキーに取り付けられた海用のそりに乗せられ、近くに停泊していた遠征隊のボートへ運ばれた。

ボートに着いたところでロングは意識を取り戻した。ショック状態のまま、彼は泡状になった血を吐き、酸素吸入を受けたあと病院へ空輸され、そこで急速に体調を回復させた。何日かすると彼は仲間のところへ戻り、北カリフォルニアのマーベリックスでサーフィンをしていた。しかし、このときの経験は今でも彼を悩ませている。「大きな波に乗るのは、僕の夢をかなえる最も幸せなやり方だった」と彼はサーフィンマガジン誌に語った。「それが、悪夢に変わったんだ」

ビッグウェーブサーファーはよく日焼けした保険数理士のようなもの

ビッグウェーブサーファーと金融エンジニアのあいだにそれほど共通点があるとは思えないかもしれない。しかし、どちらも同じ問題を抱えている。保険はダウンサイドリスクを取り除き無限のアップサイドを残してくれるが、さらに大きなリスクを取るインセンティブにもなり、そうした余力を作り出す。

これが、今日の金融に対して人々が警戒感をもつ大きな理由のひとつだ。規制当局は、市場のリスク軽減を目的としたリスク緩和ツールの恩恵は維持しつつ、過度なリスクの取得を抑制しようと苦労している。しかし、適切なバランスを探し求めているのは規制当局だけではない。

私は答えを探すため、ビッグウェーブサーファーのリスク・コンファレンスに出席した。リスク・コンファレンスといったものは通常は私のような者の守備範囲（私は老後問題の経済学者だ）であり、サーファーたちが彼ら本来の生息地から抜け出して小さな窓がひとつあるだけの照明で明るく照らされたホテルの会議室に集まったところを見るのは、最初は少し奇妙な感じがした。オアフ島ノースショアで開催されたビッグウェーブ・リスクアセスメントグループ（BWRAG）のセーフティーサミットは、私が参加した他のリスク・コンファレンスとは多くの点で異なっていた。私以外は全員、六〇代の参加者でさえもが日焼けしていて、健康状態も申し分なかった。出席者のほとんどがショートパンツ、Tシャツ、ビーチサンダルという出で立ちだった。当日は、深海ダイバーによる息の止め方についてのワークショップも開催された。特殊部隊の元将校が、止血帯の結び方を指導し、ペンを使って緊急気管切開を行う方法を教えてくれた。途中で誰かが「ナーリー（すごい）」という単語を専門用語として使った。私はなんと自分の心肺蘇生法認定証の更新までしてしまった。

しかし、それ以外は、ビッグウェーブ・セーフティー・サミットも年金リスクに関するコンファレンスと似たようなものだった。参加者のほとんどは男性だった。大半の時間は数字が載ったパワーポイントのスライドを見ることに費やされた。そして、誰がリスクを規制する責任を負うべきか熱のこもった議論が行われた。またサーファーたちは、リスクを最小限に抑えるための最新ツールについて情報を共有し、確率を推定し不確実性をリスクに変える方法について議論した【1】。

コンファレンスの目的は、リスク科学をビッグウェーブサーフィンに活用することだ。サーファーたちは、海に行くときにただ幸運を祈るのではなく、計算された情報に基づいてリスク評価をする「リスク管理術」について学んでいる。リスク緩和のためのツールは金融市場で使用されるものとは違うように見えるが、目的は似ている。サーファーたちはよく訓練されたチームを組成して、救助が成功する確率を向上させる（分散化）。彼らは波の状態を監視し、危険（サメ、観客、岩、深層水、寒さなど）を察知し、何かがうまくいかない確率を推定する。これは、サーファーがビッグウェーブに乗るスリルと安全性について、十分な情報に基づいてバランスのとれた判断ができるようにするためだ（ヘッジ）。そして彼らは、ワイプアウトしたときにお互いを救助できるように、最新の技術を使用する（保険）。

これらの技術の中には、ローテクで常識的なものもある。たとえば、波には群れをなして、すなわちセット〔まとまって来るうねりを指すサーフィン用語〕で押し寄せる傾向がある。目の前のサーフィン可能な波が五つの波からなるセットの一部だとわかっているなら、たとえ最初の波が大きくても、ヘッジ戦略としては四番目の波を選ぶべきだ。そうすれば、波を乗り終えたあと、あるいはワイプアウトしたあとに、セットの後ろの方の波に打ち付けられたり、水中に引き込まれたりせずに済む。ロングも通常はセットの後ろの方の波を選んでいると言うが、二〇一二年の例の日は例外だった。彼は四時間以上水の中にいたが、前半のすばらしい波をやり過ごすと、セットの後半は小さい、あるいはサーフィンが不可能な波しか来ないというようなことを既に何回も繰り返していた。そして、その日初めて五つの波からなる大きなセットが来たときに、彼はその二番目の波を選んでしまったのだ。

ビッグウェーブ・セーフティ・サミットは、有名なサーファーであるサイオン・ミロスキーが北カリフォルニアの海岸で溺死したことを受けて始まった。リスクを削減するため、もっと安全性やトレーニングについての仕組み作りをし、ベストプラクティスを確立する必要があるとサーファーたちは判断したのだ。ＢＷＲＡＧはサーファーたちを集め、安全性の優先と最新のリスク管理技術の習得を推進している。

テクノロジーによってビッグウェーブサーフィンが変貌をつづけていることから、リスクに対する認識は以前にも増して重要となっている。少数の人間が七メートルから一〇メートルの波に乗っていたスポーツも、いまや最新の機器を使用して一五メートル、さらには二五メートルの波にすらチャレンジするような科学的な試みへと変化を遂げた。テクノロジーは正しく使えば人間のスキルを補ってくれるものの、これにとって代わることはない。問題は、泳ぎやサーフィンの未熟さをテクノロジーで補おうとするサーファーが多いことだ。

異母兄弟たち

ブライアン・ケアウラナはＢＷＲＡＧの設立者の一人だ。彼は、ビッグウェーブサーフィンにとって、金融におけるロバート・Ｃ・マートンのような人物だ。マートンのおかげでオプションは金融市場で幅広く使用されるようになり、人々はダウンサイドに対して保険をかけ市場でリスクを取れるようになった。ケアウラナはビッグウェーブサーフィンにジェットスキーを導入した。この重要なツールはワイプアウトしたサーファーを救助するために使用されている。グレッグ・ロングもジェットスキーのおかげで命を救われた。

ジェットスキーは波の荒い海面を切り進むことができるため、負傷したサーファーをすぐに海岸へ連れ戻して医療措置を受けさせることが可能になる。ジェットスキーは事実上の保険だといえる。ものごとがうまくいかない場合は保護をしてくれるが、大きな波に乗るという無限のアップサイドも提供してくれるのだ。

ケアウラナは五〇代半ばで、生涯を通してハワイのビッグウェーブサーファーであり、元ライフガードであり、いまや有名なスタントマンでもある。彼は、ベイウォッチ〈ライフガードが主人公のテレビドラマ〉のエピソードのひとつでは自分自身の役を演じている。ケアウラナは、水を知り敬うことを大切にするハワイの文化を誇らしげに語る。彼はテクノロジーへの愛情と現代のリスク戦略に対する強い関心を、自分の精神性や伝統に対する畏敬の念と融合させている。最新のアップル・ウォッチを誇らしげに見せて、「防水性があるから海に入っていても救助活動を電話で指図できる」と説明してくれた。

マートンと同じように、ケアウラナも父親であるリチャード・〈バッファロー〉・ケアウラナから大きな影響を受けた。

日本の海岸から約六四〇〇キロも遮るものもなく広がる海はオアフ島のノースショアで終わり、世界最大級の波を生んでいる。一九五〇年代にサーファーたちがノースショアのビッグウェーブに乗るためハワイを訪れていたころ、バッファローはライフガードをしていた。当時はビッグウェーブサーフィンの黄金時代で、バッファローはビッグウェーブサーファーとして有名になった。彼の長年のパートナーであるグレッグ・ノール（グレッグ・ロングの名はノールにちなんでいる）

は、一九六九年にその時点で史上最高となる一〇メートルの伝説の波に乗り、これがビッグウェーブサーフィンの重要な分岐点となった。

バッファローは自分の子供たちを水の中で育て、八〇代半ばとなった現在は、ビッグウェーブサーフィン界の長老として君臨している。彼は数年前にサーフィンをやめた。「サーフィンが若さの源だ」と彼の息子のブライアンは説明する。

一九八〇年代の後半、ブライアン・ケアウラナはワイメア湾で、ビッグウェーブサーフィン最大の競技会のひとつである「エディ」（サーファーのエディ・アイカウにちなんで名付けられた）に出場していた。海が荒れるなか、彼はワイプアウトした。ケアウラナは泳ぎながら、最近彼がライフガードとして勤務している最中にワイプアウトして溺死してしまったサーファーのことを考えていた。海が荒れていたためそのサーファーにたどり着くのに時間がかかり、間に合わなかったのだ。今、そのサーファーと同じような状況に陥り、荒れる波を乗り越えようとしていると、友人のスクイッディがスタンドアップ〔立ち乗り型〕ジェットスキーでやって来て、大丈夫かと尋ねた。スクイッディはスタンドアップスキーで彼を救うことはできなかったが、ケアウラナの頭の中である考えが閃いた。ジェットスキーを使えば、もっと荒れた状況でもサーファーにたどり着けるようになり、より多くの人命を救うことができると気づいたのだ。

エディから帰宅する途中、ケアウラナはジェットスキーに関して手に入るあらゆる文献を探し求めた。ヤマハは最近、危険な海面状態でも救助活動が可能な着座型のジェットスキー〈ウェーブランナー〉を発表していた。ケアウラナはローンを借りてこれを購入し、実験を始めた。いくつか試行錯誤をしたあと、彼は初期の救助用そりとしてボディボードを背中に乗せ、救助活動にジェットスキーを使いはじめた。

数年後、ケアウラナともう一人のライフガードがジェットスキーを使用して、海に流された七人のサーファーを救助した。当時ジェットスキーは娯楽目的でしか使用を認められていなかったため、ビーチに戻ったケアウラナはジェットスキーを不適切な目的に使用したとして違反切符を切られた。ケアラナは抗議して違反切符を撤回させることに成功し、法律を変えるため地元の政治家に対してロビー活動を始め、ジェットスキーを利用すれば、海上の救助活動がより安全になると説明した。

法律は変わり、ケアウラナは水上の救助活動にジェットスキーを使用する場合の基準の策定やトレーニングの開発を支援した。今日、サーファーが大きな波に乗るときは、ジェットスキーが待機するのが通常だ。主要なサーフィン大会に初めてジェットスキーを登場させたときのことを思い出しながらケアウラナは微笑む。ケウラナが昼食を食べているあいだは試合も中断された。彼がジェットスキーで近くにいないときは、サーファーたちもサーフィンをしたがらなかったのだ。

ケアウラナがジェットスキーを導入してからまもなく、伝説のレアード・ハミルトンのようなビッグウェーブサーファーたちが、サーフィンを新しい高みへと導くためジェットスキーを利用しはじめた。サーファーは常に大きな波を渇望しているが、非常に大きな波をつかまえるにはパドリングではあまりにも遅すぎるため、乗ることができる波の大きさには限界があった。ハミルトンと彼の友人たちは、人間がパドリングでは到達できないような大きな波を捉えるためにジェットスキーを使用するようになった。「トウイン・サーフィン」と呼ばれるこの方法を使えば、二〇メートルないし二五メートルの波にも乗ることができる。

ケアウラナは自分でもトウイン・サーフィンをしたことがあり、ジェットスキーがサーフィンを変貌させたことは気にならないようだ。しかし、ジェットスキーが自分の技術レベルを超える波に乗るための道具として使用されていることには彼も懸念を持っている。「ジェットスキーは乱用されている。多分、みんな六メートルの波じゃなくて、三メートルの波にいるべきだ。ジェットスキーが救助に来てくれると信じて、目立とうとか練習をしようといった間違った理由で波に向かっている。ジェットスキーとライフガードの救助をあてにしている。（大きな波にいる）男が、『そんなに上手くないんで、注意して見ててください』と私に向かって言うんだ」

一九七五年に、シカゴ大学の経済学者サム・ペルツマンは、自動車の安全性を向上させるとドライバーはもっとリスクを取るようになり、交通事故が増えると主張した。パワーステアリングや、アンチロック・ブレーキシステム、シートベルトの普及、そして歩行者や他の車両に近づきすぎた場合に鳴るアラートのおかげで車はかつてないほど安全になったが、私たちの運転速度も速くなった。テクノロジーが安心感を与えることで、より大きなリスクを取るようになることは、「ペルツマン効果」として知られている。

私たちはテクノロジーを、変化を意味するものとして恐れることがよくあるが、本当の問題はテクノロジーがもたらす安心感によって、より大きなリスクを取るようになることだ。テクノロジーは多くのスリリングな可能性を提供してくれるが、いかにしてペルツマン効果を回避しリスクの少ない方法でこれを活用するかということが、サーファーや、投資家、その他私たち全員にとっての課題である。

金融界における二五メートル級の大波

ジェットスキーはビッグウェーブサーフィンにおいて、金融市場でストックオプションが果たすのと同じ役割を担っている。いずれもダウンサイドリスクに対する保険として機能し、引き続き無限のアップサイドを残してくれる。両方とも、さらに大きなリスクを取り、レバレッジを増やして利益を拡大し、あるいは二五メートルの波に乗るために使用することができる。そして、こうした大きなリスクは他の者にも負担を強いる。金融では過大なリスクを取ると周囲にもリスクが拡散し、政府による救済が必要となる場合もある。サーフィンの場合は、救助が必要になると他の困っている人を助けることができなくなり、救助に向かう者の生命も危険にさらされ、もし沿岸警備隊の支援が必要となれば余分な経費もかかる。

安全に関する技術革新によって、初心者も熟練者も、より多くのリスクを取れるようになる。最高のトレーニングを積み長年にわたる経験があったとしても、リスクを取ればときとして極めて悪い結果になることもある。この二〇年で亡くなったビッグウェーブサーフィンの達人には、マリク・ジョワユー、サイオン・ミロスキー、そしてカーク・パスモアも含まれている。

オプション市場の発展を支えた方程式の生みの親のうち、ロバート・C・マートンとマイロン・ショールズはロングターム・キャピタル・マネージメント（LTCM）のパートナーだった。一九九四年に設立されたこのファンドは、金融界と学界を代表するメンバーを集めた最高のスター軍団だった。その主たる戦略は、満期がほぼ同じふたつの債券のあいだの微妙な価格差から利益を上げることだった。この微小な価格差から得られる利益はわずかだったので、ファンドはリスクと期待収益を拡大するため多額のレバレッジ（逆ヘッジ）を実行した。この戦略は当初はうまくいき、一九九五年と一九九六年には経費控除後で四〇パーセント、一九九七年には二〇パーセント弱と、一貫して高い利益率を達成した。

一九九七年の年末にパートナーたちは、（多くの議論を経て）資本のうち約二七億ドルをLTCMの投資家に返還すると決定した。資本を返還した結果、さらにレバレッジが進み、パートナーは潜在的により大きな利益を得られるようになったが、同時に、何かがうまくいかない場合は経営が破綻するリスクも増加した。一九九八年が始まるころ、LTCMは自己資本額が約四八億ドル、これに対し借り入れの額は一二四五億ドルとなり、レバレッジ比率は二五対一に達した。そして資本の返還は判断として誤っていたと判明することになる【2】。

数カ月後、ロシアが通貨切り下げに踏み切り、債務不履行に陥った。しばらくすると、アジアで金融危機が発生した。ＬＴＣＭはレバレッジ関連のリスクを削減するため、リスク分散、ヘッジ、保険といったリスクツールを活用していたが、すぐにこうしたツールには限界があることがわかった。突然、ヘッジを提供することになっていた資産がヘッジにならないと判明した。わずかだった債券間の価格差が拡大したのだ。

ＬＴＣＭは一九九八年に損失を計上した。四八億ドルの資産は八カ月でわずか二三億ドルに減少した。資金流出の速度が速いためＬＴＣＭはレバレッジをかけるために借りていた資金を返済できなくなった。業務継続のための資金も必要だったが、貸してくれるところはなかった。

ＬＴＣＭが直面したような状況から発生する損害を被るのは、通常はファンドの投資家やパートナーに限定される。しかし、このときのケースでは、ＬＴＣＭの枠を超えたリスクが存在していた。ＬＴＣＭの事業の大部分は、満期の異なる債券を必要とする複数の銀行のあいだに立って、その仲介者となることだった。ＬＴＣＭは市場において非常に大きなプレーヤーであったため、もしＬＴＣＭが債務不履行に陥ると、大規模な銀行のほとんどが不要な売却できない債券を抱え込むことになる。

ニューヨーク連邦準備銀行が仲介役となって一四の金融会社が三六億ドルを拠出し、ＬＴＣＭの九〇パーセントを取得した。この資本注入のおかげで出血は止まった。借り入れは返済され、市場は落ち着きを取り戻し、ＬＴＣＭは最終的には清算された。結局、パートナーと残っていた少数の投資家は出資した資金とファンドで稼いだ資金をすべて失った。ＬＴＣＭの九〇パーセントを取得した銀行は利益を出し、市場の安定も維持された。ニアミスで終わったのだ。

ＬＴＣＭで起こったことは複雑なリスクモデルの失敗例として取り上げられることが多い。しかし、間違いの本質は至って単純だ。基本的には、このファンドは高いリターンを追い求めるがゆえにあまりにもリスクを取りすぎていたのだ。発生する可能性のあるすべてのことをリスクモデルで説明することはできないし、そうしたことはリスクモデルの役割ではない。二五対一のレバレッジ比率は、二五メートルの波でサーフィンをするようなものだ。あらゆることを研究し、ジェットスキーを持ち込み、膨張式ライフジャケットを着用することはできるが、海も金融市場も完全に予測することは不可能だ。二五メートルの波を安全にする方法はないし、二五対一のレバレッジ比率をリスクフリーにする方法も存在しない。

黄金時代もそれほど輝かしかったわけではない

昔はそれほどものごとが複雑だったわけではない。一九五〇年代および一九六〇年代は、金融市場の投資家は損をする余裕のある少数の人々に限定されていて、数百万の複雑なデリバティブがリスクのヘッジに使用されることもなかった。バッファロー・ケアウラナが若かったころは、ビッグウェーブサーファーは数十人しかいなかったし、彼らとロングボードを繋ぐリーシュすら存在しなかった（この重要な安全上の工夫が導入されたのは一九七〇年代になってからのことだ）。サーフリーシュやジェットスキーが導入される以前は、サーファーがワイプアウトしてボードを失ってしまった場合、陸に上がれる安全な場所を見つけるため二〇キロ以上泳がなければならないこともあった。当時のビッグウェーブサーファーは皆、非常に優秀な泳ぎ手であり、海に関する知識も豊富だった。現在ほとんどすべてのサーファーはボードにリーシュを付けている。リーシュが導入されたことで、それほど泳ぎが達者でない者でもサーフィンに手が届くようになった。リーシュを付けているのは泳ぎが上手ではないという意味であり、リーシュについては導入当初からサーフィン関係者のあいだで論争が起こり、見解の相違があった。

リスクテクノロジーの最前線にいるもう一人のサーファーがメルビン・プウ（メルおじさん）だ。この八人の子供の父親で、大柄な丸い体型をしたはげ頭の男は幼いころに孤児になり、ケアウラナ家に引き取られた。メルおじさんとブライアン・ケアウラナは、サーフィンやライフガードをしながら兄弟として育ち、全部言わなくても相手の言いたいことはわかるほど仲が良い。

メルおじさんとケアウラナと私は、ビッグウェーブ・セーフティサミットの開催中に休憩をとって、ペルツマン効果、あるいは彼らが「両刃の安全の剣」と呼ぶものについて活発な議論を行なった。私は、「バッファローのようにすばらしい鍛錬を経て超人的な泳力を備えたサーファーだけが海に入っていた、リスクテクノロジーなど存在しない、もっとものごとがシンプルだったころ、防水仕様のアップルウォッチも、ジェットスキーも、膨張式ライフジャケットもなく、また、その場所に来てはいけないサーファーもいなかったころに戻れれば、サーフィンはもっと良くなると思うか」と尋ねてみた。「私の答えは多分ノーだ」とメルおじさんは答えた。

死者の数は増えるだろう。サーフィン業界は、一九五〇年代初期には見られなかった水準と規模に成長した。今では露出も機会も非常に多い。これだけの機会と装備があれば、限界に挑戦する人間が出てくる。ただ、それは両刃の剣だ。手近にあるテクノロジーを利用して来てはいけない連中まで来るだろう……それは多分（こうした安全ツールなどない方が）良いのかもしれないが、そうしたツールが出てくるのは必然なのだと思う。

「そうしたツールはまた、心と身体の限界を理解する助けにもなった」とケアラナは付け加えた。

なぜならテクノロジーを使用しなければ、自分の限界を試すことはできないからだ。もともとはノースショアでサーフィンをするやつなんかいなかった。それから軍の連中が来るようになって、死亡事故が起きて、ボードが改良されて、（そして）ノースショアの波も乗れるんじゃないか（と思った）。そしてジェットスキーが登場し、アウターリーフに行くようになった。テクノロジーを適切に使用することで、われわれの心と体は自然の中でよりレベルの高いことをできるようになったが、それは適切な人が適切な装備を持った場合に限られる。

私が彼らに尋ねたこの「サーフィンの黄金時代」に関する質問と似たような質問が、金融市場に関してもよく登場する。ブラック・ショールズがもたらした金融デリバティブがなくなり、もとの小さくてシンプルな金融市場に戻れれば、この世界はもっと良くなるだろうというのがその理屈だ。メルおじさんとケアウラナにこの似たような話を持ち出したところ、彼らが私に最初に尋ねた質問は、「(金融デリバティブ)は人をだますために使われているんじゃないのか?」だった。しかし、ジェットスキーや膨張式ライフジャケットが、より大きな波に挑みたいと考えるサーファーに安全を提供してくれるように、金融におけるほとんどの革新は、「リスクを取って一定のアップサイドを追求しつつ、安全も確保できるような方法を、投資家のために見出す」ことをその目的としている。

サーフィンであれ金融であれ、良い保険とは、より多くの機会と成長を提供してくれるものだ。金融における革新によって、新しいテクノロジーに資金を供給する、より安価でよりリスクの少ない方法が提供できるようになる。テクノロジーが進化するにつれ、これに資金を供給する金融ツールも進化する。古代ローマの台頭から近代都市の成長まですべてのことが、リスク管理を可能にした金融における新しい革新で説明することができる。一九七〇年代以降、金融が進化したことでより多くのリスクを取れるようになり、多くの富が貧しい国に流入し、開発が進み、世界中の貧困が減少した。豊かな国々においても、金融革新のおかげで今日の進歩を享受できるようになった。よりグローバルに、そしてより密接に結びついた経済は、一九五〇年代や一九六〇年代には存在していなかった金融上のツールを必要としている。

リスクを取ってもうまくいかないことはあるが、それは経済の成長や繁栄のために支払わなければならない代償だ。そこで重要なのは、リスクを取って裏目に出た場合の二次的な被害を抑えることだ。

より賢い対応とは

安全性を高めるための革新によって取るリスクが増える面はあるかもしれないが、総じて言えば、私たちはより安全に、そしてより豊かになっている。一九七〇年代以降、私たちが車で移動する距離は増えているにもかかわらず、交通事故による死者の数は減少している。しかし二〇一六年以降この傾向は逆転し、わずかながら死亡事故が増加した。増加した原因のひとつは携帯電話だ。携帯電話があれば、何か問題が発生したときに助けを求めることができるため、私たちの安全に貢献するが、運転中にテキストメッセージを送信するのであれば危険だ。

デリバティブが存在することで、より多くの人が投資をし、より多くの富が生まれる。従来は投資対象とならなかったような経済分野に投資が流入しやすくなり、より多くの中小企業や発展途上国が資本を受け取れるようになる。しかし、総じて見ればよいことが多いとしても、リスクを取った結果がうまくいかず、すべての人が被害を被ることもある。

リスク分野において革新があれば、私たちはより多くのリスクを取れるようになるが、まさにその事実こそが、金融市場であれ自動車産業であれ、あるいはサーフィンの世界であれ、規制が定期的に更新されなければならない理由である。私たち、とりわけ規制当局が、安全性を向上させるための革新についてその取り扱いを検討する際は、ブライアン・ケアウラナが行なったことを模範とするべきだ。ジェットスキーが安全確保に有効な装備であることに気がつくと、彼はまずジェットスキーに関する規制を変更させた。次に、彼は人々が責任を持ってこのツールを使用するように、教育に焦点を当てた。現在ハワイ州では、ジェットスキーをトウイン・サーフィンに使用するには認定が必要となっている。

ほとんどの業界は、ケアウラナのようなその業界が必要とする知的なリーダーシップを発揮できる人材に恵まれているわけではない。高速道路の速度制限や銀行の自己資本比率といった規制は、リスクをより多く取ろうという衝動のうち最悪のものは抑えることができる。しかし、技術革新によってリスクを削減する新しい方法が絶えず生み出され、その結果、より多くのリスクを取る機会が生まれつづけるかぎり、最新の技術に遅れずについていくための規制側の苦労も終わることはないだろう

私たちが取るリスクは最終的には私たち自身が気をつけるしかない。リスクを取れば得るもの

が増える可能性があり、リスクを減らしつつ、より多くのものを得ることができるようにするのがリスク管理ツールの目的だ。これらのツールを正しく使うためには、自分の目標に集中し、目標達成に必要な範囲でリスクを取る必要がある。ケアウラナとＢＷＲＡＧの目的は、大きな波のうねりでサーフィンを満喫しながらも必要以上のリスクは取らないように、サーファーのリスクに対する意識を向上させることだ。

現代の世界では、泳ぎ方をほとんど知らないのに一五メートルの波でサーフィンをし、あるいは株で賭けをするために金融デリバティブを使用して巨額のレバレッジをかけるなど、必要以上に大きなリスクを取ることが可能になっている。こうした選択肢を使えば大きな報酬を得る可能性はあるが、その報酬が本当に自分の目標に合致するのか、そのためにサメだらけの海で泳ぐ価値はあるのか、自分自身に問いかけてみた方がよい。

【１】ゲルト・ギーゲレンツァーへ。サーファーたちは純粋な確率ではなく頻度で考えるようにアドバイスを受けていましたよ。

【２】レバレッジ比率は、自己資本額と借入額の比率である。株主にとっては、この比率が大きければ大きいほどリスクが高くなる。株主はファンド運用益の分け前にあずかるが、ファンドの運用が好調であれば大きな利益を得るものの、運用に失敗すれば何も入ってこないからだ。これに対し、債券の保有者の方は何があろうと支払いを受ける権利がある。

ルール5　想定外のことも起こりうる

UNCERTAINTY HAPPENS

「人は計画し、神は笑う」というイディッシュ語のことわざがある。リスク管理についても同じことが言える。あなたが将来起こるかもしれないと考えること、そのすべてがリスクだ。リスク管理は想定されるリスクを管理する。しかし、良いことであれ悪いことであれ、まったく想像もつかない、あるいはまったく計画にないことも、ときとして起こりうる。

最高のリスク戦略や最も正確なリスクの推定でさえ、すべてを説明することはできない。私たちはデータに基づいて計測された確率を使い、計算に基づいた選択をすることができる。通常は、それが私たちにできる最善のことであり、九〇パーセントの場合、リスク削減が可能だ。しかし残りの一〇パーセント、すなわち「ナイトの不確実性」と呼ばれる予測できないリスク、あるいは元国防長官ドナルド・ラムズフェルドが「未知なる未知」と呼んだものについては、どのように対処すればよいのだろうか【1】。

第12章では、不確実性に備える方法について説明する。「リスク管理は計画を立てられるリスクからのみ私たちを保護し、それで私たちを安心させてしまう」という理由で、リスク管理に対して懐疑的な人たちがいる。しかし、計画できないことについて計画を立てることも可能だ。これは多くの場合、想定できるリスクは管理し、想定外の出来事に対しては適切な量の柔軟性を維持するという対応をとることになる。

【1】経済学者のフランク・ナイトは、一九二一年に計測できる可能性としての「リスク」と予測が不可能な「不確実性」を初めて区別した。この種の不確実性は彼に敬意を表して、「ナイトの不確実性」と呼ばれることがある。

第12章

不確実性――戦場の霧

UNCERTAINTY: The Fog of War

計画そのものは役に立たないが、計画すること自体に意義がある。――ドワイト・D・アイゼンハワー

おそらく、軍ほど多くの資源をリスク管理に投入する組織はない。また、計画どおりにいかない場合に軍ほど大きなコストを払う組織はないのだが、決して計画どおりに進むことなどない。戦争に関してはすべてが不確実であり、ものごとが計画どおりに進むことはめったにない。

戦争と比べてリスクがはるかに低い場合であっても、リスクを伴う決定を下した場合にその結果がどうなるのかは誰にもわからない。リスク計測は、起こることについて私たちが最善の予測をしたものであって、リスク管理とは、できるだけ私たちに有利な結果が起きるようにすることだ。しかしこれらはすべて、起こる可能性のあるリスク事象をほぼ予測できていて、リスクの推定が正確であると仮定している。しかし、残る不確実性、すなわち起こるとはまったく予想もしていないような事象についてはどうだろうか。想像もできないような出来事については、どのような備えをすればよいのだろうか。

退役将軍のH・R・マクマスターは、重要な戦いで決定的な勝利をあげたことで、軍関係者のあいだでは伝説的な存在だ。彼は、トランプ大統領の二番目の国家安全保障問題担当補佐官としてホワイトハウスで激動の一年を過ごしたことで、より広く知られるようになった。しかし、戦争におけるリスクや予測不可能な事態に関する計画策定についても、彼が第一人者であることを知る人は少ない。

73 イースティングの戦い

一九九一年二月二三日、第二機甲騎兵連隊第二騎兵大隊のイーグル中隊はサウジアラビアとイラクの国境を越えた。「砂漠の嵐」作戦による地上戦が開始されたのだ。連隊の任務はイラク共和国防衛隊を西側から包囲し、撃破することだった。

イーグル中隊は、ウエストポイント〔ニューヨーク州ウエストポイントの陸軍士官学校〕の卒業生で当時二八歳だったH・R・マクマスター大佐が指揮をしていた。彼はイーグル中隊所属の兵士一四〇名を指揮しており、同中隊は二個の戦車小隊で編成されていた。兵士たちの士気は高かった。ほとんどの兵士は戦闘の経験がなく、敵の背後にいることで気分が高揚していた。アメリカ軍が大きな軍事作戦を最後に展開したのは一世代前のことだった。兵士たちは、戦闘訓練は受けていたものの、自分が実際に戦争に行くことになるとは思っていなかった。

湾岸戦争はアメリカにとってベトナム戦争以来初めてとなる戦争だった。すべての戦争がそうであるように、軍指導部は慎重なリスク計画を策定した。ペンタゴンは、起こりうるすべてのことを予測すべくシミュレーションを実施し、どのような戦術と装備であれば最悪の結果が発生する可能性を最小限に抑えられるか決定した。軍は最悪の事態に備えた。彼らは、クウェートからサダム・フセインを追い出すには、数万人のアメリカ兵の命が犠牲になると予想した。こうした予測は、イラク軍の装備水準や練度に関する諜報結果をもとに、ベトナム戦争における経験もある程度加味して行われた。

イーグル中隊は緊張すると同時に興奮もしていた。マクマスターと彼の中隊は敵が手強いだろうと予想していたので、国境を越えてから数日たったところで連隊の他の部隊がイラク軍を簡単に打ち破ったと聞いて驚いた。

二四日の夕方、イーグル中隊の偵察隊がイラク兵を発見した。マクマスターは戦車に砲撃させ、何人かのイラク兵を殺した。他の兵士は逃走するか降伏した。イーグル中隊が敵と接触したのは初めてだったが、迅速かつ簡単に終わった。予想していたこととは違っていた。マクマスターは兵士たちに自信過剰になりすぎないよう注意した。中隊はまだイラク軍のエリート攻撃部隊である共和国防衛隊には遭遇していなかったからだ。

続く数日間で、イーグル中隊はイラクのさらに奥深くへと侵攻した。兵士たちは初めて、多国籍軍に殺されたイラク兵の死体を見た。彼らはまた、武器を捨てたイラク兵にも遭遇した。なかには、親指を上に突き上げてイーグル中隊を迎え、アメリカ軍に声援を送っているように見える者さえいた。マクマスターは、イラク兵たちは「緑色のユニフォームとブーツ以外何も持たない、ぼろぼろに疲れ切った、口ひげを生やした黒い髪の男たち」で、食料と水が欲しくて必死だった、と語る。

二六日の朝、イーグル中隊が目を覚ますと濃霧に覆われており、霧が晴れると今度は砂嵐に変わった。砂嵐のため航空騎兵隊は投入できず、戦闘で負傷者が出ても、ヘリで救助し治療を受けさせるという保険は使えないことになった。

午前一〇時前、イーグル中隊は偵察任務中のイラク戦車三両を発見した。そのうちの二両は連隊の別の部隊が破壊したので、三両目はマクマスターの隊が料理する番だった。彼は無線で「そのMTLB（イラク戦車）には俺の名前が書いてあるか？」と聞いた。「了解。そいつはお前のものだ」と答えが返って来た。

その戦車までの距離は二〇〇〇メートルだった。マクマスターの戦車に搭載されたコンピューターが目標と風の速度をもとに計算を実行し、彼は正しいころ合いを待って、「撃て！」と叫んだ。主砲のドンという音がマクマスターの戦車内に響き渡り火薬の匂いが充満すると、イラクの戦車は破壊され炎上した。全員が戦闘に加わりたがっていて、彼の兵士たちは自分たちがイラクの戦車に対し砲撃させてもらえなかったことに不満をもらした。イーグル中隊は、前進と停止が頻繁に繰り返されることに不満と不安を感じていた。彼らはまだ小さな戦闘さえ経験したことがなく、間もなく共和国防衛隊に遭遇するかもしれなかった。いったん激しい戦闘が始まれば、一瞬のためらいが死につながる可能性もあった。

前進することが任務だったため、彼らは前進を続け、正午までに六〇イースティングに到達した（イースティングは作戦上の距離で、基準とされた経度から東へ向かって何キロメートルかを意味する）。三時二五分までに七〇イースティングまで進撃し、そこで停止するよう命令を受けた。中隊は敵の大まかな位置は知っていたが詳細な情報はなく、何と遭遇するか予想はつかなかった。マクマスターは敵に近づいたと感じ、「ずっと待っていた瞬間が近づいているぞ」と部隊に言った。

砂嵐で視界が悪く、また地図がなかったため、イーグル中隊は自分たちの進路と平行して道路が通っていることを知らないまま、砂漠の中を進みつづけた。また自分たちが、アメリカ軍のクウェート侵攻を阻止する任務を帯びた共和国防衛隊のエリート部隊であるタワカルナ師団の演習場に入りつつあることも知らなかった。

敵の司令官であるモハメッド少佐（イラクとアメリカが同盟国だったころ、ジョージア州フォートベニングで訓練を受けたことがある人物）は、道路が村の中を通りすぎるところで自軍の陣地を防衛しようと考えていた。彼はアメリカ軍にはナビゲーションシステムがあり、道路を使用せずに砂漠を横断することが可能だとは知らなかったのだ。これは新しい技術で、湾岸戦争はG

ＰＳが使用された最初の戦争だった。イーグル中隊は昔ながらの地図や道路に頼る必要はなかった。モハメッド少佐は道路に沿って防御陣地を強化し、敵が村に入ってくるところを叩くつもりでいた。数百人のイラク兵が掩体に身を隠し、一四〇人のイーグル中隊が到着するのを待ち構えていた。

しかし、道路ではなく砂漠から近づいたイーグル中隊は村を迂回してイラク軍を奇襲し、戦車を先頭にV字型の陣形で突き進んだ。

午後四時一八分までに、いまだ砂嵐が吹き荒れるなか、戦車小隊が砂丘の急な斜面を登り頂上に出たところを、イラク共和国防衛隊の大部隊が出迎えた。イーグル中隊は、敵の領土に入ってから初めて激しい攻撃を受けた。湾岸戦争で最も劇的な決戦が二三分間続いた。

訓練は行き届いていたものの実戦経験の浅いイーグル中隊だったが、乱れを見せずに素早く反撃し、敵を圧倒した。「部下の反応はすばらしかった。砲弾が落ちてくる（攻撃を受けている）状況を訓練で再現するのは難しいのだが、兵士たちは訓練したとおりに動いた」とマクマスターは思い返して言う。

練習と訓練はたしかに重要だったが、イーグル中隊は幸運にも恵まれた。砂嵐で視界は遮られていたが、イーグル中隊には優れたテクノロジーがあり、イラク側の防御を発見し、その不意をついて攻撃することが可能だった。

イーグル中隊が東に向かって押し出すと、さらに多くのイラク軍兵士に遭遇した。敵の防御力はより強力となり、戦車三〇両、他の装甲車一四両、歩兵数百人と、その戦力はイーグル中隊よりもはるかに大きかった。しかし、イーグル中隊の優れた訓練や装備、そして奇襲による効果は、数のうえでの劣勢と地形に不慣れなことを補って余りあるものだった。

戦闘はすぐに終了した。イーグル中隊は数分で数十両のイラク側戦車を破壊し、東へ移動を続けた。そのとき、司令部にいる中尉から無線が入り、前進しすぎだとマクマスターに伝え、七〇イースティングを越えてはならないと念を押した。マクマスターは「謝っといてくれ」とだけ答え、前進を続けた。

二五年以上前のこのときの決断を振り返ってみて、マクマスターはまだ自分の判断は正しかったと考えている。彼らは七〇イースティングを超えて東へ移動し、戦闘態勢を整えようとしていた別のイラク軍予備兵力を奇襲し撃破した。指示どおり三キロ戻った地点で停止していたとしたら、イラク側は再度態勢を整えて反撃に成功していたかもしれない。マクマスターは、戦闘の詳細な内容を交えながら、彼のそのときの判断を説明してくれた。

もし停止していたら、敵に与えた衝撃的な効果も失われていただろう。停止していたとしたら、我々は静止目標に変わり、さらに東の方にいた敵に反撃する機会を与えただろう。我々の方が優位に立っており、早く戦闘の決着を付ける必要があった。敵がすべて破壊されるか、降伏するまで攻撃しつづける必要があった。

彼らは前進を続け勝利を拡大した。四時四〇分を過ぎた直後、七四イーースティングの少し手前で最終的に停止し、戦闘は終了した。

イーグル中隊は死傷者を出さずに、一〇倍以上の数の戦車とイラク最高の兵士からなるはるかに大きな大隊を丸ごと撃破した【1】。この戦い、とりわけ二三分間の重要な局面は、湾岸戦争で最も決定的な勝利のひとつである「73イースティングの戦い」として知られるようになった。

即座の判断と見事な勝利にもかかわらず、誰もがマクマスターのことを快く思ったわけではない。戦闘の勢いで数キロメートル進みすぎたとしても、それは大した問題ではないように聞こえるかもしれないが、軍隊では命令には一言一句従うことが重要とされる。マクマスターは、「兵士の命を無分別なやり方で危険にさらした」として上官に叱責されたと私に語った。このときの活躍で彼を英雄として見る人々もいる一方で、このときの判断や別の似たような判断が原因で軍における彼の昇進は遅くなったかもしれない。マクマスターは大きく出世し最終的には中将まで登りつめたが、率直な性格が災いして、誰もが憧れる大将の位を逃してしまった可能性もある。

73イースティングの戦いのような戦闘の結果、ペンタゴンの戦争に対する考え方は変わった。多くの軍幹部は、アメリカが世界で最も強く最も装備の整った軍隊を保有していることが証明されたと考えた。湾岸戦争後数年すると、アメリカの優れた技術があれば、戦争からリスクを除去することも可能だという考え方が支配的になった。一九九〇年代の半ば、統合参謀本部副議長のウィリアム・オーウェンズ提督は、技術によってアメリカ軍は将来「戦争の霧」（戦場における不確定要素。プロイセンの軍人で軍事学者カール・フォン・クラウゼヴィッツが定義した〕を晴らすことができるようになると幾度か発言している。マクマスターによると、アメリカ軍は強すぎるため、アメリカに挑戦する国は出てこないとペンタゴンでは言われていた。軍上層部が市場になぞらえて、「我々が価格をつり上げた結果、他の陸軍を競争から脱落させた」と言うのを聞いたことさえあるとマクマスターは語る。

新しいテクノロジーと冷戦の終結のおかげで、軍は戦力を減らし司令部の最上層レベルへ権力を集中しても大丈夫だと考えた。その結果、アメリカは軍の規模を縮小した。

その後一〇年間にわたってアメリカの軍事戦略に影響を与えることになるこの有名な戦闘でマクマスターが発揮したリーダーシップを考えると、湾岸戦争後に彼が行なったことはさらに注目に値する。軍で現役にありながら、彼はノースカロライナ大学チャペルヒル校でベトナム戦争に関する論文を書き、歴史学の博士号を取得したのだ。彼は、ベトナム戦争当時存在していた政治的および社会的に複雑な状況を反映していないデータやリスクモデルを使ってアメリカをベトナム戦争へと駆り立てた、当時ペンタゴンで働いていた民間人に焦点を当てた。一方、将軍たちの側も、戦場で起こっている現実について語ることを恐れていた。マクマスターはこの論文を後に「責任放棄――リンドン・ジョンソン、ロバート・マクナマラ、統合参謀本部と、ベトナム戦争へと導いた嘘」〔未邦訳〕というそのものピッタリのタイトルで出版し、成功をおさめた。

未知なる未知

私たちのほとんどは戦闘を経験することは生涯ないが、戦場におけるマクマスターの経験から学ぶことで、予想できないことに対してより良い備えをすることはできる。私たちが通常関わるのは、より安全でより緊張の低いやりとりだが、それでも休日を誰と過ごすか家族と交渉するとか、上司に昇給を求めるとか、あるいはたちの悪い同僚と儲かる顧客を奪い合うなど、感情的で予測不可能なことも多い。いずれの状況であれ、私たちが望むもの、つまり楽しい休日や、昇給、あるいはその顧客を手に入れるためには、合理的で考え抜かれたリスク計画ですら事態がどのように展開するかを完全に予測することはできないような感情的になりやすい状況で、リスクを取る必要がある。

こうしたやりとりに関わる場合は、世の中や人の行動というものは本質的に不確実であるため、最高のリスク管理戦略でさえもその目的を達することができない可能性がある。リスクモデルは役には立つが、予測不可能なことまで完全に予測可能になったと仮定してしまうと、結果が裏目に出る可能性がある。たとえばリスクを取って上司に昇給を要求するとする。もし自分はかけがえのない存在であるという前提で行動を起こすのであれば、退職すると脅すこともできる。しかし、会社にとって本当にかけがえのない存在であったとしても、もし会社が財務上の困難を抱えていて解雇を計画中であるとか、たまたま上司の虫の居所が悪い日だったといった、何らかの極秘情報を知らないままそうした行動を起こした場合、リスクの計算の際にこうした状況が予想に入っていないため、仕事を失うような結果になるかもしれない。

しかし、私たちのリスク推定が完全ではないからといって、リスク管理そのものを放棄すべきだということにはならない。リスク管理のツールを適切に使用するためには、その限界に注意する必要がある。ツールが九〇パーセントの状況でしか有効ではないとしても、さらにこの有効範囲が一〇パーセントでしかなかったとしても、何もしないよりは良い（とはいえ、低い方より高い方を目指すべきだが）。リスクを計測し、管理する方法を学んだことは、ルネッサンス期および啓蒙期における大きな進歩のひとつであり、人類を迷信から解放し、今日私たちが享受している数多くの改善へと道を開いたのだ。したがって、リスク管理を避けるのではなく、不確実性が残ることは認識しつつ、達人から学ぶことで、最善の使い方をするにはどうすればよいのか考えてみよう。

マクマスターは、彼の職業人生を通じて戦争の最も予測不可能な要素を扱い、これに関する著作を残してきた。彼はムーンライト・バニーランチのデニス・ホフをもっと若く、背を低くしたような外見で、声はしわがれていて低音が響き、話すのは早口だ。彼は率直にものを言い、恐ろしく知性が高いため、硬直した軍事組織のなかでは良くも悪くも目立つことが多かった。彼は堂々とした将軍の身体のなかに歴史学教授の鋭敏な頭脳を閉じ込めている。彼と会話をすると、ギリシャの哲学者からの引用や彼が推薦する書籍の話があちこちに登場する。大学の先生のように、彼は私に読書課題を与え、レポートにして報告に来るように指示をした。

私たちが会ったのは、彼がトランプ大統領の国家安全保障問題担当補佐官に指名されるわずか数週間前のことだった。そのころ彼は岐路に立たされており、生涯の任務を終え、軍から退こうと考えていた。彼は最終的にはトランプ政権でもう一年のあいだ国のために働き、その間は軍にとどまることにした。彼はホワイトハウスで過ごした時期を、彼の名高い軍歴における「おまけの一年」と呼んでいる。

部下を率いて戦闘に向かうことと比べると、それは非常に異なった種類のリスクだった。新しい任務を引き受ける数週間前、彼は戦争におけるリスク計画の危険性について私に説明してくれた。彼は次のように述べている。「あらゆることについて計画を立てようと企てて、確実すぎるぐらい確実性が高くなったと考えるようになると、そこに脆弱性が生まれる。起こりうるすべてのことを予測しようとするあまり、確実性の世界から不確実性の領域に入り込んでしまうと、自分の軍のなかに脆弱性を組み込んでしまう」

この洞察は、リスク管理には限界があることが明白な軍隊のみならず、私たちの日常生活においてもリスクに対処する際に役立つ経験則となる。快適だった仕事を辞めたり、新しい町に移ったり、新しい挑戦をしたりするときに、何がうまくいき何がうまくいかないか、そのすべてを予測するのは不可能である。これを可能と考えるようなら失敗するはめになる。

軍隊ほどリスク計画に時間と労力を費やしている組織はない。彼らはモデルや技術を活用して、必要となる装備、部隊の数、そして何を標的にするかなど、戦争のあらゆるレベルでリスクを削減する方法を探し出す。オペレーションズリサーチとして知られる工学分野は、そもそも軍で使用する目的で開発されたものだ。そのアプローチは金融をリスクとして扱う場合と同様で、最初に目標を定義し、次にダウンサイドリスクを最小限に抑えながらそれを達成するための最良の方法を見つけ出す。

こうした計画はすべてリスクを削減することを目的としているが、リスク削減のためのテクノロジーをいくら投入しようと、戦争というものは常に予測不可能だ。ひとつだけ確実に言えるのは、予期外のことが発生するであろうということだ。プロイセンの将軍であり戦争哲学者であるカール・フォン・クラウゼヴィッツは、戦争を本質的に不確実で予測不能にするいくつかの要因として、戦争の政治的側面、戦争の人間的な側面、戦争の複雑さ、そして戦争の相互作用あるいは非線形性をあげた。

あらゆる戦闘のあり方について計画をめぐらし、自軍の優位性を確保するためにより優れたテクノロジーを採用しようとしても、戦争とは意志の戦いであり、敵がどのように対応してくるかはわからない。

軍はときとして計画策定時に想定していたよりも強力で粘り強い敵に遭遇することがある。また異常な砂嵐が自軍にとって有利に働き、これを利用できることもある。戦場へ送り出す兵士にしっかりとした準備をさせるのと同時に、戦場では状況に即した判断ができるように十分な柔軟性を持たせるためには、どのような計画をどこまで練ればよいのか。これはすべての国の軍隊が抱えている、両立が難しい問題だ。戦場における成功や失敗の多くは、このバランスがどのように取られていたかで説明できることが多い。

不確実性の問題がしばしば軽視されるがゆえに、歴史は繰り返す運命にある

リスク計画を立てることで、何が起ころうと準備万端整っているというような誤った安心感に浸ってしまうおそれがある。未来をコントロールできるという考えに私たちはつい惹かれてしまう。不実性に対処するための第一歩は、いくら計画を立て、データを吟味し、保険をかけても、不確実性は残るという事実を受け入れることだ。不確実性を減らすことはできるが、完全に無くすることはできない。この教訓を受け入れるのは難しく、多くの軍事作戦が失敗する原因となった。

軍というものは前回の戦争を戦おうとする、すなわちイラク戦争の計画は湾岸戦争で起こったことに基づいており、湾岸戦争の計画はベトナムで起こったことに基づいているといった主張があるかもしれない。しかし、これは単純化のしすぎだろう。歴史家のウィリアムソン・マレーは、軍の組織は自分たちが学びたい教訓を学ぶのだと言う。

「軍事組織はほとんどの場合、気にいらない過去の紛争からの教訓ではなく、自分たちにとって

都合の良いことを研究するというのが現実だ。その結果、しばしば前回の紛争で明らかになっていたことを現実の戦闘で、そして通常は多大な犠牲を払いながら再度学習し直すはめになる」

こうしたことは湾岸戦争後に起きた変化に見てとることができる。湾岸戦争の結果は軍事の世界に革命的な変化を引き起こし、最新の技術は非常に強力であり、このため戦争におけるリスクの多くは削減ないし排除することが可能になるという哲学を生み出した。この軍事分野における革命思想はペンタゴンに浸透し、軍を縮小軽量化し、より効率的な組織に変貌させるための根拠とされた。将来の戦争はテクノロジーによって迅速かつ安価なものとなり、アメリカ人の犠牲者も少なくて済むという前提で、計画が策定されるようになった。

しかしこれは、説得力はあるものの、湾岸戦争で得られる教訓のひとつにしかすぎない。戦争は恐ろしくて、人間の行いで最悪のものだ。人間が恐ろしい死に方をし、そうした犠牲にもかかわらず何も解決されないことさえある。また戦争は予測不可能であり、勝つための唯一の方法はリスクを取ることだけだ。戦争であらゆる利益（世界的な覇権や経済的な利益）を手に入れ、一方で凄まじいコストは削減できるという考えに夢中になるのも自然なことではある。しかし、これは間違った教訓である。正しい教訓は、敵は予測できないということだ。戦場における予想外の出来事に対処する方法を知っていたマクマスターのような指揮官たちが下した小さな決断を研究した方がよかっただろう。

歴史にはこうした間違いを犯した後に没落した帝国が数多く存在する。第一次世界大戦後、フランスの軍事ドクトリンと軍の風潮は湾岸戦争後のアメリカ軍と同様の発展を見せた。フランスは戦車や航空機などの新しい技術で戦争のリスクは減らせると確信し、軍上層部に指揮権を集中させた。

イスラエル軍のメイア・フィンケル大佐は、第二次世界大戦でフランス軍が破綻した原因は戦闘へのアプローチが硬直的だったためだと主張する。戦闘の予測可能性が向上したという前提で、フランス軍部隊の行動は事実上完全に事前の振り付けがされていた。こうした状況を察知したヒトラーは将軍たちに、「几帳面なフランス軍や鈍重なイギリス軍には対応できないように、迅速に作戦を展開し行動せよ」と指示した。

厳格なトップダウンの指揮命令に従って戦闘に入ったフランス軍とは異なり、ドイツ軍側は現場の判断で機動を行うように訓練されていた。フランス側は機敏で動きの速いドイツ軍に衝撃を受けた。ドイツ軍はわずか数週間でフランスを占領した。

マクマスターは、このテクノロジーによって戦争からリスクを排除し、迅速で安価なものにできるという考えを「吸血鬼のような誤謬」と呼ぶ。なぜなら、そうした考え方は決して死なないからだ。不確実性を排除できるという考えに軍も私たちも誘惑されてしまう理由は簡単だ。それは、不確実性は私たちを不安にさせ、対処するにもコストがかかるからだ。

マクマスターは、軍が最上層部に指揮権を集中するのは、軍が確実性に関して自信過剰に陥っている兆候だと言う。それが戦争のやり方として今好まれている、比較的低コストで簡単な方法なのだ。不確実性を受け入れ、これに備えるのは、より困難でよりコストがかかる。そのためには、マクマスターが73イースティングで自ら引き受けたように、訓練の行き届いた部隊に現場で決断を下す権限を与える必要がある。

その場で計画を変更し命令を修正するように兵士を訓練するのは混乱を招き、危険でさえあるように思われるかもしれない。しかし、訓練が行き届いていれば、どのような場合にそうした行動が必要で、どのように対応すればよいか、わかるようになる。マクマスターは、練習、教育、訓練が重要だと語る。彼は部隊に戦闘訓練を実施させ、戦闘を行う国の文化や言語を学ばせる。練習をすることで正しい決定を下せるという自信になり、予期しないことが起きても躊躇することはない。計画どおりに進まなくても、チームとして行動する方法を訓練し学習することで、最もストレスがかかる状況でも兵士の理性を保つことが可能となる。さまざまな戦闘状況のシナリオに基づいて訓練をこなすことで、兵士は創造的に考え、予想とは異なる展開になっても対応できるようになる。

しかし、よく訓練された大規模な軍隊を作り維持するのは費用がかかる。不確実性に備えるには、マクマスターが言うような柔軟性が必要になる。通常のリスク管理と同様、柔軟性にはコストがかかる。

不確実性に対処するには

大小を問わず、決断を下す際にリスク予測と管理を活用するのは、地図を持って車で旅に出るようなものだ。地図があることで旅がうまくいく確率が上がるのは確かだが、道中でトラックに衝突されるかどうかまではわからない。注意を怠らず、接近するトラックがあれば回避する必要がある。

戦争の場合、これは柔軟性、すなわち現場で決断を下す権限を与えられた、訓練の行き届いた軍隊を意味する。フィンケル大佐が自身の著書「柔軟性について――戦場における技術上および戦闘教義上予想外の事態からの回復」〔未邦訳〕で書いているように、「……予想外の事態に対する解決策は、将来の戦場がどのようなものになるかを予測したり、敵の戦争準備の内容について情報を入手したりすることではなく、最初の不意を突かれた状況から立て直す能力にある」。

予想外の事態に対処するためには、軍は四つの要素を開発する必要があるとフィンケルは主張する。この原則は戦争にも日常生活にも有効だ。

一　下位の指揮官が公式の教義とは異なる新しいアイデアを考え出すことを奨励し、これに耳を傾ける風土を作り出せ。兵士は、従来からの常識や現在の戦略に反する場合も、自分の考えを表明してよいと感じる必要がある。そうすることで戦闘についてバランスの取れた見方をすることが容易となり、「教条的な考え方に囚われすぎる」ことを回避できる。

二　どんなにすばらしい「超兵器」であっても、「最終的には（効果的な）対抗策が編み出される」と認識せよ。そうなれば、軍は別の技術を必要とするようになる。

三　「教訓を迅速に学習し共有」することを奨励する仕組みを作れ。これには情報の迅速な共有と正確な解釈が必要となる。

四　状況が変化すれば戦略も変更する、精神的に柔軟性を持った司令官を採用せよ。これには、「質問と創造性を奨励」し、優れた訓練を提供する環境が必要だ。これはバランスが難しい。軍は兵士に自律性を持たせたいが、高度な計画と組織化も重要だ。それが、よく訓練された軍隊を持つことが非常に重要な理由である。戦闘中に計画が狂うと冷静さを失い、パニックに陥りやすい。訓練をし準備をさせることで、兵士が冷静さと合理性を保てるようにする。

このアドバイスは一般化して、私たちの生活のさまざまな局面に適用することができる。職場であれば、それは後輩たちの声に耳を傾ける姿勢なのかもしれない。知ったかぶりのミレニアル世代相手にイライラすることもあろうが、彼らの意見にも何がしかの貴重な叡智が含まれていることがある。柔軟であるためには、不快に感じるアイデアにも心を開き、予想もしなかった場所で答えを見出す必要がある。もちろん、良いアイデアと悪いアイデアを見分けるためには、経験と専門的な知識が必要だ。市場と出現しがちなリスクを知れば知るほど、良いアイデアを見分けるのが容易になる。専門的な知識と謙虚さをバランスさせることが重要だ。

フィンケルの教訓は、テクノロジーを私たちの生活にどのように統合するか決定するうえでも貴重だ。みんなと繋がることはすばらしいことだが、ハッカーや詐欺師も同じテクノロジーを使って私たちに害を為す。彼らを回避する方法を手に入れ、安全になった気がしても、その度に彼らは私たちの生活に入り込む別の方法を見つけ出するように感じる。サイバーリスクは絶えず不確実性の原因となっているが、そのリスクを計測することはできない。できるのは、柔軟性を維持し、常に新しい方法を採用することだけだ。ソフトウェアのセキュリティパッチは利用可能になり次第インストールし、二段階認証を使用し、パスワードも定期的に変更しなければならない。

最も重要なのは、計画が間違った方向に進んだ場合にコースを変更する選択肢を残しておき、最後までやり抜く謙虚さを持つ必要があるということだ。ウエートレスから企業幹部になったキャット・コールは、フーターズの正社員になるために大学を中退したものの、インターネットで授業を受けることにより、大学に戻る選択肢を常に残していた。彼女は、うまくいかないリスクを取ることも多く、「新しい取り組みを気泡シートに包み込んで、うまくいかない可能性があることすべてを予測するのは無理だ」と語る。しかし、彼女は一定の柔軟性は残し、もし何かうまくいかないことがあればこれを認めて迅速に軌道修正することも厭わない。そのためには謙虚さと他人の意見に耳を傾ける姿勢が必要だと彼女は語る。

私たち全員が軍事から学ぶべきこと

戦争には不確実性があり常にリスクをはらんでいる。軍事行動のリスクが人的なコストに見合うのかどうかは帝国の運命を左右する問題だ。そして、戦争がうまくいくかどうかは、良い計画を立てるだけでなく、不測の事態に対しても計画を立てているかどうかで決まる。そして、軍であれ私たち自身であれ、そこを疎かにしていることが多い。

最新のテクノロジーで戦争からリスクを取り除けば、本来リスクの高い企ても安全なものにできるという考え方に似た危険な驕りが、金融市場にも存在した。二〇〇八年の金融危機の前、経済学者たちは、政策やリスク管理によって金融危機や壊滅的な不況に陥るリスクは取り除かれたとして、これを「大いなる安定」という言葉で表現していた。また、金融デリバティブや住宅ローンの証券化などのヘッジ戦略が市場からリスクを取り除いたと主張する者もいた。大いなる安定もリスク管理の無謬《むびゅう》性も結局は誤りだったと判明した。ほとんど誰も予期できなかった金融危機によって、もう少しで大恐慌の再来となるところだった。

戦争の場合と同様に金融においても、ものごとがうまくいかなくなる原因は硬直性だ。柔軟性の欠如が、レバレッジ、すなわち逆ヘッジが極めて危険な理由である。何か予期しないことが発生した場合、資金がなくても債務は返済する必要がある。これが大銀行や多くの家計で行われていたことだ。債務を増やすのは、軍の最上層部に権限を集中させるのと同じようなものだ。うまくいくこともあるが、予期しない事態が発生すると困難な状況に陥ってしまう。

私たちは、危機の到来を予想した者と予想しなかった者を採点するのが好きだ。しかし、これは不確実性に対するアプローチとしては間違っている。予想が必ず当たる者など存在しない。金融危機が来る方に賭けた人々のほとんどが、その後何度も誤った予想をしている。

それよりも、ヘッジをし、保険を掛け、柔軟性と抵抗力を維持する偉大な「リスクテイカー」たちに注意を払った方が学ぶことは多い。彼らは市場が活況を呈しているときは大きなリスクを取らないため、慎重すぎるように見えるかも知れない。しかし実際は、彼らは予期しないことが起こると考えているのだ。良かれ悪しかれ、予期しないことが起きたときに対処できるように、十分な柔軟性を作り出しているのだ。

彼らには、最高のツールやリスク計画、そしてテクノロジーでさえも、戦争の性質や、金融市場、私たちの職業人生、あるいはパートナー探しを変えることはできないということがわかっている。人間の行動が介在するとき、完全に予測可能なことなど存在しはしない。周到な計画、データ、リスク分散、ヘッジ、保険といったリスク管理のツールは、ある程度の確実性はもたらすものの、市場で投資をしても損はしないとか、サーフィンをしても溺れない、戦争をしても負けない、失業しない、失恋しないなどといったことを保証することなどできはしない。

リスクモデルの限界について率直な批判を口にするマクマスターもリスクモデルは使用する。不確実性に対処する最善の方法は、準備をし、教育を受けたうえで戦いに臨むことだと彼は主張する。リスク計測とリスク管理のプロセスを通して、目標は何か、何がリスクか、どうすればリスクを削減できるかといったことを徹底的に吟味させられる。また、こうしたプロセスを通じて、戦場で何が起こりうるか学ぶことができる。

たとえば昇給を求めるときは、まず、受け入れてもよいこと、自分が職業人生に求めているもの、そして上司はいくらまでであれば支払えるのか、そうしたことをよく考えてから臨むようにすれば、あまり驚くような結果にはならないだろう。次に、柔軟な対応ができるような余地を作る。二〇パーセントの昇給以外は受け入れないといったスタンスで臨むとあまりにも硬直的で、上司の予想外の反応に対して脆弱になる。また、昇給と引き換えに担当職務を増やすとか、昇給の代わりに休暇を増やしてもらうといったかたちで上司に選択の余地を与えることも柔軟性を持たせる方法である。こうした柔軟性をもてば、状況に対応しつつ目的を達成することが可能となる。

リスク計測とリスク管理は、リスクと不確実性に対処するうえで最も有効な方法だ。しかし、何事も同じなのだが、間違った使い方をすれば防止するリスクよりも発生するリスクの方が多くなる。重要なことはこれらを上手に活用すると同時に、いつでも戦略を変更し予期せぬ事態に対応できるようにしておくことだ。

【1】第二騎兵大隊のゴースト中隊は犠牲者を一人出している。

FINAL THOUGHTS

終わりに

人生において前進するためにはリスクを取らなければならない。リスクを理解し、賢いリスクの取り方を理解しているかどうかは、人生を送るうえで重要なスキルなのだが、リスクの科学を教わることはほとんどない。それが原因で私たちはリスクを取るのか、それとも取らないのか、将来は確実か、あるいは無作為で予測不可能なものかといったふうに、リスクを二者択一的に捉えがちなのかもしれない。リスクを取るのは途方もないこと、あるいは恐ろしいことだと感じてしまうのも不思議ではない。

本書で紹介した金融経済学の一連の教訓は、別の選択肢、すなわち、リスクに対するより現実的で役に立つアプローチを提供してくれる。確実かどうかが問題なのではない。確実なことなど多分存在せず、むしろ重要なのは、ある状況は他の状況よりもリスクが高いということだ。私たちの人生にはさまざまな不確実性が存在するという事実に正面から向き合うことで、これに対処しさらに前進することができるようになる。

「リスクを取るべきかどうか」ではなく、「どのようにすれば、より賢くリスクを取ることができるか」が重要だ。金融経済学の中心にあるのは、「リスクはより多くのものを獲得するために支払うコストである」という考え方だ。リスクを取る人たちはより多くのものを獲得できる可能性が高いが、損失を被る可能性もある。リスクを削減することはできるが、代償もともなう。

こうしたすべてのことが、リスクに対する異なったアプローチを示唆している。

賢明なリスクテイカーは、リスクのある状況から逃げたりはしない。リスクを取るかべきかどうか悩まずに、欲しいものは取りに行こうではないか。その際に、関連するリスクを計測し、欲しいものを手に入れるうえで最小限必要なリスクだけを取るのだ。

最小限必要なリスクだけを取る方法がわかっていれば、リスクを取った結果がうまくいく可能性も高くなり、人生からより多くのものを得られるようになる。そうすれば、何か保証があるわけではないが、より頻繁にリスクを取れるようになり、より多くを追い求めることが可能となる。急速に変化するテクノロジー主導の経済のもとでは、仕事や生活が瞬時に変わってしまう恐れもあるが、同時に非常に大きな可能性も秘めており、今ほどリスクの理解が重要だったことはない。

本書を執筆するにあたって最も簡単だったのは、伝統的な金融とは関係のない分野で活躍する偉大なリスクテイカーたちを発見することだった。サーフィンであれ、有名人を追いかけることであれ、戦争であれ、自分自身の専門分野で成功している人々は彼ら自身のリスクを上手に管理している。私たちは皆、人生の少なくともひとつの側面においては賢明なリスクテイカーであり、同じ考え方は人生の他の部分にも適用することができる。

そのためには、リスクの定義のしかた、計測方法、リスクの種類の見分け方、そしてその管理方法といった、リスクの背後にある科学を理解すればよい。金融経済学はリスクの科学であり、どういったリスクを取ればよいか理解するための仕組みを提供する。

何が効果的で、それはなぜなのかが理解できれば、自分のリスクテイク戦略をあらゆる意思決定に応用することができるようになる。老後のための投資や空港への移動ですら、それほど難しいことでも、気が遠くなるようなことでもなくなるだろう。

リスク管理のツールを上手に使って、より多くのリスクを取り、予期しない事態に備えてほしい。

謝辞

Acknowledgments

本書の執筆には、親切で、寛大で、忍耐強い大勢の人々の助けが必要だった。まず、ロバート・C・マートンに感謝しなければならない。彼は私に本書の執筆を勧め、構成を練る手伝いをし、各章について貴重なコメントを提供してくれた。あなたが私にリスクとは何か気づかせてくれた。リスクフリーではないものがリスクなのだと。

私がインタビューをし、本書で紹介させてもらったすべての人には、感謝してもしきれない。あなたがたの物語がなければ本書は存在しえなかった。あなたがたは、私にあなたがたの人生を語らせるというリスクを取った。正しく語れたことを願っている。

また、大勢の人に本書の原稿を読んでもらった。特にロビン・エプスタインとジェイソン・レヴァインには、すべての章について複数の原稿を読み、貴重な意見を提供してもらった。その他、エミリー・ルーブ、ステイシー・バニックスミス、ピーター・ハンコック、クリス・ウィギンス、リサ・カウエン、バイロン・ロジャーズ、コージョ・エイペジヌー、プラビーン・コラパティ、ジェンナ・ライネン、ハル・ボーゲル、ロス・ファーマー、デビッド・プルマン、ジル・ストウ、ブランドン・アーチュリータおよびペイヨ・リーザレイズーからも非常に有益なコメントをもらった。

本書のテーマのほとんどが私にとっては初めての分野だった。私は、金融経済学ならどんな市場でも説明できるといった馬鹿げた考えを持っていたが、最初はこれらの市場について学ぶ必要があった。そのためにはしばしば、まったく新しい、場合によっては秘密めいたサブカルチャーの世界に潜り込む必要があった。これは、何時間もかけてその世界のあらゆる仕組みを私に説明し、会うべき人物を紹介してくれた大勢の親切な専門家たちがいなければ不可能だっただろう。

私がホフの売春宿で行なったすべてのインタビューを手配してくれたジェレミー・リーマー、自分の売春宿で私を自由に行動させてくれたデニス・ホフ（まだ生きていて、本書を読んでほしかった）、女性たちに私と話をするように勧めてくれたマダム・スゼットには感謝している。フェラー・バンクス、カサンドラ・クレア、ルビー・レイには特別な感謝を。データ上のサポートをしてくれたスコット・カニンガムにも。

ジョン・スロス、ロス・ファーマー、デビット・シャヒーンおよび彼のＪＰモルガンのチーム全員のおかげで映画に関する章を書くことができた。また、効率的市場仮説を信奉する原理主義者である私に、行動経済学がなぜ重要なのか説明してくれたダン・ゴールドスタインとジェンナ・

ライネンにも感謝しなければならない。そして、自分の経験を私と共有し、私をフォーチュン・ソサエティの皆さんに紹介してくれたマイク・ナフトとオシ・ジェラルドには大きな感謝を。

ケンタッキーで私のために多くの時間を割き、業界の秘密を説明してくれたすべての人々――フランク・ミッチェル、（アイルランドの）エメリン・ヒル、グラント・ウィリアムソン、バーニー・サムズ、デビッド・ランバート、エド・デローザ――にも感謝している。

私とアーノルド・ドナルドの二時間半にわたるインタビューを書き起こしてくれたカーニバルの人に多大なる感謝を。私はあなたの名前を知らないが、永遠に感謝する。

マーク・ヒーリーとBWRAGの全員、とりわけ大歓迎してくれたイアン・マスターソンとリーアム・ウィルモットにはとても感謝している。クリス・ゴフにも。紹介もなしに突然電話をかけ、金融に関する本を書いていてサーファーにインタビューしたいと私が言うと、あなたはすかさず、「かけた番号は合ってるようだ」と答えた。その瞬間、この章はうまくいくと私は思った。

H・R・マクマスター将軍を紹介してくれたマックス・ブートと、軍隊がどのようにリスクを管理しているか説明してくれたケビン・カワサキに感謝する。

クオーツのケビン・デラニー、ローレン・ブラウン、ジェイソン・カラヤンおよびカビーア・チビーアに多大なる感謝を。ケビン、あなたはリスクを取り、私を信じてくれた。あなたは私にクオンツィ・マーケットのプラットフォームを使用する機会を与えてくれた。そのおかげで、私は作家として、また経済学者として成長し、本書を執筆することができた。

編集者のステファニー・フレーリック、そしてポートフォリオの全員、とりわけ本書をすぐに手に入れて気に入ったと言ってくれたブリアとレベッカに大きな感謝を。あなたがたの編集のおかげで本書は今の姿に仕上がった。モーリーン・クラーク、あなたの原稿整理は驚異的だった。あなたがここまで手間をかけ、注意を払ってくれたおかげで、本書は私の作家としての実力を超えるレベルの文章に仕上がった。また、私の代理人メル・フラッシュマンにも感謝したい。あなたのおかげで、この一連のプロセスがとても楽しかった。

ここに名前を掲載することができなかった大勢の皆さんには、大きな感謝を申し上げるとともに、名前を記載しきれないことについてお詫びを申し上げたい。

そして最後に、私を支えてくれたすばらしい家族、母、父、スティーブ、テリー、ジョッシュ、ステイシー、ダコタ、すべてはあなたたちのおかげだ。あなたたちは私の人生上の選択について疑問を投げかけたことは一度もなかった。大学院時代を通して、いつもずっと私の手をとり支えてくれた。私が学位を取りながら非常に奇妙な行動を取ったときも、変わらず応援してくれた。あなたたちのおかげで、私は安心してリスクを取ることができた。

281　最初の不意を突かれた状況から立て直す能力にある：上掲書、2ページ。同書には斜体字で記載されている。

281　この原則は戦争にも日常生活にも有効だ：上掲書、1-17ページ。

Everything: How Finance Made Civilization Possible (Princeton, NJ: Princeton University Press, 2017).

259　しかし二〇一六年以降この傾向は逆転し：National Highway Traffic Safety Administration, "Summary of Motor Vehicle Crashes," August 2018, DOT HS 812 580.

263　「ナイトの不確実性」と呼ばれる予測できないリスク：Frank Knight, ***Risk, Uncertainty, and Profit*** (Boston: Houghton Mifflin Co., 1921).

第12章

267　「緑色のユニフォームとブーツ以外何も持たない：H. R. McMaster, "Battle of 73 Easting" (manuscript available at the Donovan Research Library, Fort Benning, GA): 8, www.benning.army.mil/library/content/Virtual/Donovanpapers/other/73Easting.pdf.【リンク切れ】

269 兵士たちは訓練したとおりに動いた：McMaster, 12-13.

270 降伏するまで攻撃しつづける必要があった：McMaster, 20-21.

271 マクマスターは（……）私に語った：マクマスターとのインタビューに基づく。

271 技術によってアメリカ軍は将来「戦争の霧」: Peter Grier, "Preparing for 21st Century Information War," ***Government Executive*** 8, no. 27 (August 1995): 130. Williamson Murray, "Clausewitz Out, Computer In: Military Culture and Technological Hubris," ***National Interest,*** June 1, 1997, https://www.clausewitz.com/readings/Clause&Computers.htm.【リンク切れ】

276　次にダウンサイドリスクを最小限に抑えながら：Colonel Arthur F. Lykke Jr., "Defining Military Strategy," ***Military Review*** 69, no. 5 (May 1989): 2-8.

276　戦争哲学者であるカール・フォン・クラウゼヴィッツは：Carl von Clausewitz, ***On War***, ed. and trans. Michael Howard and Peter Paret (1976; repr., Princeton, NJ: Princeton University Press, 1989). カール・フォン・クラウゼヴィッツ著『戦争論』岩波書店、1968年）

278　前回の紛争で明らかになっていたことを：Williamson Murray, "Thinking About Innovation," ***Naval War College Review*** 54, no. 2 (Spring 2001): 122-23.

279　鈍重なイギリス軍には：Meir Finkel, On Flexibility: ***Recovery from Technological and Doctrinal Surprise on the Battlefield*** (Stanford, CA: Stanford Security Studies, 2011), 206.

https://qz.com/1194838/carnival-ocean -medallion-a-disney-magicband-for-cruises/.

第10章

226　フィッシャー・ブラックとマイロン・ショールズがオプションの価格を：Fischer Black, Myron Scholes, "The Pricing of Options and Corporate Liabilities," *Journal of Political Economy* 81, no. 3 (May/June 1973): 637-54.

226　ロバート・C・マートンがオプション価格を求める厳密な解法を：Robert Merton, "Theory of Rational Option Pricing," *Bell Journal of Economics and Management Science* 4, no. 1 (Spring 1973): 141-83.

227　一日平均二万枚まで出来高は増加し："A Brief History of Options," Ally Invest Options Playbook, www.optionsplaybook.com/options-introduction/stock-option-history.

227　一日四〇〇万枚を超えるようになった：Chicago Board Options Exchange, *Annual Market Statistics*, http://www.cboe.com/data/historical-options-data/annual-market-statistics.

232　防止するよりも増加させてしまったかもしれないと考えている：Michael Mueller-Smith, "The Criminal and Labor Market Impacts of Incarceration" (unpublished working paper, 2015), https://sites.lsa.umich.edu/mgms/wp-content/uploads/sites/283/2015/09/incar.pdf.

第11章

243　悪夢に変わったんだ：Greg Long, "Greg Long Recounts Almost Drowning," *Surfing Magazine,* October 1, 2014, https://www.surfer.com/surfing-magazine-archive/surfing-video/greg-long-drowning/.

247　マートンのおかげでオプションは：ブライアン・ケアウラナとのインタビューに基づくケアウラナ一族の歴史と救助におけるジェットスキーの発見

251　シカゴ大学の経済学者サム・ペルツマンは：Sam Peltzman, "The Effects of Automobile Safety Regulation," *Journal of Political Economy* 83, no. 4 (August 1975): 677-726.

253　一九九七年には二〇パーセント弱と：The President' s Working Group on Financial Markets, "Hedge Funds, Leverage, and the Lessons of Long-Term Capital Management," April 1999, https://www.treasury.gov/resource-center/fin-mkts/Documents/hedgfund.pdf.

258　新しいテクノロジーに資金を供給する：William N. Goetzmann, *Money Changes*

179　リスクと手数料を調整すると：Eugene Fama and Kenneth French, "Luck Versus Skill in the Cross-Section of Mutual Fund Returns," *Journal of Finance* 65, no. 5 (October 2010): 1915-47.

182　ガンランナーのようなレースに勝てる馬：ランバート博士とのインタビューに基づく。

183　交配相手をより洗練された方法で選択：バイロン・ロジャーズとのインタビューに基づく。

184　遺伝学によって交配結果のバラツキを狭められる可能性：エメリン・ヒルとのインタビューに基づく。

第9章

193　中西部企業幹部の生活スタイルを完璧に取り入れた：Tony Munoz, "Arnold Donald, President & CEO, Carnival Corporation & plc," *Maritime Executive*, January/February 2017, https://www.maritime-executive.com/magazine/arnold-donald-president--ceo-carnival-corporation-plc.

194　売り上げの水準で厳しく評価されていた：Aliya Ram, "Arnold Donald: 'It Stopped Working Because the World Changed,' " *Financial Times*, January 8, 2017, https://www.ft.com/content/3201e790-9abd-11e6-b8c6-568a43813464.

194　二〇〇五年まで会長を務めた：Heather Cole, "Arnold Donald' s Sweet Deal," *St. Louis Business Journal*, May 13, 2004, https://www.bizjournals.com/stlouis/stories/2004/05/17/story1.html.

196　…経営なんか知らないだろう」と驚いた：Ram, "Arnold Donald."

204　絶対的な変化が今後一〇年以内に：Jon Pareles, "David Bowie, 21st Century Entrepreneur," *New York Times*, June 9, 2002.

205　ボウイは即座に「なんで今まで誰もやってなかったんだ」と尋ねたという：プルマンとのインタビューに基づく。

210　ディズニーからジョン・パジェットを引き抜いた：Chabeli Herrera, "How Carnival Revolutionized Its Guest Experience with Super-Smart Tech," *Miami Herald*, January 8, 2017, www.miamiherald.com/news/business/tourism-cruises/article125317259.html.

210　パジェットと彼のチームは：Allison Schrager, "Can Carnival Possibly Make a Cruise with Thousands of Passengers Feel Personable?" *Quartz*, April 18, 2018,

166　サラブレッド種の子馬約二万頭：Jockey Club *Foal Crop* 2018n, http://www.jockeyclub.com/default.asp?section=FB&area=2.

166　血統で説明できると分析している：Devie Poerwanto and Jill Stowe, "The Relationship Between Sire Representation and Average Yearling Prices in the Thoroughbred Industry," *Journal of Agribusiness* 28, no. 1 (Spring 2010): 61-74.

166　馬の「速度遺伝子」を発見した：E. W. Hill, J. Gu, S. S. Eivers, R. G. Fonseca, B. A. McGivney, P. Govindarajan, et al. "A Sequence Polymorphism in MSTN Predicts Sprinting Ability and Racing Stamina in Thoroughbred Horses," *PLoS ONE* 5, no. 1 (January 2010): e8645.

169　この四〇年間でサラブレッド種の近親交配が：M. M. Binns et al., "Inbreeding in the Thoroughbred Horse," Animal Genetics 43, no. 3 (June 2012) : 340-42.

169　平均的なサラブレッド馬：ビンズ博士とのインタビューに基づく。

169　彼の種付料は一九八四年のピーク時には五〇万ドル：Terry Conway, "Northern Dancer: The Patriarch Stallion," America' s Best Racing, September 18, 2017, www.americasbestracing.net/the-sport/2017-northern-dancer-the-patriarch-stallion.

170　ノーザンダンサーの血を引いていた：デビッド・ディンクの未発表の研究に基づく

171　ノーザンダンサーのスプリント遺伝子：Mim A. Bower et al., "The Genetic Origin and History of Speed in the Thoroughbred Racehorse," *Nature Communications* 3 (2012): article number 643.

171　最近まで横ばいが続いた：Patrick Sharman and Alastair J. Wilson, "Racehorses Are Getting Faster," *Biology Letters* 11, no. 6 (June 2015): 1-5.

172　遺伝的革新が少なくなる可能性があると考えている：Mark W. Denny, "Limits to Running Speed in Dogs, Horses and Humans," *Journal of Experimental Biology* 211 (December 2008): 3836-49.

176　ほぼ二人に一人が株を所有：アメリカ連邦準備制度理事会の「消費者の金融状況調査（2016年）」（https://www.federalreserve.gov/econres/scfindex.htm）から推定。

176　リスクにも関心を持つべきだということに気づいた：Peter Bernstein, *Capital Ideas: The Improbable Origins of Modern Wall Street* (Hoboken, NJ: John Wiley & Sons, 2005), 57.（ピーター・バーンスタイン著『証券投資の思想革命―ウォール街を変えたノーベル賞経済学者たち』東洋経済新報社、2006年）

145 実際は数百万ドルの赤字だった：Meier.

146 六五〇〇万ドル以上も過大計上：Stephen Labaton, "S.E.C. Files Fraud Case on Retailer," *New York Times*, September 7, 1989, https://www.nytimes.com/1989/09/07/business/sec-files-fraud -case-on-retailer.html.

148 交通事故による死者が一六〇〇人増加したと推定されている：Gerd Gigerenzer, "Dread Risk, September 11, and Fatal Traffic Accidents", *Psychological Science* 15, no. 4 (April 2004): 286-87.

150 一〇代の若者一三五四人を調査した：Thomas A. Loughran, Greg Pogarsky, Alex R. Piquero, and Raymond Paternoster, "Re-examining the Functional Form of the Certainty Effect in Deterrence Theory," *Justice Quarterly* 29, no. 5 (2012): 712-41.

151 リスクを定義することは、影響力の行使である：Paul Slovic, "Trust, Emotion, Sex, Politics, and Science: Surveying the Risk-Assessment Battlefield," *Risk Analysis* 19, no. 4 (August 1999): 689-701.

152 犯罪阻止の役には立っていなかったように思われる：Justin McCrary and Aaron Chalfin, "Criminal Deterrence: A Review of the Literature," *Journal of Economic Literature* 55, no. 1 (March 2017): 5-48.

152 犯罪の抑止により効果があるのは：Jonathan Klick and Alexander T. Tabarrok, "Using Terror Alert Levels to Estimate the Effect of Police on Crime," *Journal of Law and Economics* 48, no. 1 (April 2005): 267-79.

153 「コミュニティ警察」も効果的だ：Brendan O' Flaherty, *The Economics of Race in the United States* (Cambridge, MA: Harvard University Press, 2015), 362-66.

153 一〇〇パーセント増加するという警告を出した：Gerd Gigerenzer, "Making Sense of Health Statistics," *Bulletin of the World Health Organization* 87, no. 8 (August 2009): 567.

154 彼は、人間は確率を理解していないかもしれないが：Gerd Gigerenzer, *Reckoning with Risk: Learning to Live with Uncertainty* (New York: Penguin Books, 2002).

第8章

165 正の相関関係があると考えている：Jill Stowe and Emily Plant, "Is Moneyball Relevant on the Racetrack? A New Approach to Evaluating Future Racehorses," *Journal of Sports Economics*, http://journals.sagepub.com/doi/full/10.1177/1527002518777977.

tematic Earnings Risk," *American Economic Review* 107, no. 5 (May 2017): 398-403.

111　雇用環境が好調なときでも二〇パーセント前後で推移：Craig Copeland, "Employee Tenure Trends: 1983-2016," *Employee Benefit Research Institute Notes* 38, no. 9 (September 20, 2017), https://www.ebri.org/publications/notes/index.cfm?fa=notesDisp&content_id=3497.【リンク切れ】.

第6章

118　視聴率はすごかったからね！：Phil Hellmuth, *Poker Brat: Phil Hellmuth's Autobiography* (East Sussex, England: D&B Publishing, 2017), 248.

128　行動経済学者のリチャード・セイラーとエリック・ジョンソン：Richard Thaler and Eric Johnson, "Gambling with the House Money and Trying to Break Even: The Effects of Prior Outcomes on Risky Choice," *Management Science* 36, no. 6 (June 1990): 643-60.

130　ポモナ・カレッジの経済学者たちは：Gary Smith, Michael Levere, and Robert Kurtzman, "Poker Player Behavior After Big Wins and Big Losses," *Management Science* 55, no. 9 (September 2009): 1547-55.

131　オンラインポーカーのプレイヤーに関するその後の研究：David Eil and Jaimie W. Lien, "Staying Ahead and Getting Even: Risk Attitudes of Experienced Poker Players," *Games and Economic Behavior* 87 (September 2014): 50-69.

131　シカゴ商品取引所で午前中に損失を出した：Joshua D. Coval and Tyler Shumway, "Do Behavioral Biases Affect Prices?" *Journal of Finance* 60, no. 1 (February 2005): 1-34.

132　売ってしまう可能性が高いのだ：Nicholas Barberis and Wei Xiong, "What Drives the Disposition Effect? An Analysis of a Long-Standing Preference-Based Explanation," *Journal of Finance* 64, no. 2 (April 2009): 751-84, July 2006.

132　損失回避の傾向は少ないということが研究で明らかになっている：John List, "Does Market Experience Eliminate Market Anomalies?," *Quarterly Journal of Economics* 118, no. 1 (February 2003): 41-71.

第7章

142　約七〇〇万ドルを手にした：Barry Meier, "Crazy Eddie' s Insane Odyssey," *New York Times*, July 19, 1992, https://www.nytimes.com/1992/07/19/business/crazy-eddie-s-insane-odyssey.html.

145 六〇〇〇万ドル以上を懐に入れた：Meier.

75　計測することはできない：Peter Bernstein, *Against the Gods: The Remarkable Story of Risk* (Hoboken, NJ: John Wiley & Sons, 1996).（ピーター・バーンスタイン著『リスク――神々への反逆』日本経済新聞社、2001年）

78　示唆する証拠が多く存在する：Eugene Fama, "The Behavior of Stock-Market Prices," *Journal of Business* 38, no. 1 (January 1965): 34-105.

79　上映されたすべての映画：Nash Information Services（http://nashinfoservices.com/）のデータに基づいている。

80　ほぼ同じ形状を描いた：Arthur De Vany and W. David Walls, "Uncertainty in the Movie Industry: Does Star Power Reduce the Terror of the Box Office?," *Journal of Cultural Economics* 23, no. 4 (November 1999): 285-318.

83　ホラー映画の制作費は一九〇〇万ドルとより控え目だった：Nash Information Servicesのデータに基づき推定。

85　ハリウッドの「聖杯」：Alex Ben Block, "Ryan Kavanaugh's Secret to Success," *Hollywood Reporter*, September 29, 2010, https://www.hollywoodreporter.com/news/ryan-kavanaughs-secret-success-28540.

85　一三パーセントないし一八パーセントの儲けを出した：Tatiana Siegal, "Gun Hill Slate a Sound Investment," Variety, October 14, 2007, https://variety.com/2007/film/markets-festivals/gun-hill-slate-a-sound-investment-1117974039/.

86　アメリカ国内の興行収入はわずか五三万九〇〇〇ドルだった：Benjamin Wallace, "The Epic Fail of Hollywood's Hottest Algorithm," *New York Magazine,* January 25, 2016, http://www.vulture.com/2016/01/relativity-media-ryan-kavanaugh-c-v-r.html.

87　ウォール・ストリート・ジャーナルの記者ベン・フリッツ：Ben Fritz, *The Big Picture: The Fight for the Future of Movies* (New York: Houghton Mifflin, 2018).

87　ＪＰモルガンのメディア担当役員デビッド・シャヒーン：ＪＰモルガンのメディア担当役員デビッド・シャヒーンおよび彼のチームとのインタビューに基づく.

第5章

107　経済学者のウィリアム・シャープとジョン・リントナー：William F. Sharpe, "Capital Asset Prices: A Theory of Market Equilibrium Under Conditions of Risk," *Journal of Finance* 19, no. 3 (September 1964): 425-42.

110　アメリカ人の収入がどのような傾向を示したか計測：Fatih Guvenen, Sam Schulhofer-Wohl, Jae Song, and Motohiro Yogo, "Worker Betas: Five Facts About Sys-

原注
Notes

第1章

7　セックスワーカー殺害：D. D. Brewer et al., "Extent, Trends, and Perpetrators of Prostitution- Related Homicide in the United States," *Journal of Forensic Sciences* 51, no. 5 (September 2006): 1101-8.

8　経済的成功の希求」などを意味していた：Rolf Skjong, "Etymology of Risk: Classical Greek Origin-Nautical Expression-Metaphor for 'Difficulty to Avoid in the Sea,' February 25, 2005, http://research.dnv.com/skj/Papers/ETYMOLOGY-OF-RISK.pdf.

17　四年分（二〇一三年から二〇一七年）のデータ：インターネットでデータを収集している研究者（匿名希望）が親切にもデータを提供してくれた。

18　経済学者たちの推定によると：Paul Gertier, Manisha Shah, and Stefano M. Bertozzi, "Risky Business: The Market for Unprotected Commercial Sex," *Journal of Political Economy* 113, no. 3 (June 2005): 518-50.

29　不確実なこと（まったく想定外のこと）は異なる：Frank Knight, ***Risk, Uncertainty, and Profit*** (Boston: Houghton Mifflin Co., 1921).

33　斡旋業者を通して働く売春婦：Steven Levitt and Sudhir Venkatesh, "An Empirical Analysis of Street-Level Prostitution," unpublished manuscript, 2007, http://international.ucla.edu/institute/article/85677.

第2章

40　低カロリーの代替品：キャット・コールとのインタビュー（2016年および2017年）に基づく。

第4章

68　エクセルの複雑なスプレッドシート：Chris Jones, "Ryan Kavanaugh Uses Math to Make Movies," ***Esquire***, November 19, 2009. https://www.esquire.com/news-politics/a6641/ryan-kavanaugh-1209/.

72　その投資をする理由を探しはじめているんだ：Connie Bruck, "Cashier du Cinema," ***New Yorker***, October 8, 2012, https://www.newyorker.com/magazine/2012/10/08/cashier-du-cinema.

訳者あとがき

本書は二〇一九年にアメリカで刊行された『An Economist Walks into a Brothel: And Other Unexpected Places to Understand Risk』（Portfolio刊）の全訳で、原著のタイトルを直訳すると「経済学者が売春宿へ行ってみた」となる。最初に本書の翻訳のお話をいただいたとき、一瞬、この「売春宿へ」というタイトルに戸惑った。実際、第1章の冒頭から、ネバダの売春宿でセックス・ワーカーの女性たちが客を出迎えるシーンが展開する。しかし、副題に「And Other Unexpected Places to Understand Risk」とあるように、著者のアリソン・シュレーガーは売春宿以外にもありとあらゆる「意外な場所」を訪れ、そこで発見した「私たちが現実に実践しているリスクの取り方」を研究者の目で解明してまとめている。本書はいわばリスクテイクの「現地現物」調査報告であり、アカデミズムの壁を取り払って、リスク科学を私たちの生活そのものに活かしたいという著者の試みである。

アリソン・シュレーガーはコロンビア大学で経済学の博士号を取得した後、ジャーナリズムの世界に入り、現在も著名な経済誌に定期的に寄稿している。リスクアドバイザリー企業を共同で設立し、これまでにＯＥＣＤやＩＭＦなどの国際機関でコンサルティングを行ったこともある。専門分野は老後資金をめぐる金融で、現在はニューヨーク大学で教鞭をとるなど、多彩な経歴を持つ経済学者だ。しかし、著者の経歴で最も重要なのは、第3章で著者自身が語っているように、挫折に近い経験をしていることだろう。その経験から学んだことが、本書で著者が最も伝えたかったことだと思う。

本書を執筆するにあたって、著者はさまざまな特殊な世界を探訪し、その住人たちと交流する。ニューヨークで有名人の張り込みに向かうパパラッチに同行したかと思えば、ハワイのオアフ島ノースショアでビッグウェーブ・サーファーたちとサーフィンにおけるテクノロジーの功罪を議論し、ケンタッキーで競走馬の種付けに立ち会ったかと思えば、トランプ政権の国家安全保障問題担当補佐官に就任する直前のマクマスター将軍にアメリカ軍が抱える潜在的な脆弱性について聞いている。こうした意外な、普段触れる機会のない世界の話を追うだけでも実に面白い。

しかし、本書のテーマはあくまでリスク科学だ。そして、本書が対象としているのは自分の目標を達成するためにリスクを取る人々だ。私たちは、人生を豊かにするためには、何らかのリスクを取らなければならない。しかし、上手なリスクの取り方を教える授業もなければ、そうした書籍も少ない。私たちが日常的な判断や、人生の節目（進学、就職、結婚、マイホームの購入、転職、老後資金の準備）における重要な決断に際して適切なリスク判断をできるように、リスク科学の成果を共有したいというのが著者の願いだ。

リスク管理を扱った一般の書籍には、教科書的な概念や枠組み、そして難解な数式を説明するものは多いが、残念ながら私たちが人生の選択を行ううえで参考になるものは少ない。研究者や職業的なリスクマネジャーなどいわゆる「リスクの専門家」にはむしろリスクを取りたがらない人も多い。そうした人たちの語る内容はリスク管理が自己目的化しがちで、人生を左右する決断をする際に本当に役立つような指針をそこから汲み取るのは難しい。

そうした例のひとつが、第3章に出てくる「あなたのリスク許容度を教えて下さい」と切り出すファイナンシャルプランナーだろう。彼女は単に「リスクを取るときはリスク許容度を設定するものだ」という知識を教科書的に適用しているにすぎない。しかし著者は貯蓄をする、すなわち、リスクを取る目的を具体的にするところから始めるべきだと主張する。老後資金を作ることが貯蓄の目的であれば、老後の基本的な生活費に最低いくら必要で、老後の人生を楽しむための裁量的な支出はいくらなのか、この「目標」を最も少ないリスクで達成できるように投資戦略を組み立てるべきだというのだ。

実はこれが、著者の最も伝えたい内容だ。本書で著者はリスクを取る目的と、その目的を達成するためのリスクフリーの選択肢をまず明確にすることが重要だと語る。この段階で間違えば、そのあといくら精緻な計画を立てても、そしていくら努力をしても、満足できる結果にはならない。

そして著者は、これを自身の辛い経験を通して語っている。経済学を専攻し、より高みを目指すため博士課程へと進み、苦手な数学を克服し、そして博士課程の学生の間で勝ち組とされる大学教員の道を半ば盲目的に目指す。しかし、いよいよ大学院を出るという段階になって、自分はリスクを取らない人が多いアカデミアの一員になりたいのではなく、本当はもっとリスクを取る人生を送りたいのだと気づく。

この問題は、実は多くの人々（そして組織）が直面する問題である。正直なところを言えば、訳者自身も現に思い当たるところがあり、翻訳をしながら少なからず動揺した。私たちには、自分が本当に求めるものと、これを実現するための手段を取り違える傾向がある。第2章で登場するキャット・コールは、このことに途中で気づき、大学を中退して時給社員の道を選び、目的に合った最もリスクの低い（しかし一般にはリスクが高く見えることもある）選択肢を選び続けることで成功した。

本書には、キャット・コールのようなアカデミアの外で著者が発見した数々のエピソードが紹介されているが、そうしたエピソードを交えながら、著者はリスクの語源から説き起こし、今日のリスク科学の土台を作り、発展させてきた偉大な人物の業績も紹介している。著者は、そうしたリスク科学のエッセンスを高度な数学を使わずに、しかしきちんと読者に説明しようと努めている。その意味で、本書はリスク科学の全容を知りたいという読者にとっても格好の読み物だ。

翻訳作業を終えた後、校正作業が始まる前に、新型コロナウイルスの感染拡大で緊急事態宣言が発令された。その間、第9章で紹介されたカーニバル社のクルーズ船ダイヤモンド・プリンセス号の問題が毎日のように報道された。同章で著者は、クルーズ船の船長はクルーズ旅行が減るような状況になると利益を得る産業に投資をすれば、減収リスクをヘッジできると説明している。船長たちが原著を読み、既にヘッジをしていればよいのだが。

また著者は第1章で、現代では、豊かで安定した国に住んでいるかぎり、旅に出ることで自分自身や家族を恐ろしい致命的な病気にさらしてしまうリスクは想定しにくいと述べているが、著者が新型コロナウイルスを想定できていなかったのは明らかだ。こうした「想定外」の事態への備えはかなりの難問であり、第12章のテーマとなっている。

本書は個々の問題に対して解答を与えてはくれないが、私たちが人生における重要な決定に際して考えを整理する枠組みは提供してくれる。本書が一人でも多くの読者の人生を豊かにし、想定外の事態に備える一助になればと願っている。

最後に、本書を翻訳する機会を与えていただいたパンローリング株式会社と株式会社リベルに感謝するとともに、本書の訳出に際して、訳文を細部まで丁寧に吟味し、貴重なアドバイスをくださった担当編集者の徳富啓介氏、そしてリベルの皆さんにあらためてお礼を申し上げたい。

二〇二〇年六月

■著者紹介
アリソン・シュレーガー（Allison Schrager）
経済学者、クォーツのジャーナリスト、リスク・アドバイザリー企業であるライフサイクル・ファイナンス・パートナーズLLCの共同設立者。ディメンショナル・ファンド・アドバイザーズで退職者向け商品の革新を主導したほか、OECDやIMFなどの国際機関でコンサルティングを行う。エコノミスト、ロイター、ブルームバーグ・ビジネスウィークに定期的に寄稿。コロンビア大学で経済学博士号を取得。現在はニューヨーク大学で教鞭をとっている。ニューヨーク市在住。

■訳者紹介
中口 秀忠（なかぐち・ひでただ）
英語翻訳者。 東京大学法学部卒、カリフォルニア大学ロサンゼルス校（UCLA）経営大学院修了。大手金融機関勤務を経て翻訳者に。

■翻訳協力：株式会社リベル

2020年8月3日　初版第1刷発行

フェニックスシリーズ ⑩

リスクテイクの経済学《けいざいがく》

――気鋭の学者と現場で探る、賢いリスクの選び方

著　者　　アリソン・シュレーガー
訳　者　　中口秀忠
発行者　　後藤康徳
発行所　　パンローリング株式会社
〒160-0023　東京都新宿区西新宿7-9-18　6階
TEL 03-5386-7391　FAX 03-5386-7393
http://www.panrolling.com/
E-mail　info@panrolling.com
装　丁　　パンローリング装丁室
組　版　　パンローリング制作室
印刷・製本　株式会社シナノ

ISBN978-4-7759-4235-2

好評発売中

ステーキを売るな シズルを売れ! ホイラーの公式

エルマー・ホイラー【著】
ISBN 9784775941058
定価:本体 1,200円+税

**五感への刺激がモノを売る!
セールスの基礎テクニック**

「シズル」とは、ステーキを焼くときのジュージューという音のこと。つまり、ステーキを売るためには「匂い」や「音」を売るのが重要というわけだ。あらゆる商品を売り込む「シズル」の見つけ方、「イエス」と言わせる売り文句、心得るべき言葉遣い、契約書を取り出すときのテクニック、相手から「反対」されたときの対応方法など、人間心理を巧みについたセールステクニックを紹介。

交渉の達人 ハーバード流を学ぶ

ディーパック・マルホトラ、
マックス・H・ベイザーマン【著】
ISBN 9784775941638
定価:本体 1,500円+税

無用な対立を回避し、より良い結果を導く

生まれながらの「交渉の達人」は滅多にいるものではない。達人らしく見えるものの背後には、入念な準備と、交渉の概念的な枠組みに関する理解、ベテラン交渉者ですら犯しやすい間違いやバイアスを避ける方法についての洞察、交渉を戦略的、体系的に組み立て、実行する能力がある。この枠組み、そして、すぐに実践に使える交渉戦略と戦術のツールのすべてを伝授する。